医药高等院校创新教材

本教材上一版为"十四五"职业教育国家规划教材

供高等职业教育临床医学、护理、助产、中医学、药学、预防医学、口腔医学、医学检验技术、医学影像技术、康复治疗技术、医学美容技术等医学相关专业使用

组织学与胚胎学

（第4版）

主　　编　秦丽娜
副 主 编　赵　蔚　白生宾　叶茂盛
编　　委　（按姓氏汉语拼音排序）
　　　　　白生宾（新疆医科大学）
　　　　　崔红晶（广东医科大学）
　　　　　方安宁（安徽第二医学院）
　　　　　胡　哲（包头医学院卫生健康学院）
　　　　　刘正华（长沙卫生职业学院）
　　　　　蒙兆年（宁夏医科大学）
　　　　　秦　迎（山东医学高等专科学校）
　　　　　秦丽娜（中山大学中山医学院）
　　　　　吴　宝（赤峰学院）
　　　　　叶茂盛（肇庆医学院）
　　　　　张海玲（肇庆医学院）
　　　　　赵　蔚（中山大学中山医学院）
秘　　书　张海玲（肇庆医学院）

科　学　出　版　社
北　京

内 容 简 介

本教材紧密对接医学高等职业教育人才培养目标，在第 3 版基础上融合学科前沿进展与教学实践反馈，由深耕医学职业教育十余年的教学团队全面修订而成。全书采用"基础-临床-创新"三维编写体系，共设 17 章，第 1～16 章为组织学，第 17 章为胚胎学。

本教材可供高等职业教育临床医学、护理、助产、中医学、药学、预防医学、口腔医学、医学检验技术、医学影像技术、康复治疗技术、医学美容技术等医学相关专业使用。

图书在版编目（CIP）数据

组织学与胚胎学 / 秦丽娜主编. — 4 版. — 北京：科学出版社，2025.6. — （医药高等院校创新教材）. — ISBN 978-7-03-082725-8

Ⅰ. R329.1

中国国家版本馆 CIP 数据核字第 2025K48M24 号

责任编辑：段婷婷 / 责任校对：周思梦
责任印制：师艳茹 / 封面设计：涿州锦晖

版权所有，违者必究。未经本社许可，数字图书馆不得使用

科 学 出 版 社 出版
北京东黄城根北街16号
邮政编码：100717
http://www.sciencep.com

北京九州迅驰传媒文化有限公司印刷
科学出版社发行　各地新华书店经销

*

2004年7月第 一 版　开本：850×1168　1/16
2025年6月第 四 版　印张：10
2025年6月第三十三次印刷　字数：296 000
定价：59.80元
（如有印装质量问题，我社负责调换）

前 言

党的二十大报告指出："人民健康是民族昌盛和国家强盛的重要标志。把保障人民健康放在优先发展的战略位置，完善人民健康促进政策。"贯彻落实党的二十大决策部署，积极推动健康事业发展，离不开人才队伍建设。党的二十大报告指出："培养造就大批德才兼备的高素质人才，是国家和民族长远发展大计。"教材是教学内容的重要载体，是教学的重要依据、培养人才的重要保障。本次教材修订旨在贯彻党的二十大精神和党的教育方针，落实立德树人根本任务，坚持为党育人、为国育才。

本教材上一版被评为"十四五"职业教育国家规划教材。面对数字时代医学教学形态变革，本教材突破传统编写范式，借助"中科云教育"平台提供丰富的数字资源。这不仅使教学方式更加多样化、立体化，还有效地改变了以往教材单纯依靠文字及平面图片、形式呆板、内容陈旧的传统教材模式，有助于解决医学基础理论知识晦涩难懂等教学问题，支持学生个性化学习路径。

在内容体系重构方面，本教材深度融入"基础临床贯通、学科交叉融合"理念，对书中图片进行了系统性更新与优化，以更直观、生动的视觉效果辅助学生理解抽象的组织学与胚胎学知识。此外，作者还精心调整和更新了"链接知识拓展框"内容，结合临床案例与实践应用，延伸学科知识，助力学生构建从基础到临床的知识体系，为后续专业课程的学习筑牢根基。

教材编写始终坚持"学生中心、产出导向"的原则，经全国多所院校试用反馈，其教学适配度显著提升，期待本教材能够为医学专科教育高质量发展提供新范式，并为基层医疗卫生人才的培养贡献智慧与力量。

限于编者水平，教材中可能存在不足之处，恳请使用本教材的各院校师生批评指正。

秦丽娜

2025年5月

配 套 资 源

欢迎登录"中科云教育"平台，**免费**数字化课程等你来！

"中科云教育"平台数字化课程登录路径

电脑端

- 第一步：打开网址 http://www.coursegate.cn/short/G16TY.action
- 第二步：注册、登录
- 第三步：点击上方导航栏"课程"，在右侧搜索栏搜索对应课程，开始学习

手机端

- 第一步：打开微信"扫一扫"，扫描下方二维码

- 第二步：注册、登录
- 第三步：用微信扫描上方二维码，进入课程，开始学习

PPT 课件，请在数字化课程中各章节里下载！

目录

第1章 绪论 ……………………………… 1
  一、组织学与胚胎学的研究内容 ……… 1
  二、组织学与胚胎学的研究方法 ……… 1
  三、学习组织学与胚胎学应注意的问题 ……… 3

第2章 细胞 ……………………………… 5
  一、细胞的概况 …………………………… 5
  二、细胞的结构 …………………………… 6
  三、细胞增殖 ……………………………… 12
  四、细胞的运动性 ………………………… 13

第3章 上皮组织 ………………………… 15
  一、被覆上皮 ……………………………… 15
  二、腺上皮和腺 …………………………… 20

第4章 结缔组织 ………………………… 22
  一、固有结缔组织 ………………………… 22
  二、软骨 …………………………………… 27
  三、骨 ……………………………………… 29
  四、血液 …………………………………… 33

第5章 肌组织 …………………………… 39
  一、骨骼肌 ………………………………… 39
  二、心肌 …………………………………… 43
  三、平滑肌 ………………………………… 43

第6章 神经组织 ………………………… 45
  一、神经元 ………………………………… 45
  二、突触 …………………………………… 47
  三、神经胶质细胞 ………………………… 48
  四、神经纤维和神经 ……………………… 50
  五、神经末梢 ……………………………… 52

第7章 循环系统 ………………………… 55
  一、心脏 …………………………………… 55
  二、血管 …………………………………… 56
  三、微循环 ………………………………… 61

第8章 皮肤 ……………………………… 62
  一、表皮 …………………………………… 62
  二、真皮 …………………………………… 64
  三、皮下组织 ……………………………… 65
  四、皮肤附属器 …………………………… 65
  五、皮肤的再生 …………………………… 67

第9章 免疫系统 ………………………… 68
  一、免疫分子 ……………………………… 69
  二、免疫细胞和淋巴组织 ………………… 69
  三、免疫器官 ……………………………… 71

第10章 内分泌系统 ……………………… 78
  一、甲状腺 ………………………………… 79
  二、甲状旁腺 ……………………………… 80
  三、肾上腺 ………………………………… 81
  四、垂体 …………………………………… 83
  五、松果体 ………………………………… 86
  六、弥散神经内分泌系统 ………………… 87

第11章 消化系统 ………………………… 88
  一、消化管 ………………………………… 88
  二、消化腺 ………………………………… 96

第12章 呼吸系统 ………………………… 102
  一、鼻 ……………………………………… 102
  二、喉 ……………………………………… 103
  三、气管和主支气管 ……………………… 103
  四、肺 ……………………………………… 104

第13章 泌尿系统 ………………………… 108
  一、肾 ……………………………………… 108
  二、排尿管道 ……………………………… 114

第14章 男性生殖系统 …………………… 115
  一、睾丸 …………………………………… 115
  二、排精管道 ……………………………… 118

三、附属腺 …………………………… 119
四、阴茎 ……………………………… 120

第15章 女性生殖系统 ……………………… 121
一、卵巢 ……………………………… 121
二、输卵管 …………………………… 125
三、子宫 ……………………………… 125
四、阴道 ……………………………… 129
五、乳房 ……………………………… 129

第16章 眼和耳 ……………………………… 130
一、眼 ………………………………… 130
二、耳 ………………………………… 135

第17章 人体胚胎学 ………………………… 139
一、生殖细胞和受精 ………………… 139
二、卵裂和胚泡形成 ………………… 141
三、植入和胚层形成 ………………… 141
四、胚体形成和胚层分化 …………… 144
五、胎膜和胎盘 ……………………… 145
六、胚胎龄的推算和胚胎各期外形特征 … 148
七、双胎、多胎和连体双胎 ………… 149
八、胚胎发育的一些机制 …………… 150
九、先天性畸形 ……………………… 152

参考文献 ……………………………………… 154

第1章 绪论

> **学习目标**
>
> **掌握：**组织学的研究内容和意义。
> **熟悉：**组织学的研究方法。
> **了解：**组织学在医学课程中的地位；组织学的研究方法与本学科发展的关系。

一、组织学与胚胎学的研究内容

组织学（histology）和胚胎学（embryology）是两门科学，我国医学教育习惯将两者列为一门课程。组织学是研究人体微细结构及其相关功能的科学，其研究内容包括细胞、基本组织和器官系统三部分。胚胎学是研究人体发生发育规律的科学，其研究范围主要涉及生殖细胞形成、受精、胚胎发育、胚胎与母体的关系和先天性畸形等。人体微细结构及其相关功能是在发生发育过程中逐渐形成和完善的，只有掌握人体发生发育的规律，才能深刻理解其微细结构及其相关功能。因此，组织学与胚胎学两者间存在着内在的密切联系。

组织学与胚胎学是医学教育重要的基础课程，它与其他医学基础课程如生理学和病理学等，以及临床课程如内科学、外科学和妇产科学等存在着密切联系。作为一名医学生，只有系统掌握人体的微细结构和发生发育规律，才能更好地学习其他医学课程，这对开展防病治病的临床实践和科学研究具有重要意义。

二、组织学与胚胎学的研究方法

现代组织学与胚胎学研究已从光学显微镜（简称光镜）水平深入到电子显微镜（简称电镜）乃至分子水平。许多新技术被用于组织学和胚胎学的研究，如免疫细胞化学、形态计量术、细胞分离术、蛋白质和核酸的分离提取和原位检测、原位杂交等核酸分子杂交术、分子重组及基因工程等，这些技术从组织和细胞显微结构、超微结构和分子结构等不同水平上，揭示了微细结构组成与复杂功能之间的相互关系。现对几种常用的研究方法及技术作简要介绍。

（一）光学显微镜术

光学显微镜的放大倍数一般可达1500倍左右，其分辨率最高为0.2μm，可观察到组织、细胞的一般微细结构，又称光镜结构。在应用光学显微镜术时，需将组织切成薄片，并经染色或标记才能观察到组织、细胞结构。最常使用石蜡切片法制备组织切片，其大致过程如下：

1. 固定 从人体或动物体内迅速取厚0.5~1.0cm的组织块，放入固定液固定6~24小时。目的是使组织、细胞在尚未发生显著变化之前，用固定液使组织、细胞内的蛋白质凝固以保持其原来的结构成分，提高组织、细胞内微细结构的折光率以利于观察，但其形态结构与活的组织、细胞仍有很大差异。常用的固定液有以下几种：①10%甲醛溶液（福尔马林溶液）；②氯化汞+重铬酸钾+10%甲醛溶液；③苦味酸+10%甲醛溶液+冰醋酸（Bouin氏液）。在固定过程中，可能会引起组织、细胞产生不同程度的皱缩。

2. 脱水　由于组织内含有水分而不能与石蜡混合，因此固定后的组织需先放入自来水中冲洗，把未与组织结合的多余固定液洗去，然后依次用浓度递增的乙醇进行处理，逐步除去组织内的水分。经过乙醇处理后，组织细胞内的脂肪会被溶解，导致组织切片上脂肪含量较高的结构呈现空泡状。

3. 包埋　目的是使组织变硬，以便切成薄片。其方法是把脱水后的组织块先用二甲苯进行透明化处理，随后在56℃的石蜡中浸泡3次，使其充分渗入组织细胞内，最后把组织块包埋在石蜡中。在包埋过程中，也可能使组织细胞发生皱缩。

4. 切片　把组织蜡块固定于小木块上，用切片机将其切成6～7μm厚的蜡片，之后将蜡片置于温水中使其充分张开，再将其裱贴于涂有蛋白甘油的载玻片上，在温箱中烘干。切片时，若刀刃存在缺口，可能会在组织切片上留下刀痕。若裱片不平整，则会导致组织切片出现皱褶。

5. 染色　目的是使组织细胞内各微细结构染上不同颜色，以利于观察。常用苏木精（hematoxylin）和伊红（eosin）染色，称为苏木精-伊红染色，简称HE染色。苏木精为碱性染料，可使细胞内的某些物质如染色质和核糖体等染上蓝色。伊红是酸性染料，可使细胞质、红细胞和胶原纤维等染上红色。

以上方法制作的组织切片一般是用普通光镜进行观察。如果是荧光染料染色的组织切片，可用荧光显微镜观察。体外培养的组织、细胞在没有染色的情况下，需用相差显微镜才能进行观察。激光扫描共聚焦显微镜一般是用于观察荧光染色的组织切片，它可对组织切片进行连续精确的断层扫描，获取各层面的图像后再经电脑合成为立体（三维）的图像。

（二）电子显微镜术

电子显微镜是以电子发射器代替光源，以电子束代替光线，以电磁透镜代替光学透镜，最终将放大的物像投射到荧光屏上进行观察。目前常用的电镜有透射电镜和扫描电镜。

1. 透射电镜　分辨率最高约为0.2nm，能将物体放大几千倍、几万倍，甚至100万倍。用于观察细胞内部和细胞外基质的超微结构。在进行透射电镜观察时，需应用比光镜组织切片更薄的超薄切片（50～80nm厚）。超薄切片的制备也要经过取材、固定组织、环氧树脂包埋、用超薄切片机切片和用重金属盐染色等步骤。染色目的是增加细胞内各超微结构的反差，以便于观察。细胞被重金属盐深度染色的结构在荧屏上显示深黑色的图像，称电子密度高的结构；反之，则为电子密度低的结构。

2. 扫描电镜　是将电子束在组织细胞表面进行扫描，故不需对组织细胞进行超薄切片。这些组织细胞经固定、脱水、干燥和喷镀金属后即可在扫描电镜下观察，故其分辨率较透射电镜低。扫描电镜主要用于观察细胞、组织和器官的表面立体结构。

（三）组织化学

组织化学是利用化学或物理反应的原理，通过特定方法显示组织、细胞内的某些化学成分，并对其进行定位、定量及其与功能相关研究的技术。例如，过碘酸希夫反应（periodic acid Schiff reaction, PAS反应）可使细胞内的多糖物质形成紫红色产物，从而说明该细胞含有糖原或多糖。

$$\text{多糖} \xrightarrow{+\text{过碘酸}} \text{多醛} \xrightarrow[\text{氧化}]{+\text{Schiff试剂（无色）}} \text{紫红色沉淀}$$

（四）荧光组织化学

组织、细胞内的某些成分可自发荧光，或与荧光染料结合。在荧光显微镜的紫外线激发下，这些成分会产生不同颜色的荧光，借此可以观察到自发荧光物质或与荧光染料结合的成分在组织和细胞内的分布。例如，用荧光色素吖啶橙染色时，可使细胞核中的DNA呈现黄色至黄绿色荧光，而细胞质和核仁中的RNA则会呈现橘黄色至橘红色荧光。

（五）免疫组织化学

免疫组织化学是基于抗原与抗体特异性结合的免疫学原理，检测细胞内的多肽、蛋白质、膜表面抗原和受体等大分子物质的存在与分布。若要检测神经胶质细胞原纤维酸性蛋白（GFAP），则可用已知的GFAP抗体（该抗体已用辣根过氧化物酶或荧光染料标记）处理组织切片，使带有标志物的抗体与GFAP（属抗原）发生特异性结合，经过染色后在一般光镜或直接在荧光镜下观察，以便获知GFAP在神经胶质细胞内的分布情况。

（六）原位杂交

原位杂交是一种核酸分子杂交技术，它根据核酸分子互补原理，即两条单链核酸分子的碱基序列是互补的，用已知碱基序列并具有标志物的RNA或DNA片段，即核酸探针，与组织切片中的细胞内待测核酸（RNA或DNA片段）进行杂交，通过标志物的显示，可在光镜或电镜下观察细胞内被检测的mRNA和DNA片段的存在和分布。

（七）放射自显影术

放射自显影术是将放射性核素或其标志物注入体内，然后取材并制备切片，在切片上涂上薄层感光乳胶。在曝光、显影和定影后，放射性核素或其标志物所在部位会使乳胶中的溴化银还原为黑色的银颗粒。可借助光镜或电镜获知被检测物在组织和细胞中的分布及相对含量。

（八）组织培养

组织培养是在无菌条件下，把人体或动物组织、细胞放置在盛有营养液的培养瓶中，在适当的温度下，使细胞在体外生长的技术。可给予这些组织、细胞不同的条件，进行实验观察。

三、学习组织学与胚胎学应注意的问题

根据本课程的特点，在学习过程中应注意下列问题。

（一）注意细胞、组织或器官切面形态与其整体形态的关系

同一个细胞、组织或器官，由于所切割的方向或部位不同，在切片上所显示的形态结构就不相同（图1-1，图1-2）。例如，从细胞的周边部切割，切面上无细胞核；从细胞中央部切断，则可见细胞核。一个中空性器官，由于切割的方位不同，可以呈现完全不同的形态（图1-3）。因此，观察组织或器官切片时，要将镜下所见的各种形态结构与其整体形态相联系，这样才能正确判断细胞、组织或器官的形态结构。

（二）注意细胞、组织或器官形态结构与其功能的关系

细胞、组织或器官的功能状态不同所呈现的形态结构也有差异，如代谢旺盛的细胞，其细胞核较大且染色较淡，核仁明显；这提示它的常染色质较多，DNA处于松解状态，其中的基因可能在转录mRNA。合成蛋白质旺盛的细胞，胞质多为嗜碱性，这可能是粗面内质网和核糖体较为发达的缘故。因此，观察组织或器官切片时要联想到细胞、组织和器官的功能状况。

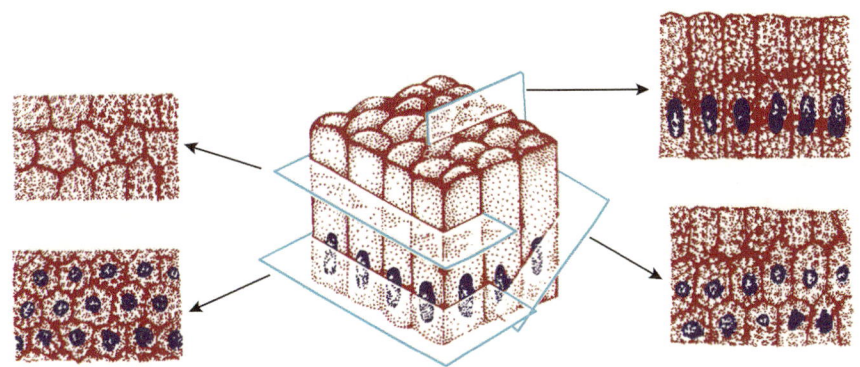

图1-1 单层柱状上皮不同的切面所表现的上皮细胞形态（高洪泉图）

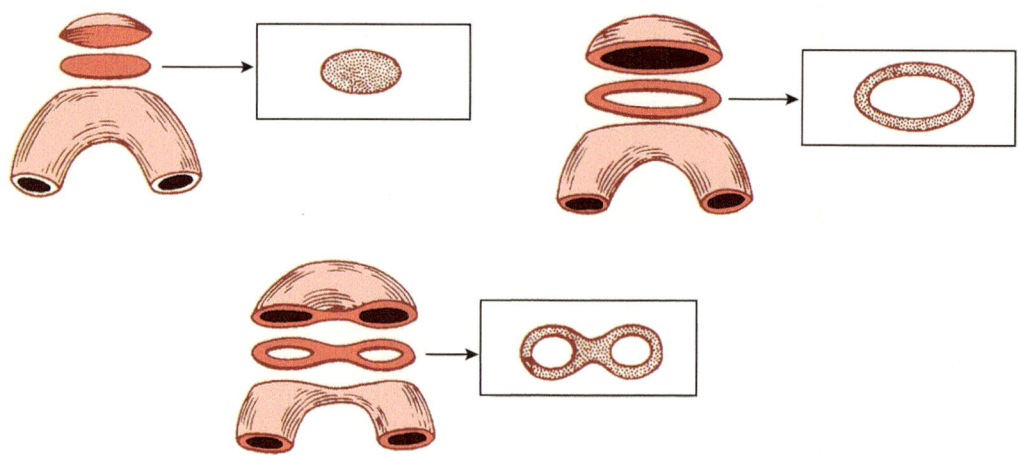

图1-2 弯曲的管状结构不同的切面所表现的形状（高洪泉图）

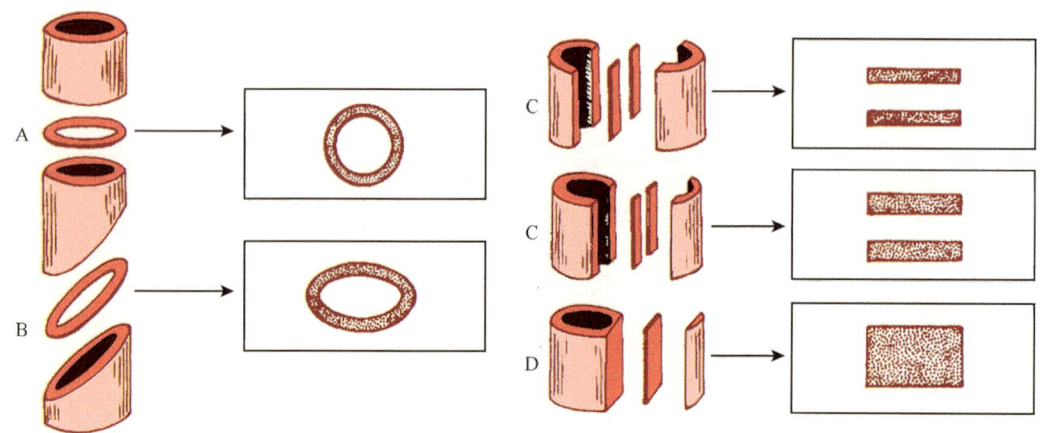

图1-3 管状结构不同的切面所表现的形状（高洪泉图）
A.横切面；B.斜切面；C.纵切面；D.边切面

（三）注意胚胎发生过程的动态变化

胚胎各器官的发生是一个从无到有、变化急剧、以新替代旧的过程。涉及新结构的形成和旧结构的消失或改建，部分结构甚至重现了种系的发生过程。因此，胚胎各器官的发生是一种连续的动态变化过程，故在学习时应建立动态的观念。

（秦丽娜）

第2章 细胞

学习目标

掌握：细胞膜的结构；细胞有丝分裂周期。
熟悉：各种细胞器的形态、结构。
了解：各种细胞器的功能。

一、细胞的概况

细胞（cell）是人体形态结构、生理功能和生长发育的基本单位。人体一切复杂的生命现象均是由细胞执行和表达。成年人的细胞总数约为 $1.6×10^{16}$ 个。不同细胞的大小不一，如人的卵细胞和运动神经元等直径大于100μm，而小淋巴细胞的直径仅约6μm，但大部分细胞的直径在10～20μm。细胞的形态多种多样，均与其执行的功能和所处的环境相适应（图2-1）。

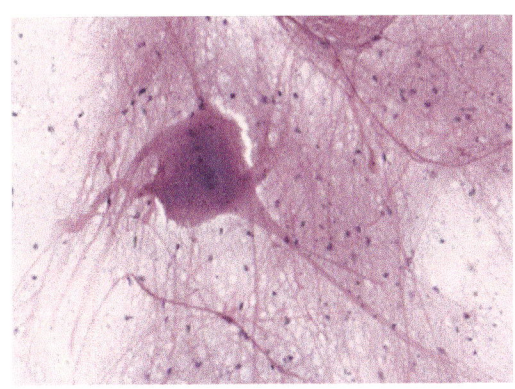
神经元（HE染色，10×40倍）

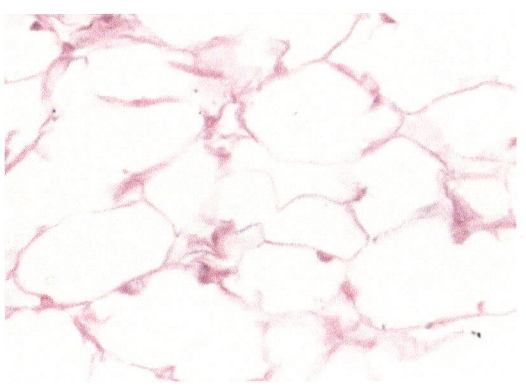
脂肪细胞（HE染色，10×40倍）

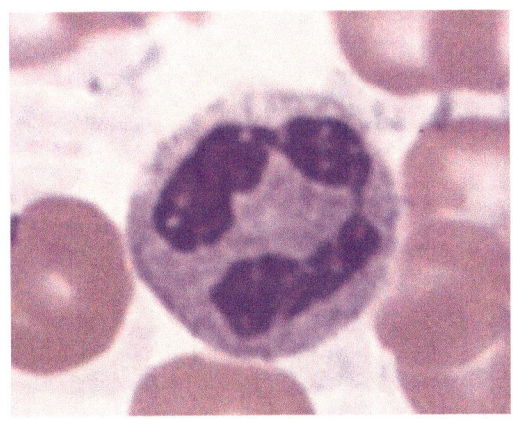
白细胞（HE染色，10×100倍）

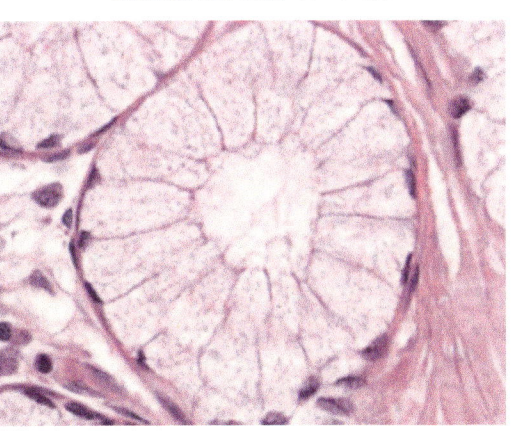
黏液腺细胞（HE染色，10×40倍）

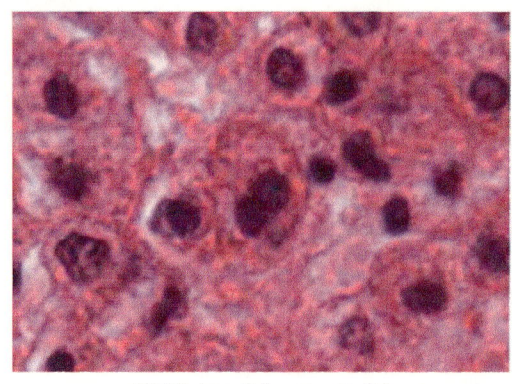
肝细胞（HE 染色，10×40 倍）

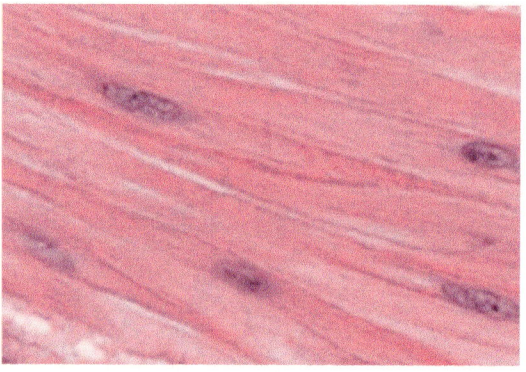
平滑肌细胞（HE 染色，10×40 倍）

图 2-1　细胞的各种形态及其光镜图

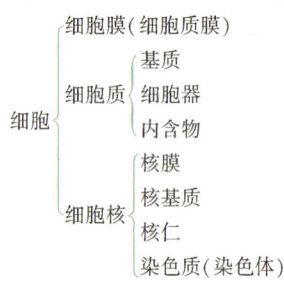

图 2-2　细胞的光镜结构组成

人体细胞均来自胚胎发育时期的受精卵。随着胚体的发育和细胞数量的增加，为适应不同的功能需要，细胞逐渐分化为许多不同形态、执行不同功能的细胞，这种现象称为细胞分化。

不同类型的细胞尽管外形及功能千差万别，但绝大部分的细胞均包含三个基本结构，即细胞膜（cell membrane）、细胞质（cytoplasm）和细胞核（nucleus）（图 2-2）。

在电镜下，细胞的成分又进一步分为膜性结构和非膜性结构。膜性结构包括细胞膜和细胞质内以膜为基础形成的细胞器，非膜性结构包括颗粒状结构、纤维状结构、细胞骨架和基质等（图 2-3，图 2-4）。

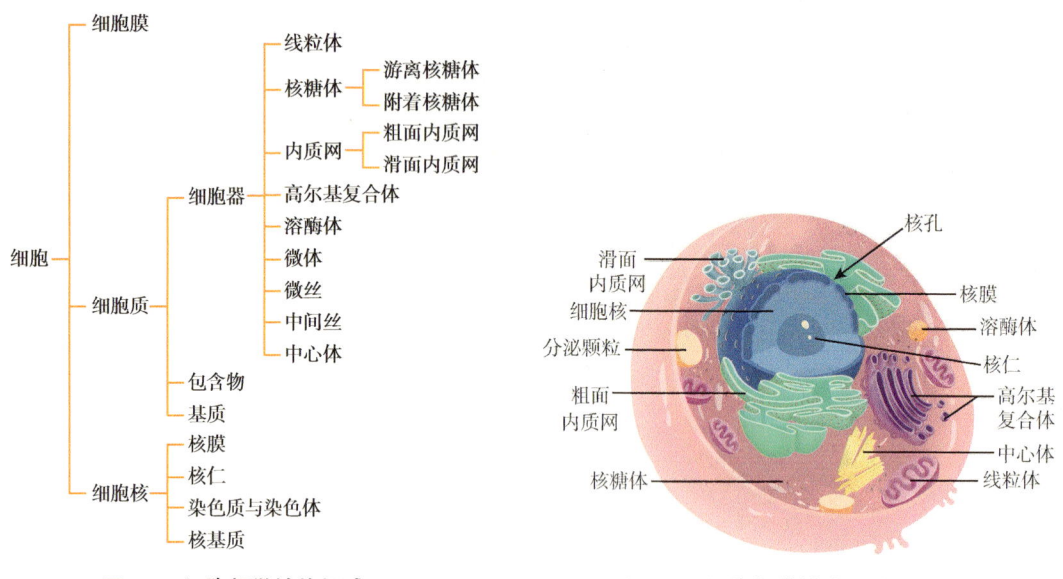

图 2-3　细胞超微结构组成　　　　图 2-4　细胞超微结构模式图

二、细胞的结构

（一）细胞膜

细胞膜是指细胞外表面的膜，又称质膜。光镜下不易辨认，电镜下可见"两暗夹一明"的三层结构，内、外两层为电子致密层（电子密度高），中间层为电子透明层（电子密度低），各层厚约 2.5nm，总厚约 7.5nm，这三层结构构成单位膜（unit membrane）。细胞质内的某些细胞器的膜性结构，也是单位膜，故又统称为生物膜。

1. 细胞膜的化学组成和分子结构　细胞膜主要由类脂分子、蛋白质和糖类组成，其中类脂和蛋白质为主要成分。目前比较公认的生物膜分子结构，是液态镶嵌模型，即膜的分子结构以液态的脂质双分子层为基架，其中镶嵌着各种不同生理功能的球状蛋白质（图2-5）。

（1）类脂分子　以磷脂为主，一端为头部亲水基团，另一端为尾部疏水基团。类脂分子的亲水基团朝向膜的内、外表面，而疏水基团朝向膜的内部，形成特有的类脂双分子层结构。在正常生理条件下，它有一定的流动性。

（2）膜蛋白　指镶嵌在细胞膜类脂双分子层中的球状蛋白质，可分为表面膜蛋白和嵌入蛋白两类。表面膜蛋白主要附于膜的内侧表面，由于它们能收缩和伸展，故与细胞的变形运动、吞噬和分裂功能有关。嵌入蛋白嵌于类脂双分子层中。若嵌入蛋白两端都是亲水性的，则可贯穿膜的全层，两端分别露于膜的内、外侧表面；如果一端亲水一端疏水，那么亲水端露于膜的表面，而疏水端则深埋于膜内。嵌入蛋白具有物质交换、受体、载体和酶等重要功能。

（3）糖类　主要见于细胞膜外侧，以糖链形式存在，电镜下可以显示，称为细胞衣。它可与细胞表面的膜蛋白或类脂结合形成糖蛋白或糖脂。细胞衣常构成具有特异性的膜抗原或膜受体，与细胞识别、黏着、保护有关。

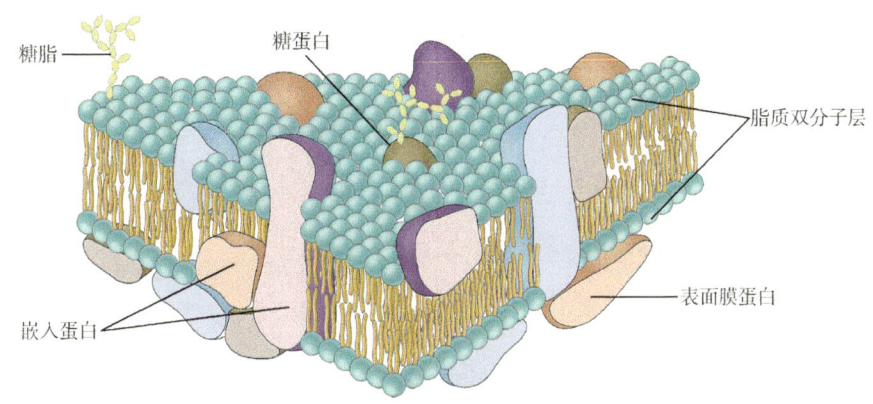

图2-5　细胞膜液态镶嵌模型图

2. 细胞膜的主要功能　细胞膜的功能复杂多样，但最主要的功能是物质运输，以及通过膜受体和膜抗原介导信息传递与信息识别。

（1）膜内外的物质运输　细胞内、外环境的物质交换需要通过细胞膜的运输来实现。由于膜两侧的物质存在着一定的浓度差，故可根据物质顺浓度差或逆浓度差通过细胞膜运输，而将膜的物质运输分为被动运输和主动运输两种。被动运输指在顺浓度梯度而且不耗能的情况下进行的运输方式。主动运输则是在逆浓度梯度时需要消耗能量的情况下，借助膜上专门的载体蛋白将离子、营养物质和代谢物质从低浓度一侧穿过细胞膜运送到高浓度一侧。此外，一些颗粒状物质和大分子物质（如细菌、尘粒、细胞碎片等）则可以通过细胞的吞吐活动来完成。通常将颗粒状物质和大分子物质的入胞现象称为吞噬（phagocytosis），而入胞的为液体物质时则称为吞饮（pinocytosis）。相反，细胞内的大分子物质，如外分泌细胞分泌的酶和黏液、内分泌细胞分泌的激素、神经末梢释放的神经递质等由细胞内排出的过程则称为出胞。

（2）膜受体（membrane receptor）　是指细胞膜表面能特异性识别外来信号，并与之结合进而引发细胞内继发效应的结构，一般是糖蛋白，也有部分是脂蛋白或糖脂。能与膜受体相结合发生反应的所有物质统称为配体（ligand）。受体与配体的结合具有很强的特异性，细胞外的各种化学分子均可能发挥配体的作用，如激素、生长因子、神经递质、抗原及各种药物等。

（3）细胞识别（cell recognition） 是指细胞对同种和异种细胞，自我和非我细胞进行选择性辨别的功能。细胞识别的机制非常复杂，不同细胞之间的识别方式似乎也不尽相同。目前，大家普遍认为细胞识别与膜受体有关，细胞表面的糖链对细胞识别也发挥了重要作用。

（二）细胞质

细胞质又称胞浆，是位于细胞膜与细胞核之间的部分，包括基质、细胞器和包含物。细胞内各种生理功能和代谢过程主要由细胞质来实现。

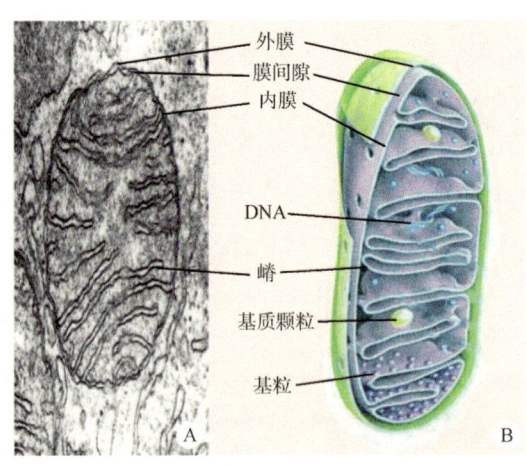

图2-6 线粒体的结构（20 000×）（郭家松图）
A.透射电镜图；B.模式图

1. 基质 是无定形的胶状物质，构成细胞的内环境。主要成分是水，另外还有无机盐、糖类（碳水化合物）、氨基酸及少量游离的大分子物质，如蛋白质等，为细胞进行功能活动提供必需的条件。

2. 细胞器 指细胞质内具有特定形态结构，能执行某些特殊功能的有形成分。常见的细胞器有线粒体、核糖体、溶酶体、内质网、高尔基复合体、中心体等。

（1）线粒体（mitochondrion） 光镜下呈线状或颗粒状，电镜下由内外两层单位膜构成封闭的囊状结构。其外膜平滑，内膜内褶形成板状或管状结构，称线粒体嵴（图2-6）。内外膜之间为外腔，线粒体嵴与嵴之间为内腔，其中充满线粒体基质。基质内含有一系列氧化酶系，能把营养物质完全氧化，并形成ATP，为细胞活动提供能量，是细胞的能量代谢中心。

（2）核糖体（ribosome） 又称核蛋白体，主要化学成分是核糖核酸（RNA）和蛋白质，是细胞内合成蛋白质的场所（图2-7）。核糖体在细胞内以两种状态存在。①游离核糖体（free ribosome）：是单个或由核糖核酸串联成多聚核糖体，游离在细胞基质内，主要负责合成细胞自身需要的结构性蛋白质；②附着核糖体（membrane bound ribosome）：附着在内质网膜或核膜表面的多聚核糖体，主要负责合成输送到细胞外的分泌蛋白（如抗体、激素等）、溶酶体酶和膜蛋白。多聚核糖体分散成为单体（即多聚核糖体解聚）时，细胞合成结构蛋白的功能会下降。某些细胞病变也会导致粗面内质网膜上的核糖体脱落，称脱粒现象，进而抑制细胞的蛋白质合成能力。因此，多聚核糖体解聚和脱粒现象可作为细胞合成蛋白质功能下降的一种形态指标。

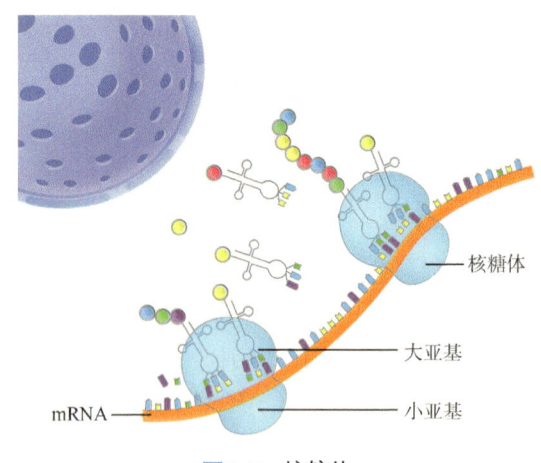

图2-7 核糖体

（3）内质网（endoplasmic reticulum） 呈扁囊状或管泡状的膜性结构（图2-8）。内质网膜上结合有多种酶，与细胞的各种代谢活动有关。根据内质网膜表面是否附着核糖体而分为粗面内质网和滑面内质网两种。

粗面内质网（rough endoplasmic reticulum，RER）表面附着有大量核糖体，光镜下呈嗜碱性染色。电镜下，大多为扁平的囊状结构，可见表面附着有核糖体。在核糖体上合成的蛋白质会进入内质网内腔做进一步修饰，包括蛋白质的折叠和糖基化等。粗面内质网还有胞内转运蛋白质的功能，具有分泌性质的蛋白质在粗面内质网以出芽的方式形成运输小泡，这些小泡将内容物运送到高尔基复合体，在高尔基复合体中，蛋白质经过进一步加工和浓缩，形成分泌颗粒而排到细胞外，或形成酶原颗粒。

滑面内质网（smooth endoplasmic reticulum，SER）表面无核糖体附着，光镜下，由于其与细胞基质皆呈嗜酸性，故不易辨认。电镜下，多呈分支管泡状，互相吻合形成网状结构。常可见滑面内质网的一端与粗面内质网相连（图2-8）。滑面内质网含多种酶系，与细胞多种代谢活动有关。不同类型细胞中滑面内质网的功能各有不同。①参与脂质的合成与运输。如生物膜的所有脂质均是由滑面内质网合成与转运。②参与糖原的合成与分解。人体肝细胞与肌纤维中具有发达的糖原储存功能，它们的细胞质中的滑面内质网较为发达，并且有大量糖原颗粒靠近滑面内质网分布。③参与细胞解毒和药物代谢。这主要是由肝细胞的滑面内质网完成的。肝细胞滑面内质网的膜上附着有大量参与解毒功能的酶系，可对某些有一定毒性且不易直接排出的脂溶性代谢产物和药物进行氧化、还原、水解、结合等生物转化过程，使其毒性降低或成为易溶于水的物质而利于排出。④其他特殊功能。如肝细胞的滑面内质网参与合成胆汁的重要成分胆汁酸；肌纤维的滑面内质网特化为肌质网，具有储存和释放钙离子的功能，参与调节肌收缩。

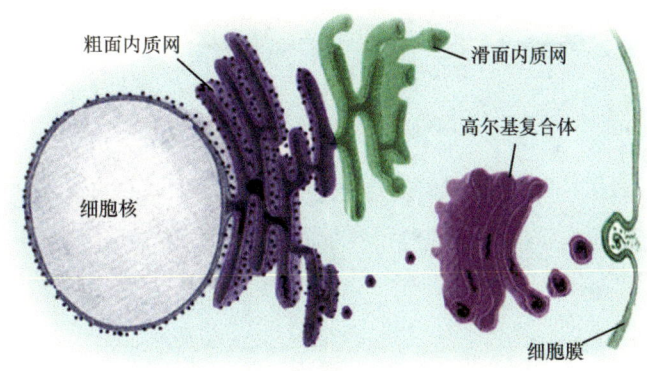

图2-8　内质网及高尔基复合体模式图（郭家松图）

（4）高尔基复合体（Golgi complex）　常位于细胞核附近，在光镜下很难分辨。电镜下可见其由扁平囊、小泡和大泡三种基本结构组成（图2-8）。①扁平囊：由3～8层相互连通的扁平囊泡平行排列而成。可区分出两个不同的面，凸面称形成面，又称未成熟面，朝向细胞核。凹面称分泌面，又称成熟面，朝向细胞表面。②小泡：由一层单位膜包裹，散布在扁平囊泡的形成面，通常由内质网芽生断离而成，其中可含有粗面内质网合成的蛋白质；小泡与扁平囊泡融合，蛋白质在其中经过加工、浓缩成为糖蛋白或溶酶体酶，在朝向细胞膜的一面（分泌面）将不同的蛋白质分类、包装，以芽生方式形成大泡，或形成颗粒状分泌物质。③大泡：为单层单位膜包裹的加工成熟蛋白，从扁平囊的成熟面脱离，可逐渐移向质膜并与质膜融合，以胞吐方式将分泌物排出；也可成为胞质中的结构，如溶酶体和过氧化物酶体。故高尔基复合体的主要功能是将细胞合成的产物加工、浓缩并用膜包装起来，为细胞提供一个内部运输系统，与细胞的分泌活动有关。

（5）溶酶体（lysosome）　是由一层单位膜围成的球形小体，大小不一，直径0.2～0.8μm。内含60种以上的酸性水解酶，能将蛋白质、多糖、脂类和核酸等水解为小分子物质。不同类型细胞的溶酶体内包含的酶可不同，即使在同一细胞内不同的溶酶体中，酶的种类和数量也可能不相同。溶酶体有初级溶酶体和次级溶酶体两种。初级溶酶体来自高尔基复合体的成熟面，以芽生的方式分离脱落形成。次级溶酶体体积较大，是由初级溶酶体与自噬体或吞噬体融合而成。

溶酶体对外源性入胞的有害物质及内源性衰老受损的细胞器等具有极强的消化分解能力，故称为"细胞内消化器"。异物在次级溶酶体中被水解酶消化分解成小分子，并透过溶酶体膜扩散到细胞质内，以满足细胞本身的需要。剩余一些不能消化的产物，形成残余体。细胞内衰老或损伤的细胞器被来自滑面内质网的膜包围形成自噬体，再与初级溶酶体的膜融合，形成次级溶酶体并完成消化作用，对细胞结构的更新具有重要意义（图2-9）。

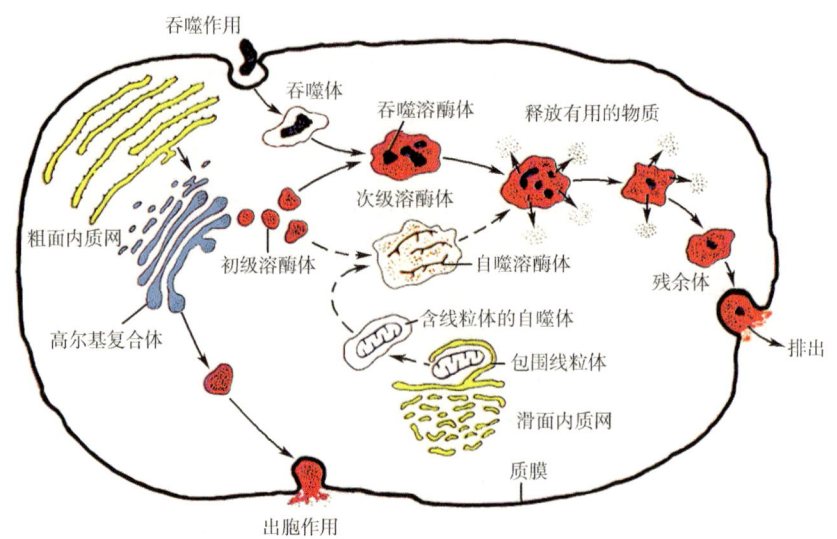

图2-9 溶酶体的产生以及在细胞内作用图解

正常情况下溶酶体的消化作用,对细胞本身并无损害。但在机体缺氧、中毒、创伤等状况下,溶酶体膜破裂,水解酶流散到细胞质内,致使整个细胞被消化而死亡。溶酶体与许多疾病有关,如肿瘤、休克、肝炎和硅沉着病等的发生。

> **链接**
>
> ### 细胞治疗
>
> 细胞治疗是指利用某些具有特定功能的细胞的特性,采用生物工程方法获取或通过体外扩增、特殊培养等处理后,使这些细胞具有增强免疫、杀死病原体或肿瘤细胞、促进组织修复与器官再生等治疗作用,从而达到治疗疾病的目的。细胞治疗分为干细胞治疗和免疫细胞治疗。干细胞治疗是通过干细胞移植来替代、修复患者损失的细胞,恢复细胞组织功能,从而治疗疾病。免疫细胞治疗是通过采集人体自身免疫细胞,经过体外培养,使其数量急剧扩增,靶向性杀伤功能增强,然后再回输到患者体内,通过杀灭血液及组织中的病原体、肿瘤细胞或突变的细胞而治疗疾病。细胞治疗是一场新的医疗革命,已经成为弥补传统治疗不可或缺的有效手段。造血干细胞移植已成为治愈血液系统恶性肿瘤最有效的治疗,在临床上得到广泛应用。

(6)过氧化物酶体(peroxisome) 又称微体(microbody),由一层单位膜包裹形成卵圆形或圆形小体,偶见半月形或方形。电镜下可见电子密度高、排列整齐的晶格结构,称为类核体;其膜内可见一条高电子密度条带状结构,称为边缘板。已知过氧化物酶体内含40多种酶,分为三大类:氧化酶、过氧化物酶和过氧化氢酶。过氧化物酶体的主要功能是解毒,以及对细胞氧张力的调节。其中的氧化酶可以利用分子氧(O_2),将底物氧化形成过氧化氢(H_2O_2)。而过氧化物酶又可使H_2O_2分解产生水(H_2O)和O_2。两者相互作用,使得细胞能有效地消除细胞内的有毒底物及调节氧浓度。过氧化物酶体普遍存在于各种细胞内,特别是在肝细胞、肾小管上皮细胞及支气管无纤毛上皮细胞内更为丰富。

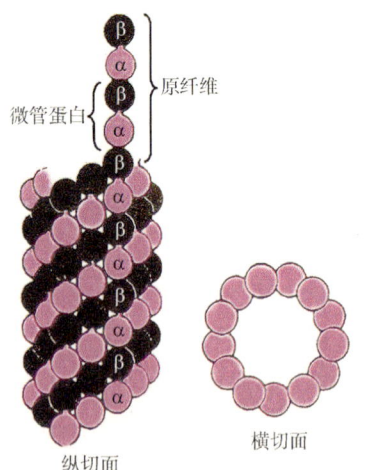

图2-10 微管模式图

(7)微管(microtubule) 是一种中空圆柱状结构,直径约25nm,管壁厚约5nm。微管主要成分是微管蛋白。微管蛋白先串联成纤维状结构即原纤维,再由13根原纤维围成微管(图2-10)。微管是细胞骨架中最主要的成分,主要分布于细胞质内。微管具有维持细胞形状的作用,还可以作为某些颗粒物质或大分子在细胞内移动的"运行轨道",

而起运输作用。此外，微管是构成纺锤体、纤毛、鞭毛和中心体的主要成分。

（8）微丝（microfilament） 是一种实心的丝状结构，直径5～6nm，其主要化学成分为肌动蛋白，故又称肌动蛋白丝。微丝普遍存在于各种细胞内，特别是在细胞的周边部，在质膜下形成网，是细胞骨架的另一种主要成分。肌细胞的微丝特别发达，是细肌丝的主要成分；非肌细胞的微丝含量变动很大，常处于聚合与裂解的动态变化中。微丝除对细胞有支持作用外，主要还与细胞的吞噬、变形、分裂、物质运输、胞吐与胞吞，以及肌细胞的收缩等都有关。

（9）中间丝（intermediate filament） 是一种实心细丝，其直径介于微丝与微管之间，约为10nm。并非所有细胞均有中间丝分布，而且不同细胞的中间丝不同，具有组织特异性。上皮细胞中的张力原纤维、肌纤维Z线处的连接蛋白丝，以及神经元内的神经丝均属中间丝。中间丝也属于细胞骨架，相对于微管和微丝，它的结构更加稳定，它能在细胞内形成完整的网状细胞骨架系统，增强细胞的机械强度，它也可以参与细胞连接的形成。

（10）中心体（centrosome） 是两个互相垂直的短筒状中心粒，每个中心粒壁由9组三联微管构成（图2-11）。中心体是细胞分裂的推动器，在间期细胞中，中心体不易见到，但在细胞进入有丝分裂时特别明显；中心体与细胞分裂时期中纺锤体形成及染色体移动有关。

3. 包含物 是某些细胞内的一些代谢产物或贮存物质，如脂肪细胞的脂滴、肝细胞的糖原、黑素细胞产生的黑素颗粒等。

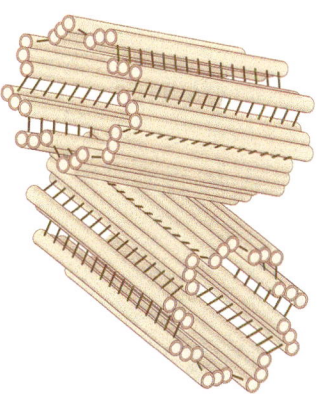

图2-11 中心粒模式图

（三）细胞核

细胞核是细胞遗传和代谢活动的控制中心，在细胞生命活动中起着决定性的作用。一个细胞通常具有一个细胞核，然而有些细胞是例外，如成熟红细胞没有细胞核。此外，有些细胞有两个或多个细胞核（如肝细胞、破骨细胞），甚至几十个乃至几百个细胞核（如骨骼肌细胞）。细胞核的形状常为圆形、卵圆形，也有其他形态的，如白细胞的分叶核、马蹄形核等。细胞核通常位于细胞中央，也有位于细胞基底的一侧，如部分上皮细胞，有的甚至被挤向细胞的一侧，如脂肪细胞。间期细胞核由核膜、核仁、染色质及核基质等四部分组成（图2-12）。

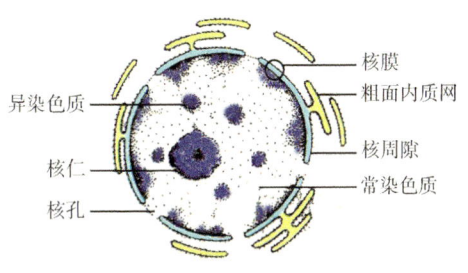

图2-12 细胞核的电镜结构模式图

1. 核膜（nuclear membrane） 由两层单位膜构成，两层膜之间的腔隙，称为核周隙，外层核膜附着有核糖体，在形态上与粗面内质网相似。细胞有丝分裂期，核膜的消失及重建均与内质网的互相转化有关。核膜具有小孔，称核孔，是核与细胞质进行物质交换的孔道。核孔数目在不同的细胞差异较大，与细胞功能活动有一定关系，一般分化程度低或代谢活跃的细胞，其核孔数目较多。

2. 核仁（nucleolus） 呈圆球形，无膜包绕。核仁的数量是1～2个，其大小变化随细胞类型而异。在细胞进行有丝分裂时，核仁同核膜一样，先消失以后又重建。电镜下，其中心为纤维状结构，周围呈颗粒状结构。核仁的主要化学成分是DNA、RNA和蛋白质。核仁的主要功能是作为合成核糖体的场所。

3. 染色质（chromatin）与染色体（chromosome） 是遗传物质的载体。染色质出现于细胞间期，由染色质细丝构成，染色质细丝的主要化学成分是DNA和组蛋白。在细胞进行有丝分裂时，染色质细丝螺旋盘曲缠绕成为具有特定形态结构的染色体，此时清晰可见。分裂结束后，染色体解除螺旋化，分散在核内，又重新形成染色质（图2-13）。

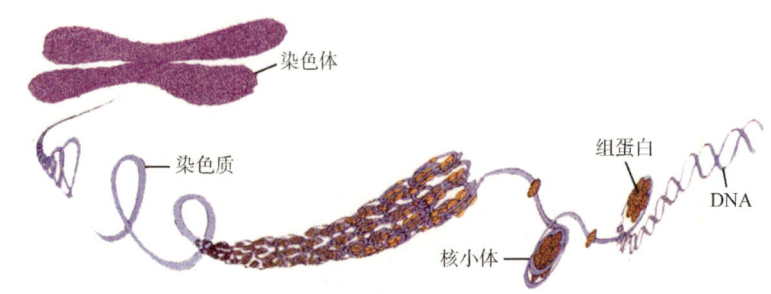

图2-13 染色体与染色质的模式图（郭家松图）

染色体的数目是恒定的。人体成熟的生殖细胞有23条染色体，称为单倍体；而体细胞有46条（23对）染色体，称为双倍体，其中常染色体44条，性染色体2条。常染色体男女相同，性染色体男性为XY，女性为XX。每条染色体由两条纵向排列的染色单体构成。两条单体连接处有纺锤丝附着，故称为着丝点。染色体是成双配对的，即每种形态的染色体有两条（一对），它们分别来自双亲的对应染色体，故又称同源染色体，它们含有相同的基因序列。将分裂中期的染色体，按其形态特征有序排列而成的图案，称为核型（染色体组型）。男性为46，XY；女性为46，XX。

先天性遗传病与染色体组型的变化有关。例如，先天性睾丸发育不全者，其染色体数为47条，比正常男性多1条性染色体（47，XXY）；先天性卵巢发育不全患者染色体数为45条，比正常女性少1条性染色体（45，X0）。检查早期胎儿细胞（如羊水脱落细胞）的染色体组型，可以及早发现某些遗传病，并给予及时处理，这对提高人们的身体素质和保健水平很有意义。

4. 核基质（nuclear matrix） 是以纤维蛋白成分为主的纤维网架结构，又称核骨架。

三、细胞增殖

细胞增殖是机体生长发育的基础，它是指细胞通过分裂增加数量，以补充和更新细胞的作用。细胞增殖具有一个复杂的周期性变化过程。

（一）细胞周期

从细胞分裂结束产生新的细胞开始，到下一次分裂结束为止的细胞生命过程，称为细胞增殖周期，简称细胞周期（cell cycle）。细胞周期可分为两个阶段，即分裂间期和分裂期。分裂间期是以细胞内部DNA的合成为中心，又可区分为DNA合成前期（G_1期）、DNA合成期（S期）和DNA合成后期（G_2期）。三个时期中关键的活动是DNA合成。分裂期（M期）则以染色体的形成和变化过程为主要依据，也可再分为前、中、后、末期四个时期。细胞周期中各期所需的时间各不相同。正常细胞周期的平均时间以M期最短，G_1期历时较长。细胞周期是通过延长G_1期的时间调控其增殖速度。

（二）间期细胞各期特点

1. G_1期 又称DNA合成前期。G_1期是从上一次细胞分裂结束，产生新的细胞开始。刚形成的两个子细胞，其体积较原有的细胞为小，物质代谢活跃，迅速合成RNA和蛋白质，细胞体积逐渐增大。这一期为下阶段S期的DNA复制作好物质和能量的准备。

细胞进入G_1期后，并不是都会进入下一期继续增殖，在此阶段，至少会出现三种前途的细胞。①增殖细胞：这种细胞能及时从G_1期进入S期，保持旺盛的分裂能力，如消化道上皮细胞及骨髓细胞等；②暂不增殖细胞或休止期（G_0期）细胞：这类细胞进入G_1期后不会立即转入S期，只有在特定需求下，如组织损伤、手术修复等情况时，才会进入S期继续增殖，如肝细胞等；③不增殖细胞：此种细胞进入G_1期后，会失去分裂能力，终身处于G_1期，最后通过分化、衰老直至死亡，如高度分化的神经细胞、肌细胞及成熟的红细胞等。肿瘤细胞进入 G_1 期也会出现上述三种细胞群，但抗癌药物只能杀灭在一定时期的细胞（即增殖细胞）。为了更合理地制订抗癌治疗方案，了解细胞周期的知识非常重要。

2. S期 又称DNA合成期。S期的主要特征是复制DNA，使DNA含量增加一倍，保证将来分裂时两个子细胞的DNA含量不变。从 G_1 期进入S期是细胞周期的关键时刻，只要DNA的复制一开始，细胞增殖活动就会进行下去，直到分成两个子细胞。如果DNA复制受到障碍或发生错误，就会抑制细胞的分裂或引起变异，导致形成异常细胞。

3. G_2期 又称DNA合成后期。G_2期也可称为有丝分裂准备期，主要为M期作准备。这一时期DNA的合成终止，但会合成少量RNA和蛋白质，这与构成纺锤体的微管蛋白有关。

（三）分裂期细胞的特点

细胞分裂可分为两大类：无丝分裂和有丝分裂（mitosis）。无丝分裂在人类细胞中很少发生，其过程也很简单。有丝分裂是细胞分裂的主要形式。此外，还有减数分裂，它是一种特殊的有丝分裂，是未成熟的生殖细胞增殖的方式。本节主要描述有丝分裂的过程。

细胞在 G_2 期完成了分裂前的准备后进入有丝分裂期。有丝分裂是一个连续变化的过程，此期有极明显的形态变化，主要表现在染色体形成和分裂的过程。在分裂过程中因有纺锤丝的出现，故称为有丝分裂（图2-14）。

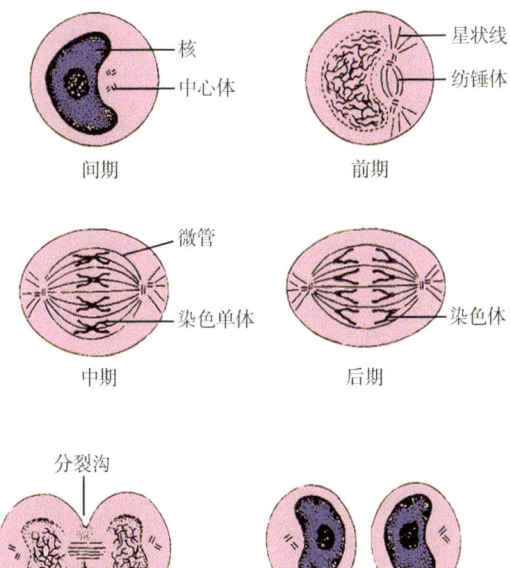

1. 前期 染色质细丝螺旋化，开始形成具有一定形态和数量的染色体。中心体复制成双，向细胞两极移动，纺锤体（由纺锤丝构成）开始出现，核膜和核仁逐渐消失。

2. 中期 核膜和核仁消失，染色体已移到细胞中央（即赤道平面），每条染色体已纵裂为两条单体，但仍有着丝点相连。两个中心体分别移到细胞两极，有纺锤丝（即微管束）与染色体着丝点相连构成纺锤体。

3. 后期 纺锤丝收缩，两条染色单体分离，并移向细胞两极，因此全部染色体分成相等的两群，分别集聚于两极。与此同时，细胞拉长，细胞中部的细胞膜下环形微丝束收缩，该部细胞质逐渐缩窄。

4. 末期 染色体解除螺旋化，重新形成染色质。核

图2-14 细胞有丝分裂过程

膜和核仁重新出现。细胞中部继续缩窄形成分裂沟，最后完全分裂为两个子细胞。

在细胞周期中，分裂间期的主要生理意义是合成DNA，复制两套遗传信息，而分裂期的主要生理意义是通过染色体的形成、纵裂和移动，把两套遗传信息准确地平分到两个子细胞中，使子细胞具有与母细胞相同的染色体，使遗传特性一代一代地传下去，保持遗传的稳定性。

整个细胞周期是一个动态过程，互相联系不可分割，若某个阶段受到干扰，细胞的增殖则发生障碍。临床上的各种抗癌药物，就是根据细胞增殖各阶段不同特点，对癌细胞在不同增殖期，产生不同的效应，故利用各种抗癌药物的不同作用机制，合理配伍使用，可提高抗癌效果。因此，熟悉细胞周期的理论对医药临床实践有着重要指导意义。

四、细胞的运动性

细胞的运动性包括细胞分裂、变形运动、胞吞及胞吐作用等。在细胞有丝分裂末期，胞质收缩环的形成和收缩是一种细胞运动形式。细胞的变形运动即细胞爬行运动，其显著特征是细胞伸出胞质突

起，向前伸展游走，如白细胞和伤口愈合中的成纤维细胞具有细胞爬行的变形运动能力。在物质交换过程中，细胞的胞吞和胞吐作用也是一种运动形式。胞吞（入胞）作用是指细胞对一些大分子物质或颗粒的吞噬作用。其过程大致是，细胞膜局部内陷，囊泡颈部融合、封闭形成小泡，然后与细胞膜分离，形成吞噬体，并向细胞质内移动，完成吞噬作用。根据吞噬内容物的性质，胞吞又可分为吞噬和吞饮两种。前者吞噬的是固体，后者吞噬的是液体。胞吐（出胞）作用是将细胞内的物质，由细胞内膜包裹形成小泡，然后小泡与细胞膜融合形成小孔，小泡内容物通过小孔排出细胞外。许多分泌细胞都是通过这一方式排出其分泌物。

（胡 哲）

第3章 上皮组织

> **学习目标**
>
> **掌握**：上皮组织的组成和主要特性；各种被覆上皮的光镜结构及主要功能；微绒毛和纤毛的结构及主要功能；紧密连接和缝隙连接的电镜结构与功能。
>
> **熟悉**：被覆上皮的分布；被覆上皮的电镜结构特点和主要功能；中间连接和桥粒的电镜结构与功能。
>
> **了解**：被覆上皮的分类；腺上皮和腺的概念；腺的分类和各类腺体的主要特点；膜内褶、基膜的电镜结构与功能。

上皮组织（epithelial tissue）简称上皮（epithelium），由密集的、形态较规则且排列紧密的上皮细胞和极少量的细胞外基质组成。大部分上皮组织呈薄膜状覆盖于人体外表面和衬贴在有腔器官的腔面，被称为被覆上皮。有些上皮以分泌功能为主，称腺上皮。能感受某种物理或化学性刺激的上皮，则称感觉上皮。上皮组织的细胞呈现明显的极性，朝向身体表面或有腔器官的腔面，称游离面；与其相对的另一面朝向深部的结缔组织，称基底面，附着于基膜，与结缔组织相连。游离面常分化出纤毛、微绒毛等特殊结构，以适应各自器官的功能需要。上皮组织中没有血管，细胞所需的营养依靠结缔组织内的血管透过基膜供给。上皮组织内有丰富的神经末梢。

上皮组织具有保护、吸收、分泌和排泄等功能。人体不同部位的上皮其功能有所差别，如体表的上皮以保护功能为主；而消化管腔面的上皮除具有保护作用外，还有吸收和分泌功能。腺上皮的功能主要是分泌。

一、被覆上皮

呈薄膜状覆盖于人体外表面或衬贴在有腔器官内面的上皮组织，称被覆上皮（covering epithelium）。

（一）被覆上皮的类型和结构

根据上皮细胞层数和细胞形状，被覆上皮可分为单层上皮（simple epithelium）和复层上皮（stratified epithelium）。

单层上皮由一层细胞组成，所有细胞的基底端都附着于基膜，游离端可伸到上皮表面。根据垂直切面上细胞的形态，单层上皮可进一步分为单层扁平（鳞状）上皮、单层立方上皮、单层柱状上皮和假复层纤毛柱状上皮（图3-1）。

复层上皮由多层细胞组成，仅最深层的细胞附着于基膜上；根据垂直切面上各层细胞的形态，复层上皮可分为复层扁平（鳞状）上皮和变移上皮（图3-1）。

1. 单层扁平上皮（simple squamous epithelium） 很薄，由一层扁平细胞组成。上皮表面，细胞呈不规则形或多边形，状似鱼鳞，又称鳞状上皮。细胞核呈椭圆形，位于细胞中央，细胞边缘呈锯齿状或波浪状，互相嵌合（图3-2，图3-3）。在垂直切面上，细胞扁薄，胞质很少，仅含核的部分略厚。衬贴在心、血管和淋巴管等腔面的单层扁平上皮称内皮（endothelium），游离面光滑，有利于血液和淋巴液流动。分布在胸膜、腹膜和心包膜表面的单层扁平上皮称间皮（mesothelium），细胞游离面湿润光滑，可减少器官活动时的相互摩擦。

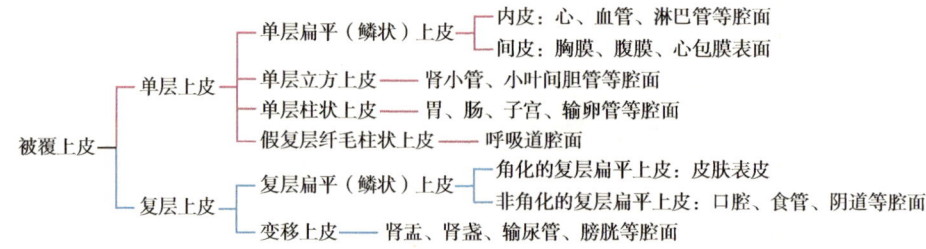

图3-1　被覆上皮的类型和主要分布

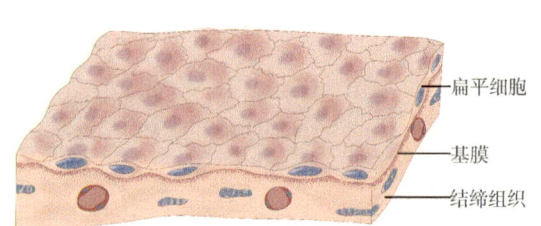

图3-2　单层扁平上皮模式图

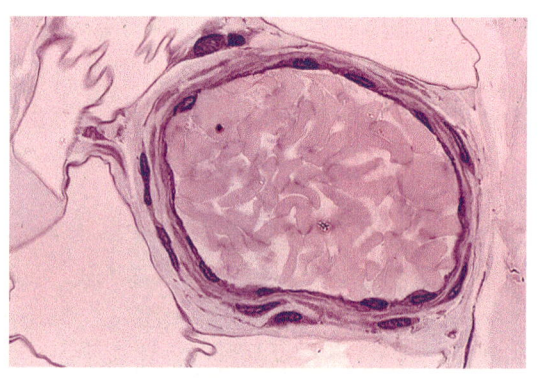

图3-3　单层扁平上皮（微动脉HE染色，10×80倍）

2. 单层立方上皮（simple cuboidal epithelium）　由一层立方形细胞组成（图3-4，图3-5）。上皮表面，每个细胞呈六角形或多角形；垂直切面上，细胞呈正方形。细胞核圆形，位于细胞中央。分布于肾小管、小叶间胆管等处，具有吸收与分泌功能。

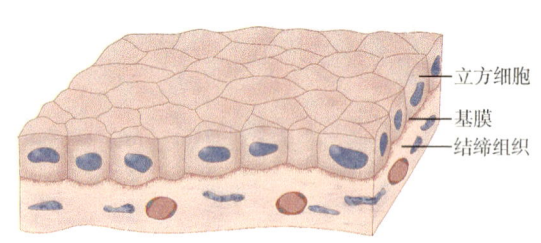

图3-4　单层立方上皮模式图

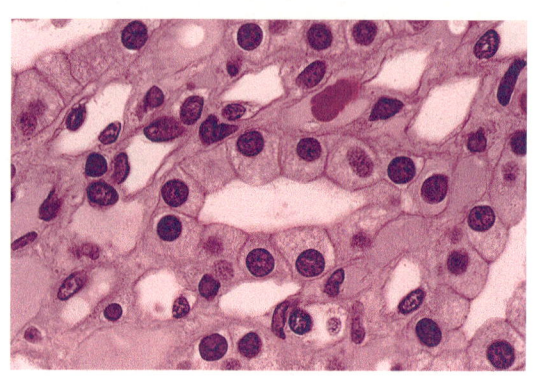

图3-5　单层立方上皮（输尿管HE染色，10×40倍）

3. 单层柱状上皮（simple columnar epithelium）　由一层柱状细胞组成（图3-6，图3-7）。上皮表面，细胞呈六角形或多角形；垂直切面上，细胞呈柱状，细胞核长圆形，多位于细胞近基底部。此种上皮主要分布于胃、肠、子宫和输卵管等器官的腔面，具有吸收或分泌功能。

在小肠和大肠腔面的单层柱状上皮中，柱状细胞间有许多散在的杯状细胞，细胞顶部膨大，充满黏液性分泌颗粒，基底部较细窄。细胞核位于基底部，常为较小的三角形或扁圆形，染色质浓密，着色较深。杯状细胞是一种腺细胞，可分泌黏液，有润滑上皮表面和保护上皮的作用。被覆在子宫和输卵管等腔面的单层柱状上皮，细胞游离面具有纤毛，称单层纤毛柱状上皮。

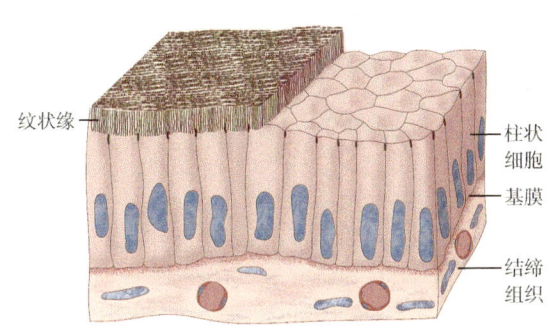

图3-6　单层柱状上皮模式图

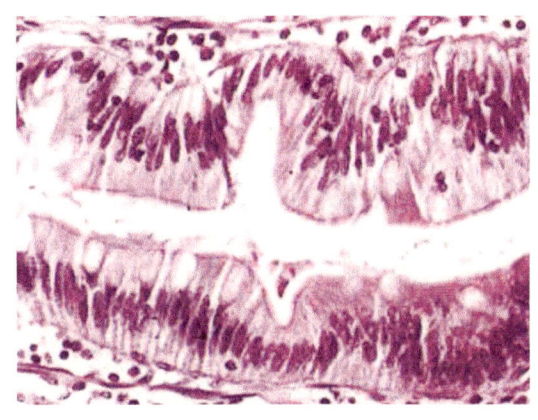

图3-7　单层柱状上皮（胆囊上皮HE染色，10×40倍）

4. 假复层纤毛柱状上皮（pseudostratified ciliated columnar epithelium）　由柱状细胞、梭形细胞、锥形细胞和杯状细胞等几种形状、大小不同的细胞组成（图3-8，图3-9）。由于这几种细胞形态不同，高矮不一，细胞核的位置也深浅不一，从上皮垂直切面观察很像复层上皮，但这些高矮不等的细胞基底端都附在基膜上，只有柱状细胞和杯状细胞的顶端伸到上皮游离面，实际为单层上皮。柱状细胞游离面具有纤毛，故此得名假复层纤毛柱状上皮。这种上皮主要分布在呼吸道管腔表面，纤毛节律性定向摆动，可将含有灰尘和细菌等病原体的黏液推向咽部，从而起到清洁和保护呼吸道的作用。

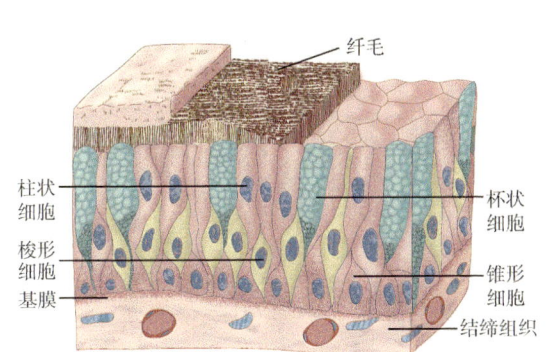

图3-8　假复层纤毛柱状上皮模式图

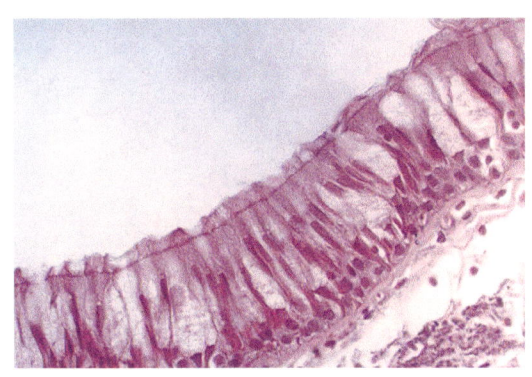

图3-9　假复层纤毛柱状上皮（气管上皮HE染色，10×40倍）

5. 复层扁平上皮（stratified squamous epithelium）　由多层细胞组成（图3-10～图3-12），在垂直切面上，细胞的形状和厚薄不一，浅层为几层扁平细胞，中层为数层多边形细胞，基底层为一层立方形或矮柱状细胞。最表层的扁平细胞不断退化并脱落。基底层的细胞具有旺盛的分裂能力，新生的细胞渐向浅层移动，以补充表层衰老脱落的细胞。上皮细胞基底面与深层结缔组织的连接面凹凸不平，使两者的接触面积增大，连接更加稳固，上皮组织的营养供给增强。

复层扁平上皮分布于皮肤表面及口腔、食管和阴道等器官的腔面，具有耐摩擦和阻止异物侵入等保护作用。受损伤后，上皮有很强的修复能力。位于皮肤表面的复层扁平上皮，浅层细胞已无细胞核，细胞质中充满角蛋白，称角化的复层扁平上皮，衬贴在口腔和食管等腔面的复层扁上皮，浅层细胞是有核的活细胞，含角蛋白少，

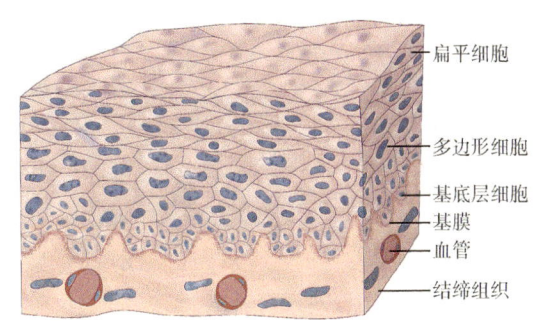

图3-10　复层扁平上皮模式图

称未角化的复层扁平上皮。

6. 变移上皮（transitional epithelium） 主要衬贴在肾盏、肾盂、输尿管和膀胱等的腔面（图3-13，图3-14）。变移上皮的特点是细胞的形状和层数可随所在器官的收缩与扩张而发生变化，故称变移上皮。例如，膀胱空虚收缩时，上皮变厚，细胞层数较多，细胞呈多边形、梨形、矮柱状或立方形。当膀胱充尿扩张时，上皮变薄，细胞层数减少，细胞形状也变扁。

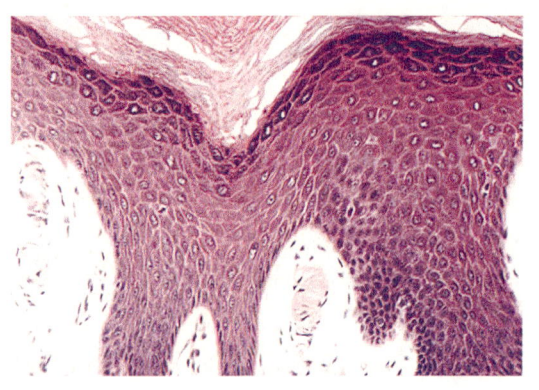

图3-11 角化的复层扁平上皮（手掌）（HE染色，10×10倍）

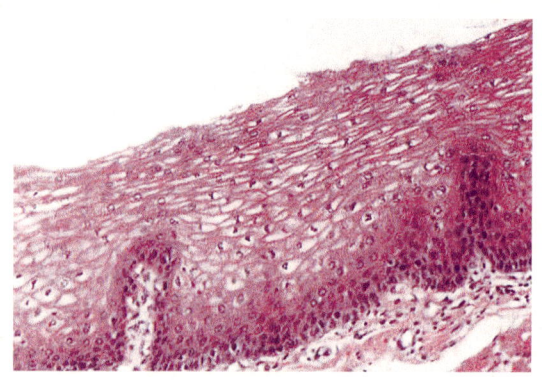

图3-12 未角化的复层扁平上皮（食管）（HE染色，10×10倍）

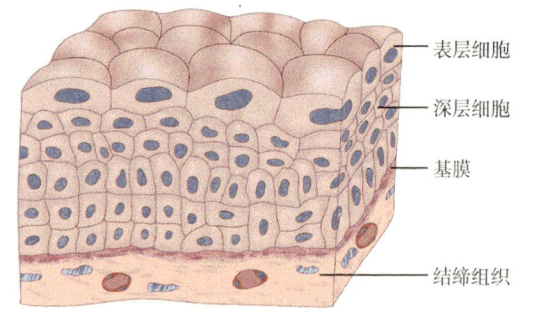

图3-13 变移上皮模式图（膀胱）

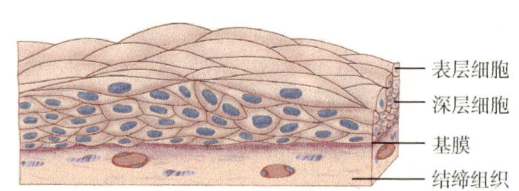

图3-14 变移上皮（膀胱）（HE染色，10×40倍）

（二）上皮组织的特殊结构

由于上皮组织呈现明显的极性，故上皮细胞具有游离面、基底面和侧面三种功能表面，在各个不同的功能表面常形成不同的特殊结构，以与其功能相适应。

1. 上皮细胞游离面的特殊结构

（1）细胞衣（cell coat） 又称糖衣，为一薄层绒毛状的结构，是细胞膜的糖蛋白、糖脂及蛋白多糖向外伸出的糖链。细胞衣具有黏着、支持、保护、物质交换及识别等功能。

（2）微绒毛（microvillus） 是上皮细胞游离面伸出的细小指状突起，在电镜下才能清楚辨认（图3-15）。电镜下，微绒毛表面为细胞膜，内部为细胞质，轴心的胞质中有许多纵向的微丝，微丝一端附着于微绒毛尖端；另一端下伸到细胞顶部，微丝的舒缩可使微绒毛伸长或缩短。光镜下，吸收功能强的上皮细胞，如小肠上皮细胞和肾近曲小管上皮细胞，游离面有较长而密集、整齐排列的微绒毛，分别称纹状缘、刷状缘。微绒毛的功能是能显著扩大细胞的表面积，有利于细胞对物质的吸收。

（3）纤毛（cilium）　是细胞游离面伸出的能摆动的较长的突起，比微绒毛粗且长，在光镜下能看见。电镜下，纤毛表面有细胞膜，内部为细胞质，其中有纵向排列的微管。微管的排列有一定规律，中央为2条完整的微管，周围为9组成对的双联微管（图3-16）。纤毛具有定向节律性摆动的能力，如呼吸道大部分腔面的上皮具有纤毛，纤毛的定向摆动可把被吸入的灰尘和细菌等异物排出。

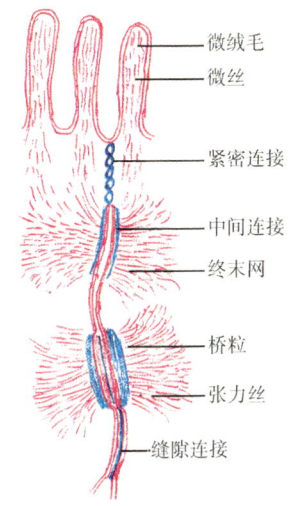

图3-15　单层柱状的微绒毛与细胞连接超微结构模式图

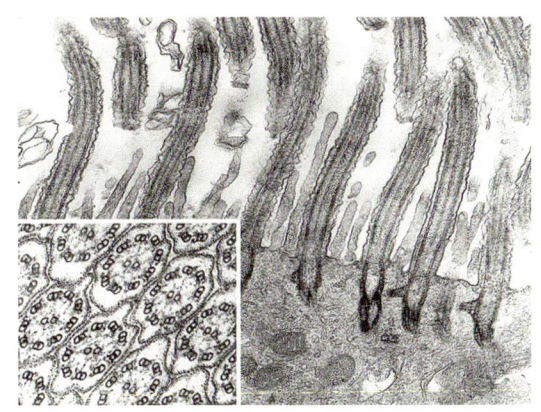

图3-16　气管上皮纤毛电镜图（20 000×）
左下图为双联微管

2. 上皮细胞侧面的特殊结构　电镜下，上皮细胞的侧面可看到多种形式的细胞连接，主要有以下形式的细胞间连接（图3-15）。

（1）紧密连接（tight junction）　又称闭锁小带，位于相邻细胞间隙的顶端侧面，在紧密连接的连接区，相邻两细胞的细胞膜上有呈网格状的融合点，彼此相对并紧密贴合在一起，细胞间隙消失。紧密连接呈箍状环绕细胞，除连接相邻细胞外，更重要的是封闭细胞顶部的细胞间隙，有阻挡大分子物质进入深部组织的作用。

（2）中间连接（intermediate junction）　又称黏着小带，位于紧密连接下方，呈带状，环绕细胞。相邻细胞之间有一狭小的间隙，间隙中有较致密的丝状物连接相邻细胞的膜。此种连接在上皮细胞间和心肌细胞间常见，具有保持细胞形状和传递细胞收缩力的作用。

（3）桥粒（desmosome）　又称黏着斑，呈斑状连接，位于中间连接的深部，主要存在于上皮细胞间。相邻细胞之间有较宽的间隙，其中有一条致密的中线，两侧细胞膜的胞质面有较厚的致密物质构成的附着板，胞质中的角蛋白附着于板中，并折成袢状返回胞质，起固定和支持作用。桥粒是一种很牢固的细胞连接，在易受机械性刺激和摩擦的复层扁平上皮中多见。

（4）缝隙连接（gap junction）　又称通信连接，位于柱状上皮深部。细胞间隙很狭窄，相邻两细胞的间隙中有许多间隔大致相等的连接点并有管道相通。这种连接广泛存在于胚胎和成体的多种细胞间，可供细胞相互交换某些小分子物质和离子，借以传递化学信息，调节细胞的分化和增殖。此种连接的电阻低，在心肌细胞之间、平滑肌细胞之间、神经细胞之间，可经此处传递电冲动。

以上四种连接，一般只要有两个或两个以上的连接同时存在，即可称连接复合体。

3. 上皮细胞基底面的特殊结构

（1）基膜（basement membrane）　又称基底膜，是上皮基底面与深部结缔组织间的薄膜状结构（图3-17）。光镜下难以分辨，电镜下可将基膜分为三层：紧贴在上皮细胞基底面的薄层为电子致密度低的透明层；其下面电子致密度高的均质层为致密层；第三层为网板，由网状纤维和基质构成，与结缔组织相接。基膜有支持和连接作用，有利于上皮细胞与深部结缔组织进行物质交换。

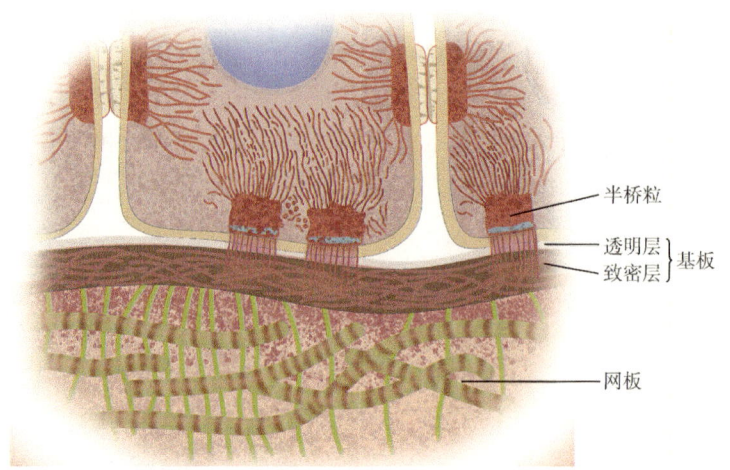

图3-17 基膜超微结构模式图

（2）质膜内褶（plasma membrane infolding） 是上皮细胞基底面的细胞膜折向细胞内形成（图3-18）。质膜内褶的主要作用是扩大细胞基底面的表面积，主要分布于肾小管，有利于水和电解质的迅速转运。

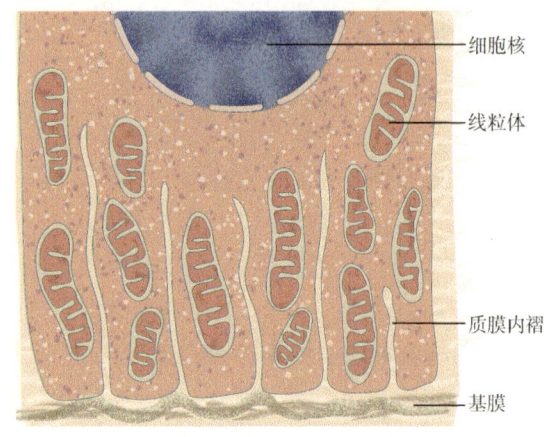

图3-18 质膜内褶超微结构模式图

二、腺上皮和腺

机体主要行使分泌功能的上皮，称腺上皮（glandular epithelium）。以腺上皮为主要成分组成的器官称腺（gland）。腺细胞的分泌物中含酶、糖蛋白（也称黏蛋白）或激素等，各有特定的作用。

（一）外分泌腺和内分泌腺

在胚胎期，腺上皮起源于内胚层、中胚层或外胚层衍生的原始上皮。这些上皮细胞分裂增殖，形成细胞索，长入深部的结缔组织中，分化成腺。如果形成的腺有导管通到器官腔面或身体表面，分泌物经导管排出，称外分泌腺（exocrine gland），如汗腺、胃腺等；如果形成的腺没有导管，分泌物经血液和淋巴输送，称内分泌腺（endocrine gland），如甲状腺、肾上腺等。

（二）腺细胞的类型

1. 蛋白质分泌细胞 即浆液细胞，细胞呈锥体形，细胞核圆形，位于细胞中央或近细胞底部，细胞顶部充满嗜酸性的酶原颗粒，分泌物为稀薄的液体，含有不同的消化酶（图3-19）。

2. 糖蛋白分泌细胞 即黏液细胞，细胞呈锥体形，细胞核扁且色深，位于细胞基底部，胞质中充满较大的黏原颗粒，分泌物与水结合成黏液，覆盖在上皮的游离面，起润滑和保护作用（图3-20）。

3. 类固醇分泌细胞 细胞为多边形或圆形，细胞核圆形，位于中央，胞质内含有脂滴，是构成睾丸、卵巢和肾上腺皮质的内分泌细胞（图3-21）。

（三）外分泌腺的结构和分类

按组成外分泌腺的细胞数目，外分泌腺可分为单细胞腺和多细胞腺。前述的杯状细胞就是单细胞腺，但人体中大多数腺是多细胞腺。多细胞腺大小不等，一般都由分泌部和导管两部分组成。根据分泌部的形状分为：管状腺（tubular gland）、泡状腺（acinar gland）和管泡状腺（tubuloacinar gland）；根据分泌物性质的不同分为：浆液腺（serous gland），由浆液细胞组成；黏液腺（mucous gland），由黏液细胞组成；混合腺（mixed gland），由浆液细胞和黏液细胞共同组成。

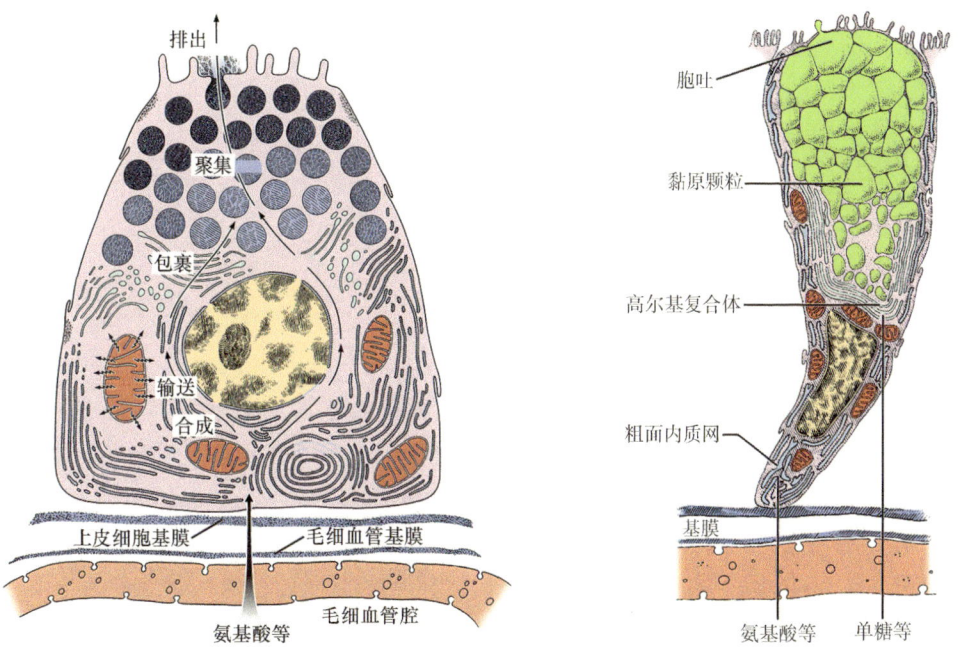

图3-19　胰腺浆液细胞及分泌模式图　　　　图3-20　杯状细胞超微结构及分泌模式图

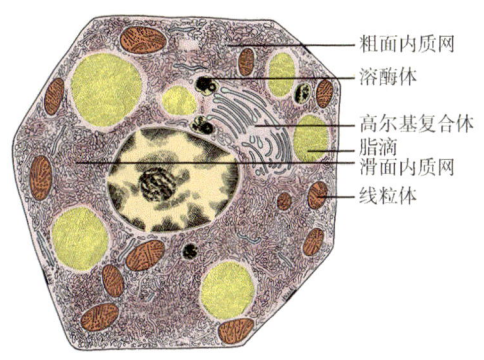

图3-21　类固醇分泌细胞超微结构模式图

报效祖国——微生物学家汤飞凡

一个健康人的全身被皮肤包裹，所有内脏腔壁都有黏膜覆盖，健康的皮肤和黏膜形成完整的屏障，作为人体第一道防线，阻拦病原微生物入侵体内，起到保护层的作用。某些传染性疾病可经皮肤传播，如鼠疫，直接接触患者的痰液、脓液，可能经破损的皮肤或黏膜传染。此外，鼠疫也可通过体内携带病菌的鼠蚤叮咬其他老鼠或人，把病菌传播给被叮咬的老鼠或人。

汤飞凡曾被派往美国哈佛大学医学院从事细菌学研究，在祖国多灾多难之际，他为了祖国的医学事业，毅然放弃美国优渥的工作和生活条件，踏上回国的道路。回国后，他带领团队成功扑灭多场瘟疫，救活无数国人；他研发了中国第一批狂犬疫苗、牛痘疫苗和世界首支斑疹伤寒疫苗，其研究成果使中国在消灭天花病毒方面领先世界16年。1949年，华北鼠疫流行，汤飞凡带领团队在较短时间内自主研制出鼠疫减毒活疫苗，给受到鼠疫危害的人们带来了福音。

"科学报国、他日归来"，汤飞凡实现了他的爱国抱负。

（叶茂盛）

第4章 结缔组织

> **学习目标**
>
> **掌握**：结缔组织的组成特点；疏松结缔组织的组成结构；成纤维细胞、巨噬细胞、浆细胞和肥大细胞的结构与功能；3种纤维的结构；血细胞的分类和正常值，红细胞的结构和功能，白细胞的分类、结构和功能，血小板的结构与功能；软骨和骨的结构与功能，密质骨结构特点。
>
> **熟悉**：组织液的形成，组织液与基质的关系；骨髓和血细胞的发生；三种软骨的结构与功能，软骨生长和骨的发生方式及其改建，骨膜的结构和功能。
>
> **了解**：结缔组织的分类、分布与功能；基质的化学成分与功能；脂肪细胞的形态与功能；致密结缔组织、脂肪组织和网状组织的结构特点与主要功能。淋巴组织的结构与功能。影响骨生长的因素、关节组织结构。

结缔组织（connective tissue）是由细胞和大量的细胞外基质（又称细胞间质）构成的。细胞外基质包括丝状的纤维、无定形基质和不断更新的组织液。细胞散在分布于细胞外基质内，数量少，种类多，无极性。广义的结缔组织包括固有结缔组织、血液、淋巴组织、软骨组织和骨组织。一般所说的结缔组织是指固有结缔组织。结缔组织在人体内分布广泛、形式多样，具有连接、支持、营养、保护、物质运输等多种功能。

结缔组织起源于胚胎时期的间充质（mesenchyme）。间充质由间充质细胞和大量基质构成。间充质细胞是分化程度很低的细胞，能分化成多种结缔组织细胞、内皮细胞、肌细胞、血细胞等。成体结缔组织内始终保留少量未分化的间充质细胞。间充质的基质为均质状物质，主要成分为蛋白多糖。

一、固有结缔组织

固有结缔组织（connective tissue proper）在体内分布广泛。按其功能和结构的不同，分为疏松结缔组织、致密结缔组织、脂肪组织和网状组织。

（一）疏松结缔组织

疏松结缔组织（loose connective tissue）又称蜂窝组织（areolar tissue）（图4-1），该组织发生的弥漫性化脓性炎症即临床上所谓的蜂窝织炎。其特点是细胞种类较多，纤维数量较少，排列稀疏，血管丰富；具有连接、支持、营养、防御、保护和修复等功能。

1. 细胞 疏松结缔组织的细胞包括成纤维细胞、巨噬细胞、浆细胞、肥大细胞、脂肪细胞、未分化的间充质细胞和白细胞等。各类细胞的数量和分布随存在的部位和功能状态而不同。

（1）成纤维细胞（fibroblast） 是疏松结缔组织中最主要的一种细胞成分，常附着在胶原纤维上。成纤维细

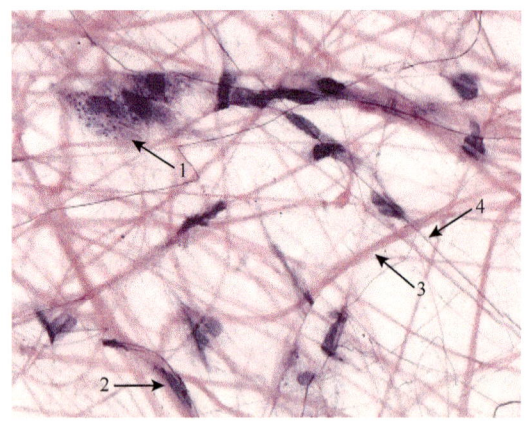

图4-1 疏松结缔组织（醛复红与偶氮焰红染色，10×40倍）
1. 巨噬细胞；2. 成纤维细胞；3. 胶原纤维；4. 弹性纤维

胞形态不规则，功能活跃时，细胞较大，多突起，细胞核大，卵圆形，着色浅，核仁明显；胞质较丰富，弱嗜碱性。电镜下，可见细胞表面少量细而短的微绒毛，胞质内粗面内质网和游离核糖体丰富，高尔基复合体发达，该细胞有合成和分泌蛋白质的结构特点（图4-2）。

成纤维细胞的主要功能是合成疏松结缔组织的纤维和基质。当成纤维细胞功能处于相对静止状态时，称为纤维细胞（fibrocyte）（图4-2），细胞变小，呈长梭形，细胞核小，着色深；胞质呈嗜酸性。电镜下胞质内粗面内质网减少，高尔基复合体不发达。在一定条件下，如手术或创伤时，纤维细胞又能转化为功能活跃的成纤维细胞，加速胶原纤维和基质的合成，参与组织修复，促进伤口愈合。

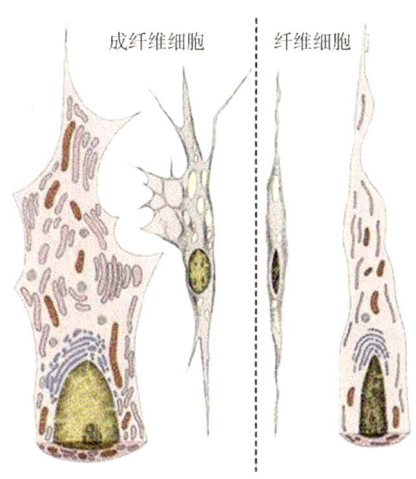

图4-2　成纤维细胞与纤维细胞模式图

（2）巨噬细胞（macrophage）　在体内广泛存在的一种免疫细胞，由血液内单核细胞穿出血管壁后分化而成。其形态随细胞的功能状态而改变。在疏松结缔组织内固定的巨噬细胞又称为组织细胞。活跃状态下常伸出较长的伪足而形态不规则。细胞核较小，圆形或卵圆形，着色深；细胞质丰富，多呈嗜酸性，含空泡和大小不同的异物颗粒。电镜下，细胞表面有许多皱褶和微绒毛；胞质内含大量溶酶体、吞噬体、吞饮小泡和残余体；高尔基复合体发达，细胞膜附近有较多的微丝和微管（图4-3）。在不同组织器官内的巨噬细胞存活时间不同。

巨噬细胞有重要的防御功能，它具有趋化性定向运动，可吞噬、清除异物及衰老或死亡的细胞，可分泌多种生物活性物质，并参与调节机体免疫应答。

1）趋化性定向运动：在疏松结缔组织内，巨噬细胞通常沿胶原纤维散在分布。在炎症或细菌产物等物质刺激下，巨噬细胞会伸出伪足、活化成游走状态，沿趋化因子（即一些病变组织产生的化学性物质）的浓度梯度进行定向移动，并逐渐聚集到产生刺激因子的部位，此即巨噬细胞的趋化性定向运动。

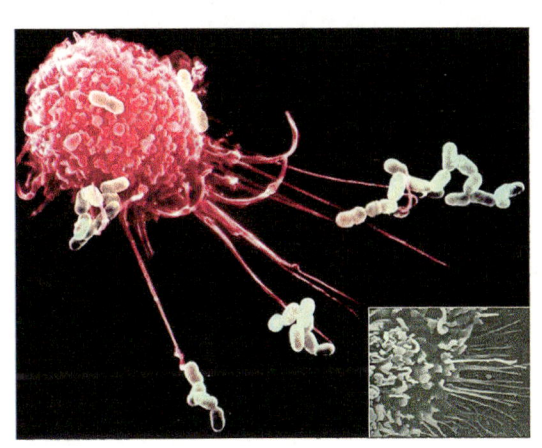

图4-3　吞噬细菌的巨噬细胞扫描电镜图（伪彩）
右下图为巨噬细胞伪足

2）吞噬作用：巨噬细胞具有强大的吞噬能力，包括非特异性吞噬作用和特异性吞噬作用。进入体内的细菌、异物及体内衰老变性的细胞、肿瘤细胞等均能作为抗原物质，被巨噬细胞的膜受体或抗体、补体、纤维粘连蛋白等识别因子识别，逐渐胞吞入细胞内形成吞噬体或吞饮小泡，被溶酶体水解酶消化分解。所以巨噬细胞能防御和清洁内环境，在机体防御疾病中发挥重要作用。

3）分泌功能：巨噬细胞能合成和分泌多种生物活性物质，如溶菌酶能分解杀死细菌等；干扰素具有抗病毒功能；白细胞介素-1、补体等参与机体的防御功能。

4）参与调节免疫应答：巨噬细胞是一种抗原呈递细胞，能捕捉、加工处理和呈递抗原。被巨噬细胞捕捉的抗原（包括蛋白质、多肽、多糖等生物分子）经加工处理后，形成复合物储存在巨噬细胞表面，并呈递给淋巴细胞，启动淋巴细胞产生免疫应答。巨噬细胞还能杀伤病原体和肿瘤细胞等。

（3）浆细胞（plasma cell）　呈圆形或卵圆形。细胞核圆形，多偏于细胞一侧，染色质呈粗块状沿核膜内面呈车轮状排列。胞质丰富，嗜碱性，核旁有浅染区（图4-4）。电镜下，可见胞质内含有大量平行排列的粗面内质网和游离的核糖体，高尔基复合体发达。

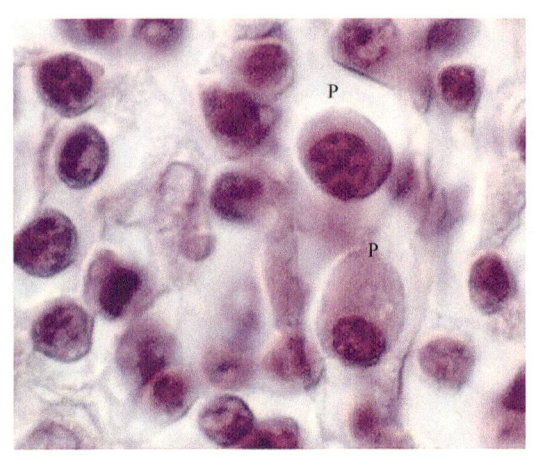

图4-4 浆细胞（瑞氏染色；10×40倍）
P：浆细胞

浆细胞在疏松结缔组织内数量较少，在病原菌或异常蛋白易于入侵的部位较多见，如消化道、呼吸道的固有层结缔组织及慢性炎症部位。在抗原的反复刺激下，B淋巴细胞增殖、分化为浆细胞。浆细胞的功能是合成分泌性免疫球蛋白（immunoglobulin，Ig），即抗体（antibody）。一种浆细胞只能产生一种特异性抗体，抗体能特异性地与相应抗原结合，形成抗原-抗体复合物。

（4）肥大细胞（mast cell）　多成群或散在分布于毛细血管和小血管周围。在机体与外界接触的部位，如皮肤、消化道、呼吸道的结缔组织中多见。体积较大，呈圆形或卵圆形，细胞核小而圆，多位于中央。细胞质内充满粗大的异染性膜包颗粒（颗粒内含有组胺、嗜酸性粒细胞趋化因子和肝素等多种活性介质）。颗粒易溶于水，在HE染色切片上，不易看见（图4-5）。电镜下可见粗面内质网、高尔基复合体、微丝、微管及圆形或卵圆形的颗粒，内部结构常呈多样性。

当细胞受到外界某些因素刺激时能产生脱颗粒现象，引发速发型变态反应和炎症反应。颗粒释放的组胺和胞质中的白三烯可使微静脉及毛细血管扩张、通透性增加，细支气管平滑肌收缩，导致局部皮肤水肿，支气管哮喘和荨麻疹等过敏反应。嗜酸性粒细胞趋化因子能吸引嗜酸性粒细胞聚集到变态反应的部位，减轻过敏反应。肝素则有抗凝血作用。

肥大细胞还可参加免疫反应，当致敏机体再次接触相同的过敏原时，少量的过敏原刺激肥大细胞膜表面构型发生改变，激发细胞脱颗粒，释放颗粒内物质，发生过敏反应，如荨麻疹、哮喘等。

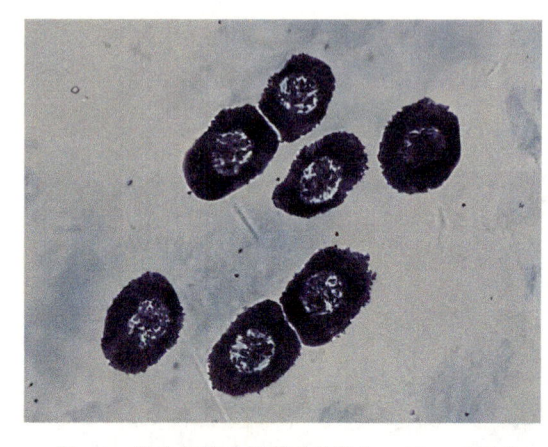

图4-5 肥大细胞（甲苯胺蓝染色，10×40倍）

（5）脂肪细胞（fat cell）　单个或成群存在。细胞体积大，常呈圆球形或相互挤压成多边形；胞质内充满脂滴，胞质被挤到细胞周缘成一薄层，细胞核常被挤到细胞一侧，呈扁圆形。HE染色切片中，脂滴被溶解，细胞呈空泡状（图4-6）。脂肪细胞能合成和贮存脂肪，参与能量代谢。

（6）未分化的间充质细胞　常分布在结缔组织的毛细血管周围，是保留在成体结缔组织内的一些较原始的、保持分化潜能的细胞。未分化的间充质细胞呈星状，形似成纤维细胞，相邻细胞以突起相互连接成网状，常分布在毛细血管周围；细胞核较大，核仁明显；细胞质弱嗜碱性。在炎症与创伤修复时可增殖分化为成纤维细胞、平滑肌和内皮细胞等。

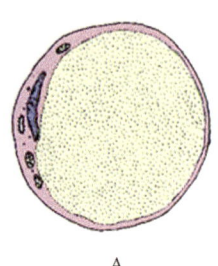 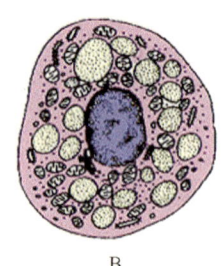

图4-6 单泡脂肪细胞、多泡脂肪细胞模式图
A．单泡脂肪细胞；B．多泡脂肪细胞

（7）白细胞　血液内的白细胞，包括中性粒细胞、嗜酸性粒细胞、嗜碱性粒细胞、单核细胞、淋巴细胞等，常在适当部位穿出毛细血管，游走到疏松结缔组织中，参与免疫应答和炎症反应。

2. 纤维　疏松结缔组织中有胶原纤维、弹性纤维和网状纤维三种，均散在基质内。

（1）胶原纤维（collagen fiber）　数量最多，新鲜状态呈白色，有光泽，故又名白纤维。HE染色呈嗜酸性，淡红色。纤维粗细不等，直径1～12μm，波浪形，常成束存在，并互相交织成网（图4-1）。

电镜下，胶原纤维由更细的胶原原纤维黏合而成，构成胶原原纤维的胶原蛋白分子呈规律性错位排列，形成明暗相间的周期性横纹。胶原纤维主要由成纤维细胞产生。胶原纤维韧性大，抗拉力强，弹性较差，是结缔组织具有支持作用的物质基础。

（2）弹性纤维（elastic fiber） 较少且较细，新鲜状态下呈黄色，又名黄纤维。在HE染色中，弹性纤维不易与胶原纤维区分，经醛复红或地衣红染色后，纤维呈棕褐色，常分支交织成网。电镜下，弹性纤维由核心的弹性蛋白和外周的微原纤维组成。在没有外力作用时，弹性蛋白分子呈卷曲状态，在外力牵拉下，卷曲的弹性蛋白分子伸展拉长（图4-7）。

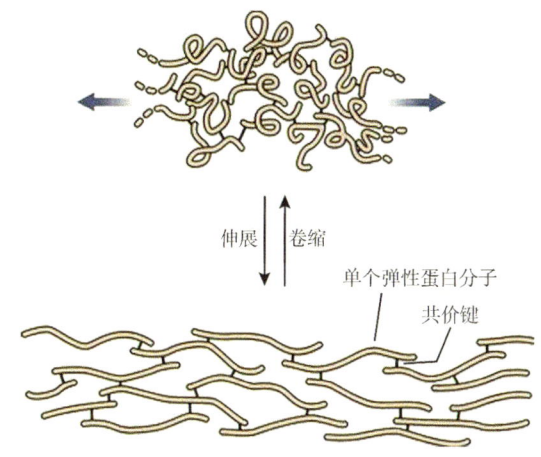

图4-7 弹性纤维伸缩状态的分子结构变化

皮肤弹性纤维稳定性较差，在强烈日光照射等因素作用下易断裂。弹性纤维可由成纤维细胞、软骨细胞、平滑肌细胞产生。弹性纤维弹性大，韧性差。与胶原纤维交织在一起，两种纤维的弹性与韧性，有利于器官和组织保持形态和位置的相对稳定，又具有一定的可变性。

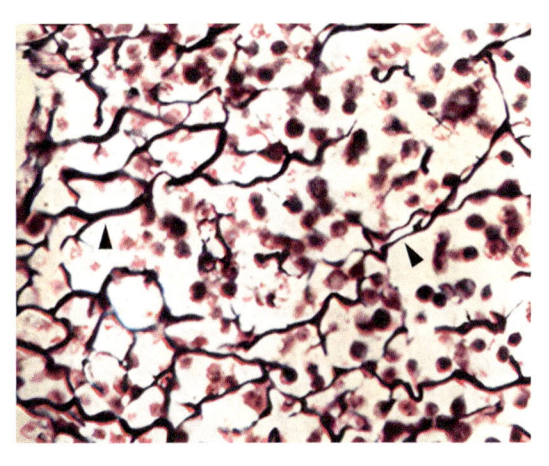

图4-8 网状纤维（镀银染色，10×40倍）
▲网状纤维

（3）网状纤维（reticular fiber） 较少，细而短、分支多，常交织成网。HE染色不易着色，故无法分辨。用银染色法，网状纤维可显示黑色，故又称其为嗜银纤维（图4-8）。电镜下，网状纤维结构与胶原纤维相似，但直径更细，因表面覆盖着较多的酸性蛋白多糖和糖蛋白，故其具有嗜银性。网状纤维多分布在网状组织及结缔组织与其他组织交界处，造血器官和淋巴组织等处较为丰富。

3. 基质 疏松结缔组织的基质丰富，充填于纤维、细胞之间，是由水和生物大分子构成的无定形胶状物，有一定黏性，在疏松结缔组织中分布较多。基质的主要化学成分为蛋白多糖和纤维粘连蛋白。

（1）蛋白多糖（proteoglycan） 是由蛋白质与大量多糖结合成的大分子复合物，是基质的主要成分。其中多糖的主要成分是透明质酸、硫酸软骨素A和C、硫酸角质素、硫酸肝素等，透明质酸含量最大。其他蛋白质分子和多糖分子再通过结合蛋白连接在透明质酸长链分子上，形成蛋白多糖聚合体，其立体结构则呈现许多微小孔隙的筛状结构，称为分子筛（图4-9）。小于孔隙的水和溶于水的营养物、代谢产物、激素、气体分子等均可以通过，便于血液与细胞之间进行物质交换。而大于孔径的大分子物质，如细菌等不能通过，使基质成为限制细菌扩散的防御屏障。某些病原菌（如溶血性链球菌）、癌细胞和蛇毒等能产生透明质酸酶，分解透明质酸的筛状结构，破坏基质的防御屏障，致使炎症和肿瘤浸润扩散。

（2）纤维粘连蛋白（fibronectin） 是基质中最主要的粘连性糖蛋白，分子表面具有与多种细胞、胶原蛋白及蛋白聚糖的结合位点，因此是将这三种成分有机连接的媒介。

（3）组织液（tissue fluid） 是从毛细血管动脉端渗出而进入到基质内形成的含电解质、单糖、气体分子等的液体。组织液可经毛细血管静脉端回流入血液，或经毛细淋巴管回流形成淋巴液，组织液如此地渗出和回流，得到不断循环更新，有利于血液与组织细胞间的物质交换。组织液是细胞赖以生存的内环境，是细胞摄取营养物质和排出代谢产物的中介。基质中组织液的容量保持着动态平衡状态，当组织液的渗出、回流或机体水盐、蛋白质代谢发生障碍时，基质中的组织液含量异常增多或减少，即出现组织水肿或脱水。

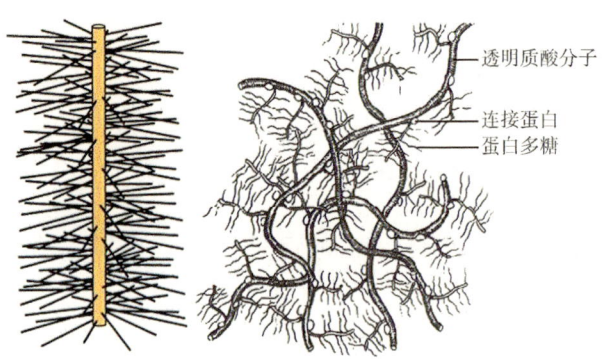

图4-9 分子筛结构模式图

（二）致密结缔组织

致密结缔组织（dense connective tissue）含大量纤维成分，细胞和基质较少，纤维粗大、排列致密，以支持和连接为其主要功能。根据纤维的性质和排列方式，致密结缔组织可分为以下几种类型。

1. 规则的致密结缔组织 含大量密集且平行排列的胶原纤维（图4-10），与受力方向一致，主要分布在肌腱、腱膜和韧带。位于纤维束之间的成纤维细胞称腱细胞，带有较多突起，突起插入纤维束内，细胞核椭圆形、染色深。

2. 不规则的致密结缔组织 虽也含有粗大的胶原纤维，但纤维排列纵横交错（图4-10），纤维之间含少量基质和细胞，主要见于真皮、硬脑膜、巩膜及许多器官的被膜等。

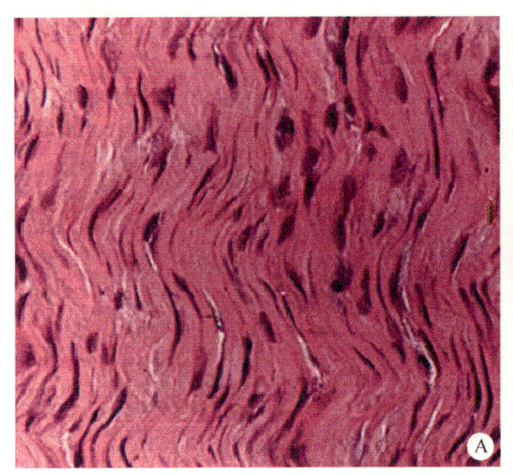 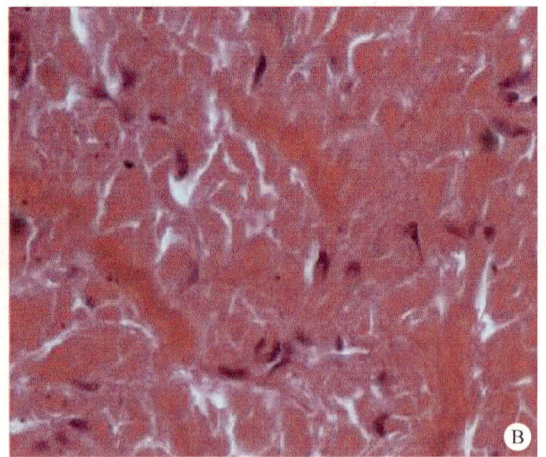

图4-10 致密结缔组织（HE染色，10×40倍）
A. 规则的致密结缔组织；B. 不规则的致密结缔组织

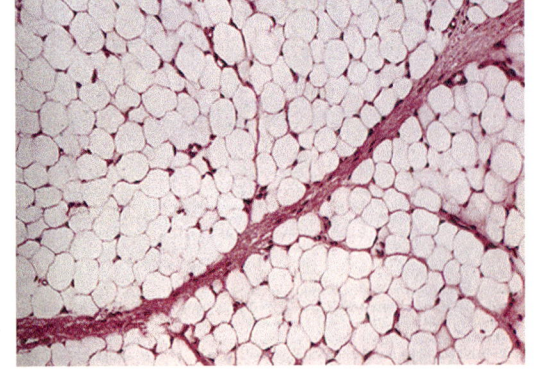

3. 弹性组织 是以弹性纤维为主的致密结缔组织。粗大的弹性纤维平行排列成束，如项韧带和黄韧带，以适应脊柱的运动。弹性纤维间有少量胶原纤维和成纤维细胞。

（三）脂肪组织

脂肪组织（adipose tissue）主要由大量密集的脂肪细胞构成，疏松结缔组织将其分隔成许多脂肪小叶（图4-11）。根据脂肪细胞结构和功能的不同，脂肪组织分为两类。

图4-11 脂肪组织（HE染色，10×20倍）

1. 黄色脂肪组织 为通常所说的脂肪组织（在某些哺乳动物为白色）。其脂肪细胞内只有一个大的脂滴，称为单泡脂肪细胞（图4-6），细胞核和胞质被脂滴挤到细胞的一侧而位于细胞周边。HE染色切片显示脂滴被溶解成一大空泡，细胞核扁椭圆形，连同部分胞质呈新月形。黄色脂肪组织主要分布在皮下、网膜和系膜等处。

2. 棕色脂肪组织 其结构特点是组织中有丰富的毛细血管，脂肪细胞较小，细胞内散在许多小脂滴，故称为多泡脂肪细胞，线粒体大而丰富，细胞核圆形，居中（图4-6）。这类脂肪组织多见于新生儿和冬眠动物，成人极少。其主要功能是：在寒冷的刺激下，其脂肪细胞内的脂类分解、氧化，从而产生大量热能。

（四）网状组织

网状组织（reticular tissue）由网状细胞（reticular cell）、网状纤维和基质构成（图4-12）。网状细胞呈星形、多突起，相邻细胞的突起相互连接成网，能够合成网状纤维。网状纤维分支交错，连接成网，是网状细胞依附的支架。网状组织主要分布于淋巴器官、造血器官，为淋巴细胞发育和血细胞发生提供适宜的微环境。

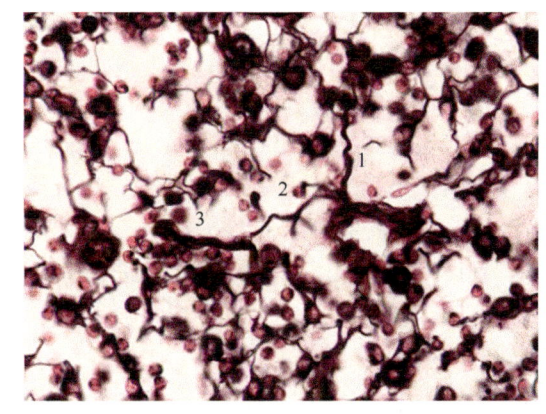

图4-12 网状组织（淋巴结）（镀银染色，10×40倍）
1. 网状纤维；2. 网状细胞；3. 淋巴细胞

二、软 骨

软骨（cartilage）由软骨组织及其周围的软骨膜构成，是固态的结缔组织，略有弹性，能承受压力和耐摩擦，有一定的支持和保护作用。软骨是胚胎早期的主要支架，在胎儿发育过程中逐渐被骨所取代，发育成熟后机体仅散在分布有一些软骨。软骨组织（cartilage tissue）主要由软骨细胞和软骨基质构成，软骨组织内无血管、淋巴管和神经，软骨基质具有可渗透性，从软骨膜血管渗出的营养物质可抵达软骨深部，营养软骨细胞。

（一）软骨组织

1. 软骨组织的细胞 除大量软骨细胞外，还有其前体细胞的软骨祖细胞和成软骨细胞。软骨细胞位于软骨组织内部，其余两种分布在表面。

（1）软骨祖细胞（chondroprogenitor cell） 是软骨组织的干细胞，位于软骨膜深部，其形态和软骨膜中的纤维细胞相似。软骨祖细胞呈梭形，较小，胞质少，细胞核呈细长形，着色深。在胚胎时期，软骨祖细胞可分化为成软骨细胞和软骨细胞。

（2）成软骨细胞（chondroblast） 由软骨祖细胞增殖分化而成，位置更贴近软骨组织。细胞呈扁圆形，较小。成软骨细胞开始合成、分泌软骨基质，并包埋其中。

（3）软骨细胞（chondrocyte） 包埋在基质中，其所在的腔隙称软骨陷窝（cartilage lacuna）。软骨细胞的大小、形状和分布在软骨内有一定规律。周边的软骨细胞幼稚，单个分布，体积小，呈扁圆形，长轴与软骨表面平行；越靠近中心，其细胞越成熟，体积渐大，呈圆形或椭圆形，成群分布，每群有2～6个细胞，它们是由同一个幼稚软骨细胞分裂而来，故称同源细胞群（isogenous group）。成熟软骨细胞核小、椭圆形，可见1～2个核仁，胞质弱嗜碱性。电镜下可见丰富的粗面内质网和发达的高尔基复合体，线粒体较少。软骨细胞具有合成软骨基质和纤维的功能。

2. 软骨基质（cartilage matrix） 软骨细胞产生的细胞外基质，由纤维和无定形基质组成。无定形基质的主要成分为蛋白聚糖和水，其中蛋白聚糖与疏松结缔组织中的类似，也构成分子筛结构，但软骨中的蛋白聚糖含量更高，使软骨基质形成较为坚固的凝胶。在软骨基质中，氨基聚糖分布不均匀，紧靠软骨陷窝的区域富含硫酸软骨素，故此处碱性较强，在HE染色切片中，此区域形似囊状包围着软骨细胞，故此区域称软骨囊（cartilage capsule）。纤维埋于基质中，使软骨具有韧性和弹性。纤维的种类和含量因软骨类型而异。

（二）软骨膜

除关节面的关节软骨外，软骨表面被覆薄层致密结缔组织，即软骨膜（perichondrium）。软骨膜内有血管、淋巴管和神经，其血管可为软骨组织提供营养。软骨膜与周围结缔组织相连，主要起保护作用。

（三）软骨的分类

根据软骨组织所含纤维不同，软骨分为透明软骨、弹性软骨和纤维软骨三种。

1. 透明软骨（hyaline cartilage） 分布较广，其中关节软骨、肋软骨及呼吸道的一些软骨均属于透明软骨。透明软骨新鲜时呈半透明状，具有较强的抗压力性，有一定的弹性和韧性，易折断。纤维成分主要是由Ⅱ型胶原蛋白的胶原原纤维构成（图4-13）。基质中含大量水分，这是透明软骨半透明的重要原因之一。

2. 纤维软骨（fibrous cartilage） 分布于椎间盘、关节盘及耻骨联合等处，呈不透明乳白色。结构特点是有大量平行或交错排列的胶原纤维束，因此有较强的韧性。软骨细胞较小而少，HE染色中，胶原纤维呈红色，常成行分布于纤维束之间。基质也较少，呈弱嗜碱性（图4-14）。

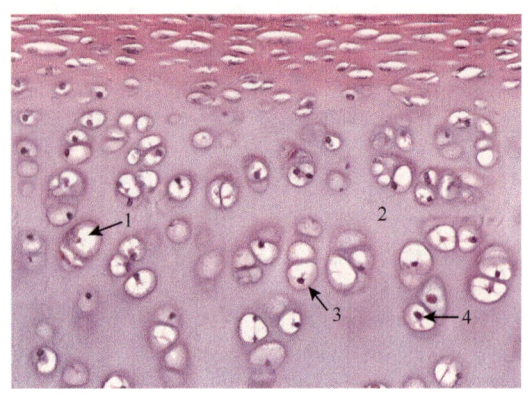

图4-13 透明软骨（HE染色，10×20倍）
1. 软骨陷窝；2. 软骨基质；3. 软骨囊；4. 软骨细胞

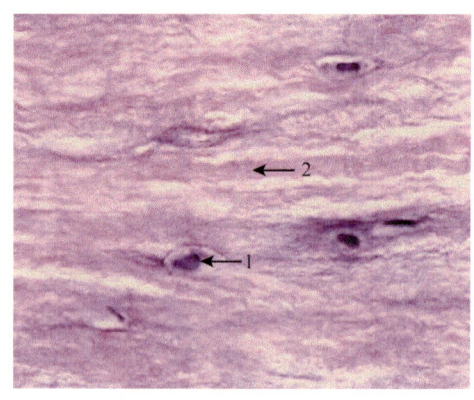

图4-14 纤维软骨（HE染色，10×20倍）
1. 软骨细胞；2. 胶原纤维

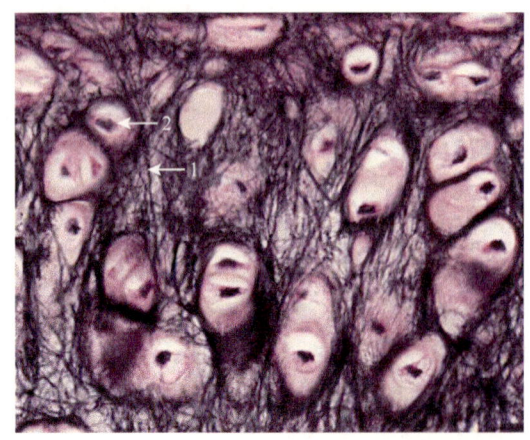

图4-15 弹性软骨（地衣红染色，10×40倍）
1. 弹性纤维；2. 软骨细胞

3. 弹性软骨（elastic cartilage） 分布于耳郭、咽喉及会厌等处，因有较强的弹性而得名，新鲜时呈黄色。组织结构与透明软骨类似，但所含纤维成分为大量交织排列的弹性纤维，基质的嗜碱性弱于透明软骨（图4-15）。

（四）软骨的发生与生长

软骨来源于胚胎期的间充质，有两种同时并存的生长方式。内积性生长是软骨组织内部的软骨细胞成熟、长大和分裂增殖，同时不断地产生基质和纤维，从而使软骨从内部生长扩大的方式，又称软骨内生长。外加性生长是软骨膜内层的软骨祖细胞不断地分裂增生，添加新的软骨细胞，并在其表面形成新的一层软骨，使软骨从外部增粗的方式，又称软骨膜下生长。

三、骨

骨构成人体的主要支架，参与机体运动及内脏器官的保护。骨由骨组织、骨膜及骨髓等构成，机体90%的钙以骨盐形式储存在骨内。

（一）骨组织的结构

骨组织（osseous tissue）是一种坚硬的结缔组织，由数种细胞和细胞间质（骨基质）组成。细胞成分有骨祖细胞、成骨细胞、骨细胞和破骨细胞4种。钙化的细胞外基质称为骨基质（bone matrix）。4种细胞中骨细胞数量最多，位于骨基质内，而骨祖细胞、成骨细胞及破骨细胞均分布在骨组织的边缘（图4-16）。

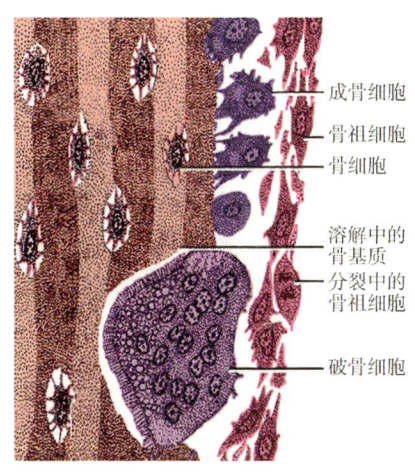

图4-16 骨组织结构模式图

1. 骨基质 由有机成分和无机成分共同构成，含水极少。有机成分含量较少，由成骨细胞分泌形成，包括大量的胶原纤维及少量无定形基质，胶原纤维占有机成分的90%，主要化学成分是Ⅰ型胶原蛋白，胶原蛋白分子间隙较大，有利于骨盐沉积。无机成分又称骨盐，占骨重量的65%，主要为羟基磷灰石结晶，呈细针状，含钙、磷、镁等成分，沿胶原原纤维长轴规则排列并与之紧密结合，该方式使骨基质十分坚硬。基质为凝胶状，主要成分是蛋白多糖及其复合物，包括骨钙蛋白、骨粘连蛋白、骨桥蛋白等，在纤维之间起黏着作用，并且参与骨的钙化与吸收。

骨基质在早期形成时尚没有骨盐沉积，称为类骨质，其中胶原纤维较粗、排列不规则，称编织骨。随着时间推移，类骨质不断有无机盐沉积，于是类骨质钙化成为骨基质，骨基质结构坚硬，排列呈特殊的板层状，称为骨板（bone lamella）。骨板内同一层的纤维相互平行，相邻层的纤维则相互垂直，这种结构形式有效地增加了骨的强度。其中胶原纤维较细，规律排列，骨盐晶体、基质紧密结合，称板层骨。骨质内有许多营养血管分布。

2. 骨组织的细胞 包括骨祖细胞、成骨细胞、骨细胞和破骨细胞。

（1）骨祖细胞（osteoprogenitor cell） 是骨组织中的干细胞，位于骨膜内。细胞较小，呈梭形，胞质呈弱嗜碱性，有少量线粒体、核糖体；细胞核椭圆形或细长形。在骨生长、改建或修复时，骨祖细胞能分裂、分化为成骨细胞。

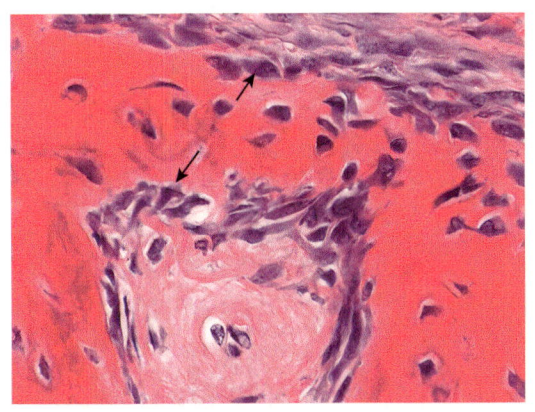

图4-17 成骨细胞（HE染色，10×20倍）
↑成骨细胞

（2）成骨细胞（osteoblast） 分布在骨组织表面，成年前较多。细胞常以单层上皮样排列，呈矮柱状或立方形（图4-17）。细胞有许多细小突起，相邻成骨细胞的突起之间，或与骨细胞的突起形成缝隙连接。细胞核大而圆，可见明显的核仁。胞质嗜碱性，电镜下可见大量的粗面内质网、游离核糖体和发达的高尔基复合体。

成骨细胞能合成分泌胶原纤维和基质，即形成成骨基质的有机成分（类骨质），当成骨细胞自身被类骨质包埋后，便成为骨细胞。成骨细胞还能分泌特异性糖蛋白与一些细胞因子，如成纤维细胞生长因子、破骨细胞刺激因子等，调节骨组织的生成、吸收和代谢。

（3）骨细胞（osteocyte） 呈单个分散于骨板内或骨

板间。呈扁椭圆形，胞体小，其在骨基质中所占的腔隙称骨陷窝（bone lacuna），骨细胞有许多细长突起，突起所在的腔隙称骨小管（bone canaliculus）。相邻骨细胞的突起在骨小管内以缝隙连接相连，骨小管彼此连通（图4-18，图4-19）。骨陷窝和骨小管内含组织液，可营养骨细胞和输送代谢产物。骨陷窝周围的薄层骨基质钙化程度较低，并可不断更新。骨细胞参与骨基质的代谢与更新，调节钙、磷平衡。

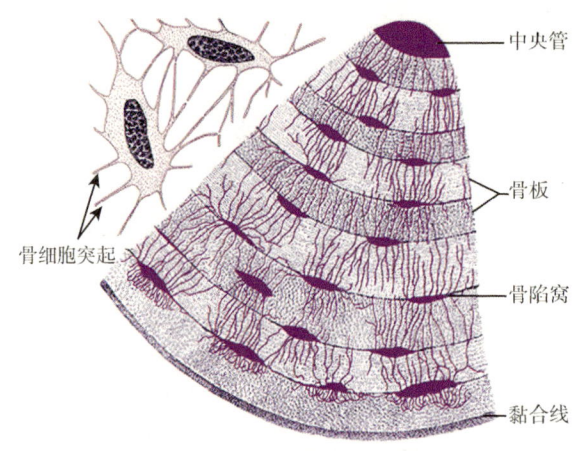

图4-18　骨细胞与骨板结构模式图

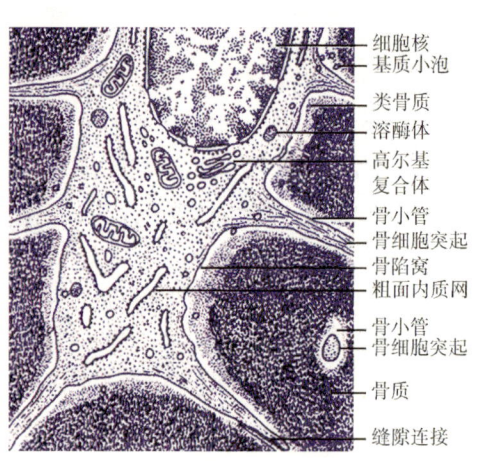

图4-19　骨细胞超微结构模式图

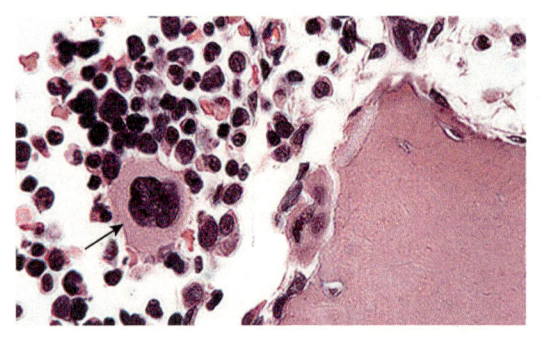

图4-20　破骨细胞（HE染色，10×40倍）
↑破骨细胞

（4）破骨细胞（osteoclast）　散在于骨组织边缘凹陷内，数目较少。是一种多核的大细胞，含有2～50个核（图4-20）。由血液中多个单核细胞融合而成，直径30～100μm，无分裂能力。胞质呈泡沫状、嗜酸性。电镜下破骨细胞贴近骨基质的一侧有许多不规则的微绒毛，称为皱褶缘。在皱褶缘的周缘有一环形胞质区，内有大量微丝，而无其他细胞器，称为亮区，亮区的细胞膜平整并紧贴于骨基质表面，形成一道环形胞质隔离层，使所包围的区域成为封闭的微环境区。皱褶缘深部胞质有大量初级溶酶体、次级溶酶体、吞饮泡和吞噬泡。远离骨组织的一侧细胞胞质含细胞核和丰富的细胞器，即较多的粗面内质网、高尔基复合体和线粒体等。破骨细胞功能活跃时，在皱褶缘形成一封闭微环境，释放多种酸性物质（如柠檬酸、乳酸），溶解骨基质；分泌蛋白酶分解胶原蛋白等。溶解的骨盐、骨基质经皱褶缘吸收入破骨细胞，在细胞内溶酶体进行消化分解。破骨细胞通过溶解和吸收骨基质，参与骨组织的重建和维持血钙的平衡。

（二）长骨的结构

长骨由骨密质、骨松质、骨膜、关节软骨及血管、神经等构成。

1. 骨密质（compact bone）　分布于长骨骨干和骨骺的外侧份，骨板排列极有规律且结合紧密，按骨板排列方式可分为环骨板、骨单位和间骨板（图4-21）三种。

（1）环骨板（circumferential lamella）　环绕在长骨干的外表面及近骨髓腔的内表面，分别称为外环骨板及内环骨板。外环骨板较厚，可达数十层，每层骨板大小均等，平行排列。内环骨板较薄，且排列不甚规则，形成骨髓腔壁。

（2）骨单位（osteon）　又称哈弗斯系统（Haversian system），位于内、外环骨板之间，是长骨骨干起支持作用的主要结构单位。骨单位呈筒状，中轴有一纵向的中央管（central canal），或称哈弗斯管（Haversian canal），环状骨板以中央管为中心呈同心圆紧密排列而成。中央管与横向的穿通管相通。另外骨单位内的骨小管互相连通,而最内层的骨小管开口于中央管,因此骨细胞均能通过这些相互连通的大小管道,与血管系统进行物质交换,从而获得营养,并进行信息传递。

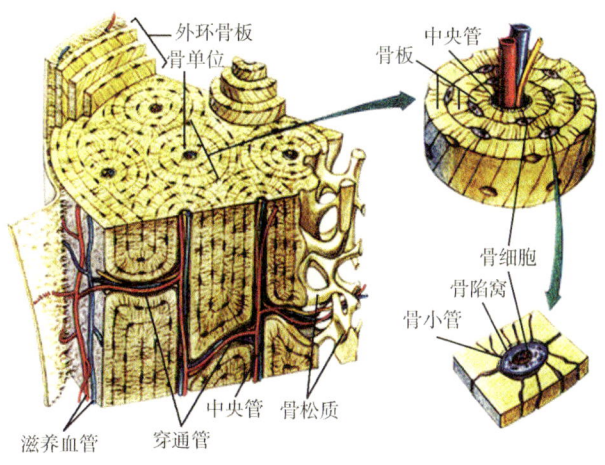

图 4-21　长骨骨干结构模式图

(3) 间骨板 (interstitial lamella)　是填充在骨单位之间或骨单位与环骨板之间的一些不规则的平行骨板。间骨板是在骨生长或改建时,原有的骨单位或内外环骨板未被吸收的残留部分。间骨板内无血管通道,其内的骨小管可与骨单位内的骨小管相通。

2. 骨松质(spongy bone)　分布于长骨两端的骨骺和骨干近骨髓腔面,由大量不规则针状或片状骨小梁相互连接而成,形成多孔的立体网格结构,这些不规则的网状孔隙构成了骨松质的骨髓腔,其中充满骨髓,并含有血管等结构(图 4-22)。其中骨小梁由大小不一的平行骨板及骨细胞等构成,骨小管开口于骨髓腔。

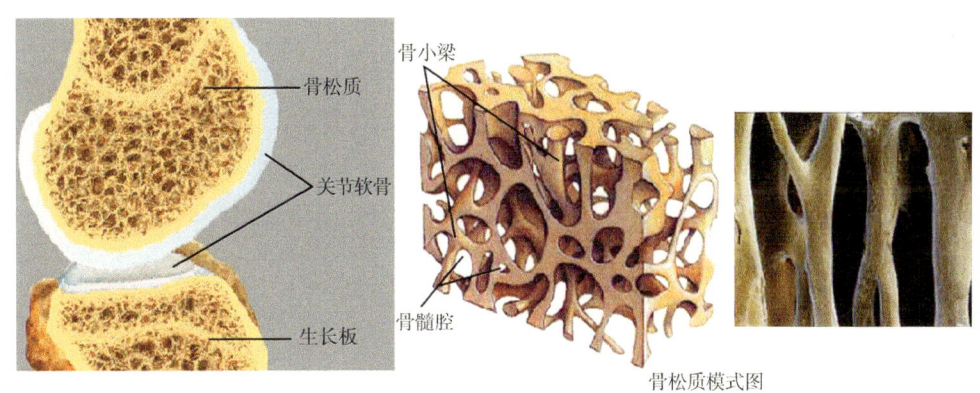

图 4-22　长骨骨端生长板与骨松质

骨骺表面覆盖有一薄层密质骨,与骨干的密质骨相延续,骨骺的关节面有关节软骨,即透明软骨。骨骺内的骨松质间的腔隙与骨干中央的骨髓腔相通。

3. 骨膜　除关节面外,骨的内、外表面均覆以骨膜。骨外膜 (periosteum) 分布在骨的外表面,分为两层,外层较厚,为致密结缔组织,其中有粗大而密集的胶原纤维束,横向穿入外环骨板,称穿通纤维 (perforating fiber),起固定骨外膜和韧带的作用;内层为薄层疏松结缔组织,含有丰富的小血管、神经和骨祖细胞。骨内膜 (endosteum) 衬在骨髓腔面、骨小梁表面、中央管及穿通管的内表面,为薄层结缔组织,由一层扁平的骨祖细胞和少量结缔组织构成。骨膜在骨生长发育、修复中提供营养,参与成骨过程。

(三) 骨发生

骨来源于胚胎时期的间充质。骨的发育过程表现为胚胎期骨的发生、成年前的生长发育与终生骨的改建的复杂演变，这一过程包括骨组织的形成与分解吸收。即使在骨发育完成后，骨组织的形成与分解吸收仍旧在交替进行，但改建速度随年龄增长而逐渐缓慢。

1. 骨的发生　骨的发生有两种方式：膜内成骨与软骨内成骨。

（1）膜内成骨　是先由间充质分化成胚性结缔组织薄膜，然后由原始的膜性组织直接形成骨组织。人体的扁骨和不规则骨如顶骨、额骨、枕骨、颞骨和锁骨等即以此种方式发生。

首先在将要成骨的部位出现血管增生，间充质细胞逐渐汇集并分裂分化为骨祖细胞，其中部分骨祖细胞增大分化为成骨细胞；成骨细胞分泌类骨质，并被包埋其中，成为骨细胞；继而类骨质钙化成骨质，形成早期的骨组织，此时骨组织所在的部位称为骨化中心（ossification center）。该中心表面始终附有成骨细胞或骨祖细胞，它们不断向周围成骨，形成骨小梁，逐渐扩大构成初级骨松质。而后骨松质外围区域改建为骨密质，边缘的间充质分化为骨膜。此后即进入生长与改建阶段。

（2）软骨内成骨　是在先形成的软骨雏形的基础上，将软骨逐步替换为骨。人体的大多数骨，如四肢骨、躯干骨及颅底骨等，都以这种方式发生。

首先在将要发生骨的部位，由间充质细胞分化成骨祖细胞，再分化为软骨细胞，软骨细胞分泌软骨基质，将自身包埋其中形成软骨组织，同时边缘的间充质分化为软骨膜，共同形成透明软骨。其外形与将要形成的骨相似，故称为软骨雏形（cartilage model）。

软骨雏形中段的软骨膜内层的骨祖细胞分化为成骨细胞，成骨细胞在软骨表面产生类骨质后成为骨细胞，类骨质随后钙化为骨质，于是形成一犹如领圈包绕软骨雏形中段的薄层原始骨组织，故名骨领（bone collar）。

骨领形成后，表面的软骨膜改称骨膜，同时软骨雏形中段退化，钙盐逐渐沉积，形成初级骨化中心（primary ossification center）。骨膜内的血管连同成骨细胞、破骨细胞及间充质等穿越骨领，进入初级骨化中心，退化的软骨不断地被破骨细胞破坏，形成骨髓腔。成骨细胞、破骨细胞开始在骨髓腔壁及骨髓腔两端造骨并改建骨密质（图4-23）。

骨干基本形成后，骨干两端的软骨内也先后出现钙化，形成次级骨化中心（secondary ossification center），骨化从次级骨化中心中央呈放射状向四周进行，此处逐渐形成骨骺。

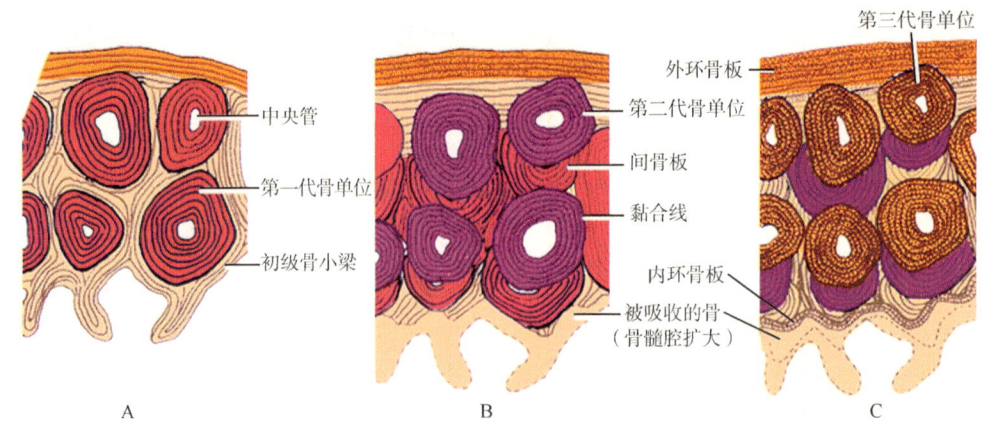

图4-23　骨密质改建模式图

2. 骨的生长　骨的生长表现为骨加长与骨增粗两种方式。

（1）骨加长　在骨骺与骨干间保留有一层软骨，称生长板或骺板。骨的加长发生在骺板。通过骺板软骨细胞的分化、增殖及凋亡，最终钙化，骨组织形成。从骨骺端到骨髓腔，骺板分为以下5区。①软骨储备区：软骨细胞小，散在分布，圆形或椭圆形；基质呈嗜碱性。②软骨增生区：软骨细胞扁平，同源细胞群纵向单行排列。③软骨成熟区：细胞变大，呈柱状排列；基质少。④软骨钙化区：细胞肥大、圆形，并逐渐退化；软骨基质钙化，呈强嗜碱性。⑤成骨区：近骨髓腔，软骨基质表面被骨基质替代，出现过渡性条索状骨小梁。

成年前，骺板软骨各区的变化是连续性同步进行的，软骨的增生、退化及成骨保持动态平衡，即在骨加长的同时，骺板能保持一定的厚度。约25岁后骺板增生减缓直至停止，骺板软骨全部被骨组织取代，在长骨的骺、干之间交接处留下一线形的痕迹，称骺线。骨就停止加长。

（2）骨增粗　骨外膜的骨祖细胞分化为成骨细胞，并不断分泌类骨质，这些类骨质在骨表面钙化成骨基质，使骨增粗。同时骨内膜的骨小梁不断溶解，导致骨髓腔扩大，管径增大。

骨的生长过程同时存在骨形成与骨吸收，骨祖细胞分裂分化为成骨细胞，成骨细胞分泌类骨质，并最终分化为骨细胞；类骨质钙化形成骨质，即形成早期的骨组织，与此同时，还需经过破骨细胞的溶骨、吸收和成骨细胞的成骨作用改建骨，最终形成成体骨的恒定形态。骨生长过程通过成骨细胞和破骨细胞的相互调控，保证骨组织发生与个体的生长发育相适应。

3. 骨再生　骨折后，通过骨组织的再生可完全愈合，骨组织的再生需经过炎症期、修复期和重建期。骨折后断端骨基质损坏、骨细胞死亡；周围血管损伤出血，形成血肿。巨噬细胞等炎症细胞浸润，分解炎症、坏死组织，吸收组织碎片、血肿。在受损组织产生的一些生长因子等活性物质作用下，成纤维细胞及血管增生，形成纤维性结缔组织与软骨组织。随即骨折断端同时以膜内成骨和软骨内成骨的方式，分化成骨小梁，形成骨松质，并填充在断端之间。骨松质经长期改建、重建，恢复为正常的骨结构，形成骨痂。

4. 影响骨生长发育的因素　骨的生长发育除主要与遗传因素有关外，还受到激素、维生素等其他多种因素影响。生长激素和甲状腺激素可促进骺板软骨的生长与成熟，甲状旁腺激素和降钙素通过反馈机制作用于成骨细胞、破骨细胞等调节血钙水平。雌激素与雄激素均能激活成骨细胞，参与骨形成与成熟。维生素A作用于成骨细胞、破骨细胞维持骨的生长与改建，维生素A不足时可导致骨生长迟缓甚至停滞；维生素A过多可使骨吸收过度而发生骨折。维生素C与骨胶原纤维和基质合成有关。维生素D有利于软骨基质和类骨质钙化，不足可导致佝偻病，过多可引起骨过度钙化。成骨细胞还能分泌一些生长因子、细胞因子等生物活性物质，参与骨的生长发育与改建。骨的发生和生长与骨的受力状态也密切相关，周期性应力的作用可同时刺激骨形成和骨吸收。

四、血　液

血液（blood）是一种液态的结缔组织，循环流动在心血管内，成人循环血容量约5L，约占体重的7%。

血液由血浆（plasma）和血细胞（blood cell）组成。血浆相当于结缔组织的细胞外基质，约占血液容积的55%。血浆的pH为7.35～7.45，其主要成分是水，占90%，其余为血浆蛋白（白蛋白、球蛋白、纤维蛋白原等）、脂蛋白、酶、激素、维生素、无机盐和各种代谢产物。血浆不仅主要运载血细胞、营养物质和代谢废物，而且参与机体免疫反应、体液和体温调节、酸碱平衡和渗透压的维持，具有稳定机体内环境的功能。

从血管取血后加入抗凝剂并离心沉淀，可见血液分为三层（图4-24）：上层为淡黄色血浆，中间薄层是白细胞与血小板，下层为深红色红细胞。

从血管抽取或流出的血液，不加抗凝剂而保持静置后，溶解状态的纤维

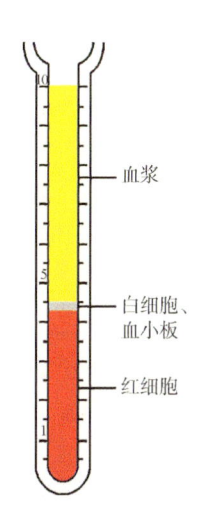

图4-24　血浆、白细胞、血小板、红细胞

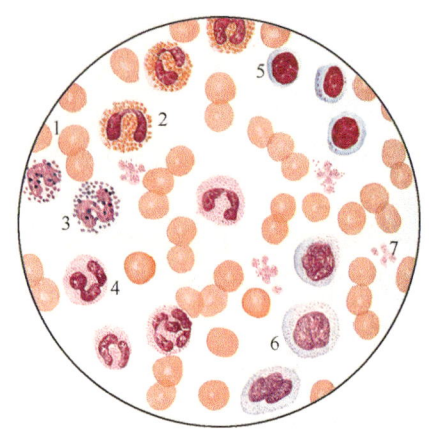

图 4-25　各种血细胞

1. 红细胞；2. 嗜酸性粒细胞；3. 嗜碱性粒细胞；4. 中性粒细胞；5. 淋巴细胞；6. 单核细胞；7. 血小板

蛋白原会转变为不溶性的纤维蛋白，将细胞成分及大分子血浆蛋白包裹起来，形成血凝块，并析出淡黄色的清亮液体，称血清（serum）。血清是临床常用的生化检查材料。

血细胞约占血液容积的45%，包括红细胞、白细胞和血小板（图4-25）。血细胞主要在骨髓内生成，血液中的血细胞不断衰老死亡，同时骨髓源源不断地产生新生的血细胞。在正常生理状态下，血细胞的形态、数量相对稳定，临床上则把血细胞的形态、数量、百分比和血红蛋白含量变化的基本形态学检查方法称为血液细胞学检查，即血常规。通常采用瑞特（Wright）染色或吉姆萨（Giemsa）染色的血涂片标本，进行血细胞形态结构的光镜观察。

血细胞分类和计数的正常值如表4-1所示。

表4-1　血细胞分类和计数的正常值

血细胞正常值		白细胞百分比	
红细胞	成人男：$(4.3\sim5.8)\times10^{12}/L$	中性粒细胞	50%～70%
	成人女：$(3.8\sim5.1)\times10^{12}/L$	嗜酸性粒细胞	0.5%～5.0%
白细胞	$(3.5\sim9.5)\times10^{9}/L$	嗜碱性粒细胞	0～1%
血小板	$(100\sim300)\times10^{9}/L$	单核细胞	3%～8%
		淋巴细胞	20%～40%

（一）红细胞

红细胞（erythrocyte，red blood cell）在扫描电镜下呈双凹圆盘状，直径约7.5μm，中央较薄，约1μm，周缘较厚，约2μm。成熟红细胞无细胞核，也无细胞器，光镜下可见中央染色较浅，周缘染色较深。扫描电镜下可清晰显示红细胞的形态特点。红细胞的这种形态使它具有较大的表面积，有利于最大限度地携带O_2和CO_2。新鲜单个红细胞为淡黄色，大量红细胞使血液呈猩红色，而且多个红细胞常常叠连在一起呈串钱状，称红细胞缗钱。

红细胞胞质内充满血红蛋白（hemoglobin，Hb）。血红蛋白是含铁的蛋白质，约占红细胞重量的33%。它具有可逆性地结合与运输O_2和CO_2的功能。正常成人血红蛋白含量，男性为120～150g/L，女性为110～140g/L。红细胞的形态、数量及血红蛋白的含量可随生理功能而改变。红细胞正常值男性为$(4.3\sim5.8)\times10^{12}/L$，女性为$(3.8\sim5.1)\times10^{12}/L$。

红细胞维持正常形态依赖于ATP酶活性与渗透压的平衡。ATP酶缺乏会引起红细胞膜收缩性蛋白功能退化，导致细胞膜出现橘皮样外观。当血浆渗透压降低时，大量水分会进入红细胞，导致细胞膨胀成球形，甚至破裂，血红蛋白逸出，这一过程称为溶血（hemolysis）。溶血后残留的红细胞膜囊称为血影（ghost）。反之血浆渗透压升高时，可使红细胞内的水分析出过多，致使红细胞皱缩。

红细胞的细胞膜具有一般细胞膜的共性，还有ABO血型抗原等特殊性，根据血型抗原的不同，可将人血型分为A、B、O和AB四种类型，在临床输血中有重要意义。

人体外周血中有少量新生的红细胞未完全成熟即从骨髓进入血液，这些细胞内尚残留部分核糖体，用煌焦油蓝染色呈细网状，故称网织红细胞（reticulocyte）。网织红细胞的直径略大于成熟红细胞。在成人，网织红细胞占红细胞总数的0.5%～1.5%，新生儿造血功能旺盛，网织红细胞占比可多达3%～6%。网织红细胞的计数可直接反映红骨髓的造血功能，具有重要的临床意义，它是诊断贫血等某些血液病，以及判断疗效和评估预后的重要指标之一。

红细胞的平均寿命约120天。衰老的红细胞在循环过程中，被脾、骨髓和肝等处的巨噬细胞吞噬，同时由红骨髓不断生成和释放一定数量的网织红细胞进入外周血液，1～2天后，网织红细胞内的核糖体消失即转变为成熟的红细胞，以维持红细胞数量的相对恒定。新鲜血液经煌焦油蓝染色才能将网织红细胞与成熟红细胞鉴别清楚。

（二）白细胞

白细胞（leukocyte，white blood cell）为有核的球形血细胞，其体积比红细胞大，能做变形运动，穿过毛细血管壁进入疏松结缔组织或淋巴组织，具有防御和免疫功能。血液中白细胞总数在不同生理状态下会产生变化，如劳动、运动、饮食及妇女月经期时，均可略有增多。在疾病状态下，白细胞总数及各种白细胞的百分比值也可发生改变。

根据白细胞胞质内有无特殊颗粒，可将其分为有粒白细胞和无粒白细胞两大类。有粒白细胞又根据颗粒的嗜色性，分为中性粒细胞、嗜酸性粒细胞和嗜碱性粒细胞；无粒白细胞分单核细胞和淋巴细胞两种。

1. 中性粒细胞（neutrophil） 占白细胞总数的50%～70%。细胞呈球形，直径10～12μm。核的形态多样，有的呈腊肠状，称杆状核，见于杆状核中性粒细胞，属于较成熟的细胞；有的呈分叶状，叶间有细丝相连，称为分叶核，多见于成熟细胞。中性粒细胞核一般为2～5叶，正常人以3叶者居多。核分叶越多，一般表明细胞越衰老。

中性粒细胞的胞质内含有许多细小均匀的淡红色颗粒，颗粒可分为嗜天青颗粒和特殊颗粒两种。嗜天青颗粒占颗粒总数的20%，呈圆形或卵圆形，体积较大，是一种溶酶体，内含过氧化物酶及水解酶等。特殊颗粒占颗粒总数的80%，淡红色，颗粒较小，内含碱性磷酸酶、吞噬素和溶菌酶等，有杀菌作用。

中性粒细胞具有趋化性，表现出活跃的变形运动和吞噬功能，在体内起着重要的防御作用。在机体某些部位受病原菌侵犯时，受损部位可释放一些化学产物吸引中性粒细胞聚集于病变部位，进行杀菌活动。中性粒细胞吞噬病原菌后自身也会变性坏死，成为脓细胞。中性粒细胞在血液中可停留6～8小时，在组织中可存活2～3天。

2. 嗜酸性粒细胞（eosinophil） 占白细胞总数的0.5%～3%。细胞呈球形，直径10～15μm，核常分2叶，胞质内充满粗大、均匀、略带折光性的橘红色嗜酸性颗粒。电镜下，颗粒多为圆形或椭圆形的膜包颗粒，内含结晶体，该颗粒也是一种溶酶体。

嗜酸性粒细胞具有趋化性，能做变形运动。它能吞噬抗原抗体复合物，释放组胺酶，灭活炎症组织产生的组胺，从而减弱过敏反应。嗜酸性粒细胞还能借助抗体与某些寄生虫表面结合，释放颗粒内的内容物，从而杀灭寄生虫。当机体发生过敏性疾病或寄生虫感染时，嗜酸性粒细胞数量明显增多。它在血液中一般停留数小时，在组织中可存活8～12天。

3. 嗜碱性粒细胞（basophil） 数量最少，占白细胞总数的0～1%。细胞呈球形，直径10～12μm。胞核分叶或呈S形或不规则形，着色较浅。胞质内含有大小不等、分布不均、染成蓝紫色的嗜碱性颗粒，颗粒可覆盖在细胞核上。电镜下，嗜碱性颗粒内充满细小微粒，呈均匀状或螺纹状分布。颗粒内含有肝素和组胺，可被快速释放；而白三烯则存在于细胞基质内，释放缓慢；肝素具有抗凝血作用。嗜碱性粒细胞与肥大细胞均参与机体过敏反应，并共同来源于骨髓中的同一种造血祖细胞。嗜碱性粒细胞在组织中可存活12～15天。

4. 单核细胞（monocyte） 占白细胞总数的3%～8%，是白细胞中体积最大的细胞，呈圆形或椭圆形，直径14～20μm。细胞核常偏位，呈卵圆形、肾形、马蹄形等。染色质细而松散，故着色较浅。胞质较多，瑞特（Wright）染色使胞质呈现深浅不匀的灰蓝色。胞质内散在许多细小的嗜天青颗粒，颗粒具溶酶体样结构，内含过氧化物酶、酸性磷酸酶等。电镜下，细胞表面有皱褶和微绒毛，胞质内有许多吞噬泡、粗面内质网和线粒体。

单核细胞具有活跃的变形运动、趋化性和吞噬功能。单核细胞在血流中停留1～5天后穿出血管，进入结缔组织或其他组织，并分化为巨噬细胞等具有强吞噬功能的细胞。

5. 淋巴细胞（lymphocyte） 占白细胞总数的20%～30%，呈圆形或椭圆形。直径6～8μm的为小淋巴细胞，9～12μm的为中淋巴细胞，13～20μm的为大淋巴细胞。三种淋巴细胞可互相转化，小淋巴细胞可转化成大淋巴细胞，大淋巴细胞通过多次分裂变成小淋巴细胞。外周血中小淋巴细胞数量最多，细胞核圆形，一侧常有小凹陷，染色质致密，着色深，细胞核占据细胞的大部分。胞质只在核周呈一窄缘，呈嗜碱性，染成蔚蓝色，内含少量嗜天青颗粒。中淋巴细胞和大淋巴细胞的核呈椭圆形，染色质较稀疏，故着色较浅，胞质较多，可见少量嗜天青颗粒。少数大、中淋巴细胞的核呈肾形，胞质内含有较多、较大的嗜天青颗粒，称为大颗粒淋巴细胞。电镜下淋巴细胞的胞质内有大量的游离核糖体。

依据发生部位、胞膜表面标记、寿命长短及功能不同，淋巴细胞又可分为胸腺依赖淋巴细胞（T淋巴细胞）、骨髓依赖淋巴细胞（B淋巴细胞）、自然杀伤淋巴细胞（NK细胞）三类亚群。淋巴细胞还是淋巴组织及淋巴器官的重要细胞成分。T淋巴细胞参与细胞免疫，B淋巴细胞能产生抗体，参与体液免疫。

（三）血小板

血小板（blood platelet），也称凝血细胞、血栓细胞，正常值为（100～300）×10^9/L。血小板是从骨髓中巨核细胞脱落的胞质小块，直径2～4μm，外包完整细胞膜，无细胞核，呈双凸扁盘状。在光镜下可见血小板呈多角形，并聚集成群。中央部分为着紫蓝色颗粒的颗粒区，内含血小板颗粒和糖原颗粒等。外围则呈均质浅蓝色的透明区，内有较多的微丝、微管等细胞器。当小血管破损时，血小板迅速黏附于此并聚集成团；同时血小板促使血浆内凝血酶原变为凝血酶，催化纤维蛋白原转变为纤维蛋白，使血液凝固成血块，起到止血作用。血小板减少到一定程度引起的皮下出血，临床上称为血小板减少性紫癜。血小板在血液中可存活12～15天。

（四）骨髓与血细胞的发生

血细胞都有一定的寿命，红细胞的寿命平均约120天，白细胞的寿命为数天、数周或数年。新生的血细胞不断地补充衰老和死亡的细胞，使外周血液循环中血细胞数量和质量保持动态平衡。血细胞起源于胚胎卵黄囊壁的血岛，胚胎第6周，从卵黄囊产生的造血干细胞迁入胚胎肝开始造血，随后卵黄囊造血功能逐渐消失。第12周脾内造血干细胞增殖分化产生各种血细胞，之后随血流种植于红骨髓。从胚胎后期至出生后终身，骨髓成为主要的造血器官。

1. 骨髓的结构 骨髓（bone marrow）位于骨髓腔内，是人体最大的造血器官。胎儿及婴幼儿时期的骨髓都是红骨髓，大约从5岁开始，长骨干的骨髓腔内出现脂肪组织，并随年龄增长而增多，即为黄骨髓。成人骨髓以黄骨髓为主。红骨髓主要分布在扁骨、长骨骺端的骨松质中。红骨髓造血功能活跃，黄骨髓内仅有少量的幼稚血细胞，仍保持着造血潜能，当机体需要时可转变为红骨髓进行造血。

红骨髓主要由造血组织和血窦构成。

（1）造血组织 主要由网状组织和造血细胞组成。网状细胞和网状纤维构成造血组织的网架，网孔中充满不同发育阶段的各种血细胞，以及少量造血干细胞、巨噬细胞、脂肪细胞和间充质细胞等。造血细胞赖以生长发育的内环境称为造血诱导微环境，包括骨髓内的神经成分、血窦及纤维、基质细胞等成分。基质细胞调节造血细胞的增殖与分化。

（2）血窦 是一种腔大、窦壁不完整的毛细血管。窦壁内衬有孔内皮，内皮基膜不完整、或缺如，有利于成熟血细胞穿过窦壁进入外周血（图4-26）。窦腔内的巨噬细胞能吞噬清除血液中的异物、细菌及衰老死亡的细胞，起到过滤血液的功能。

2. 血细胞的发生 血细胞的生成过程称血细胞的发生。

（1）造血干细胞（hematopoietic stem cell） 能分化生成各种血细胞，是各种血细胞的原始细胞，又称多能干细胞（multipotential stem cell）。当胚体建立循环后，造血干细胞从卵黄囊血岛起源经血流迁入胚胎肝、脾等，最后种植于红骨髓。造血干细胞的基本特性是：①很强的增殖潜能，在一定条件下能反复分裂，大量增殖；②自我复制能力，即细胞分裂后的子代细胞仍具原有特征，故造血干细胞可终身保持恒定的数量；③多向分化能力，在一些因素的作用下能分化形成不同的造血祖细胞。

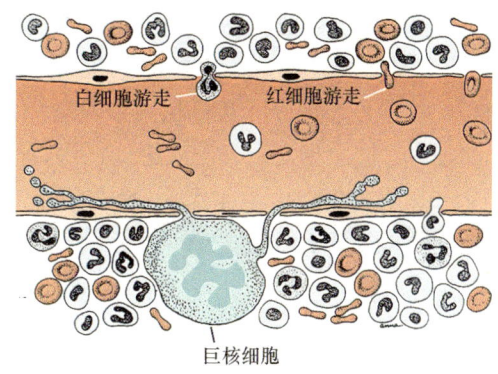

图 4-26　骨髓巨核细胞与血窦模式图

（2）造血祖细胞（hematopoietic progenitor cell） 造血干细胞在一定的微环境和某些因素的调节下，增殖分化为各类血细胞的祖细胞，称造血祖细胞。造血祖细胞虽然也是一种相当原始的具有增殖能力的细胞，但只能向一个或几个血细胞系定向增殖分化，故也称定向干细胞（committed stem cell）。目前已确认的造血祖细胞有红细胞系造血祖细胞、粒-单核细胞系造血祖细胞和巨核细胞系造血祖细胞。

3. 血细胞发生过程的形态演变 各种血细胞的发生大致可分为三个连续发展过程：原始阶段、幼稚阶段（又分早、中、晚三期）和成熟阶段（图 4-27）。

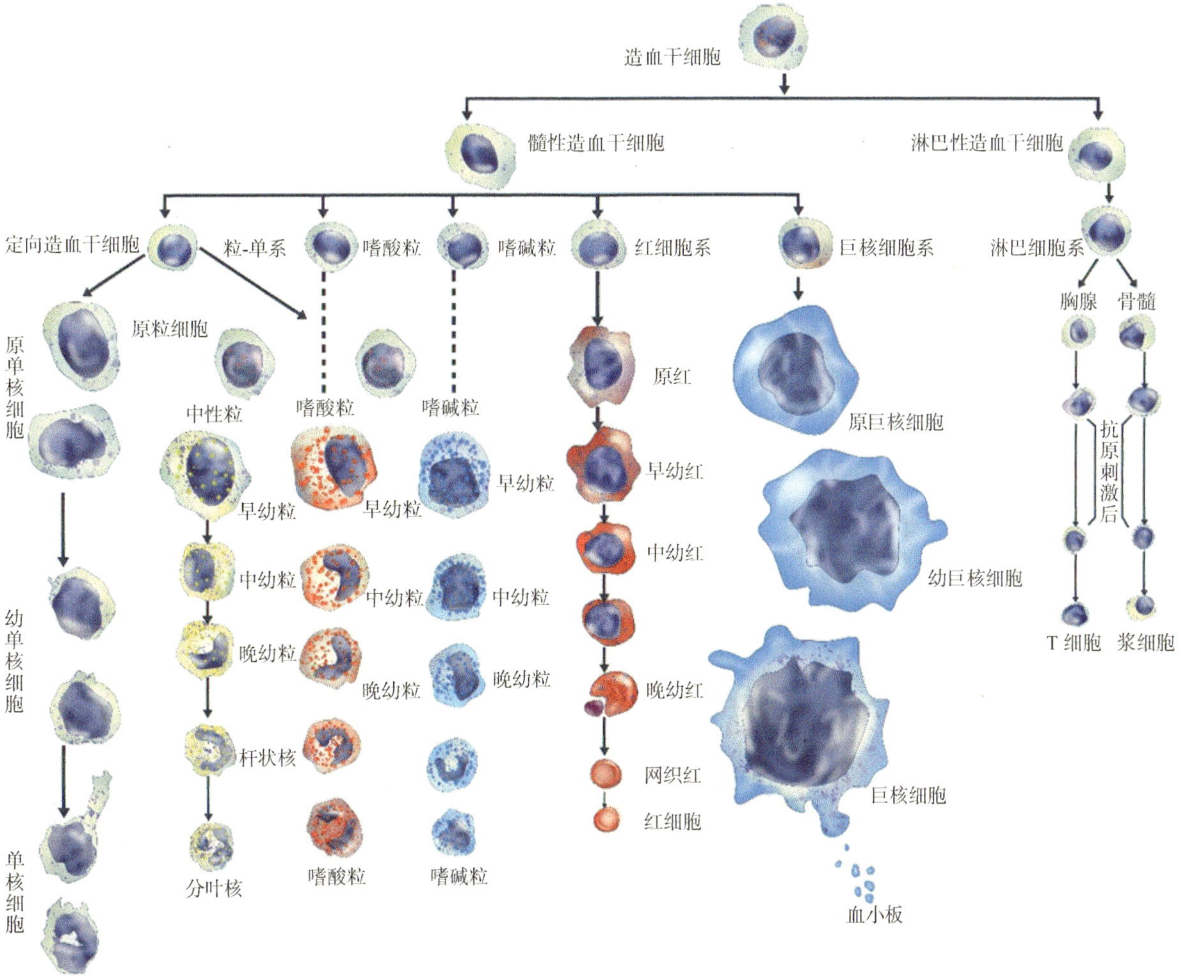

图 4-27　血细胞发生模式图

血细胞发生过程中的形态变化表现出以下规律。①胞体由大变小,但巨核细胞的发生则是由小变大。②胞核由大变小,红细胞的核最后消失,粒细胞的核由圆形逐渐变成杆状乃至分叶状,巨核细胞的核由小变大呈分叶状;核内染色质由细疏逐渐变粗密,核仁由明显渐至消失;核的着色由浅变深。③胞质的量由少变多,胞质嗜碱性由强变弱,但单核细胞和淋巴细胞仍保持嗜碱性;胞质内的特殊结构均由无到有,并逐渐增多,如红细胞中的血红蛋白、粒细胞中的特殊颗粒。④细胞分裂能力从有到无,但淋巴细胞仍有很强的潜在分裂能力。

(吴 宝)

第5章 肌组织

> **学习目标**
>
> **掌握：** 骨骼肌、心肌、平滑肌的光镜结构。
> **熟悉：** 骨骼肌纤维的超微结构。
> **了解：** 骨骼肌的收缩原理。

案例 5-1

患者，男，20岁。因"进行性肌痛、肌无力4年"入院，患者4年前无诱因下出现四肢肌痛和肌无力，逐渐累及腰背部及颈部，活动后加重，以下肢近端为重。病程中有一过性眼睑下垂。

查体：发育和智力正常，心肺（−），腹部无阳性体征。无肌萎缩，双上、下肢肌张力正常，四肢肌肉、腰背部肌肉广泛压痛阳性，尤以下肢明显。双侧膝、跟腱反射减弱，深反射及病理反射无异常。肌活检：部分肌纤维轻度萎缩，可见少数颗粒变性。电镜观察肌纤维内可见脂肪颗粒明显增多，分布于肌原纤维之间或肌膜下，线粒体稍多，但无结构异常，无糖原增多，肌原纤维结构无改变。

问题： 简述骨骼肌组织的光镜结构和超微结构。

肌组织（muscular tissue）主要由具有收缩功能的肌细胞组成，肌细胞之间有少量结缔组织、血管、淋巴管和神经等。肌细胞呈细长纤维状，又称为肌纤维（muscle fiber），其细胞膜称肌膜（sarcolemma），细胞质则称肌浆（sarcoplasm），滑面内质网称肌质网。肌质内含有大量与肌纤维长轴平行且与收缩有直接关系的丝状结构称为肌丝（myofilament），它们构成肌原纤维（myofibril）。

哺乳动物和人的肌组织根据其形态结构与功能的不同，可分为三种类型：骨骼肌、心肌和平滑肌。骨骼肌和心肌的肌纤维上可见明暗相间的横纹，故又称为横纹肌（striated muscle），平滑肌的肌纤维上没有横纹。骨骼肌的舒缩受人的意识支配，属随意肌；心肌和平滑肌的活动不受意识支配，属不随意肌。

一、骨骼肌

骨骼肌（skeletal muscle）主要分布在躯干和四肢，一般借助肌腱附着于骨骼，其收缩迅速有力，但是易疲劳。骨骼肌主要由许多平行排列成束的骨骼肌纤维（skeletal muscle fiber）组成，这些骨骼肌纤维被周围结缔组织形成的膜性结构包裹。其中包裹在整块肌肉外面的致密结缔组织膜称为肌外膜，含有血管和神经。肌外膜的结缔组织，以及血管、神经的分支伸入肌内，分隔、包裹形成大小不等的肌束，包裹每条肌束的结缔组织膜，称为肌束膜。肌束膜进一步深入，包裹分布在每条肌纤维周围则称为肌内膜（图5-1）。结缔组织膜对骨骼肌具有支持、连接、营养和保护的作用。

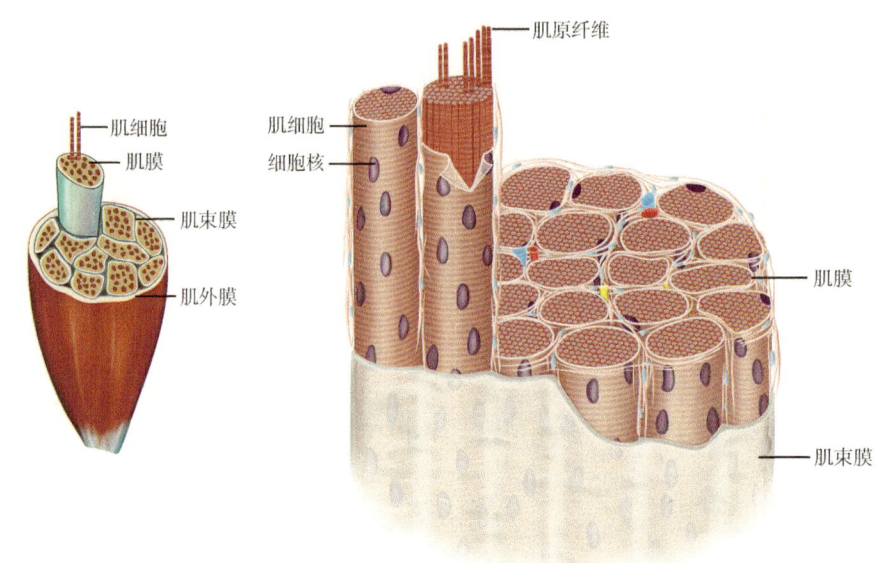

图5-1 骨骼肌及其肌膜结构模式图

(一) 骨骼肌纤维的光镜结构

骨骼肌纤维一般呈长圆柱形，两端钝圆，大多数无分支。不同部位骨骼肌纤维长度不等，为1～40mm，直径也因年龄、性别、营养状态及运动等因素影响而有较大不同，为10～100μm。骨骼肌纤维是多核细胞，一条骨骼肌纤维内可含有几十甚至数百个细胞核，呈卵圆形，位于细胞周边，核染色质较少，着色较浅。肌浆丰富，呈嗜酸性。肌浆内含有大量细丝状且与细胞长轴平行排列，直径为1～2μm的肌原纤维。在骨骼肌纤维的横切面上，肌浆内的肌原纤维呈点状；在纵切面上由于每条肌原纤维上都有明暗相间、重复排列的横纹（cross striation），且各条肌原纤维的明暗横纹都相应地排列在同一平面上，因此骨骼肌纤维呈现出规则的、明暗交替的横纹（图5-2）。

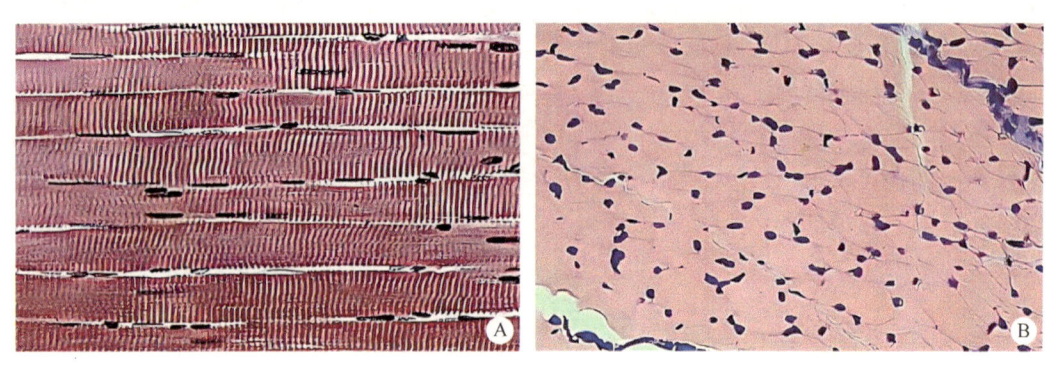

图5-2 骨骼肌纤维光镜结构（HE染色，10×40倍）
A.纵切面；B.横切面

横纹由明带（I带）和暗带（A带）组成。明带着色较浅，其中央可见一条较暗的细线（实则为一层薄膜），称为Z线或Z膜；暗带着色较深，其中央有一条浅色窄带，称H带，H带中央可见一条较深色的M线或M膜。

两条相邻Z线之间的一段肌原纤维称为肌节（sarcomere），每一个完整的肌节都由1/2 I带+A带+1/2 I带所组成。肌节是骨骼肌纤维的基本结构和功能单位。其长度介于1.5～3.5μm。

在肌膜与基膜之间有一种扁平、有突起的细胞，称肌卫星细胞（muscle satellite cell），其核扁圆，着色浅，核仁清楚。此细胞多见于生长的肌组织中，成年时较少。当骨骼肌纤维受损伤后，该细胞可分化形成骨骼肌纤维，参与骨骼肌的再生。

（二）骨骼肌纤维的超微结构

1. 肌原纤维（myofibril） 由粗、细两种肌丝沿肌纤维长轴按特定的空间排布规律平行排列组成，明带、暗带就是这两种肌丝规律排布的结果。粗肌丝长约1.5μm，直径约15nm，位于肌节的暗带，中央固定于M线，两端游离。细肌丝长约1μm，直径约5nm，一端固定于Z线，另一端插入粗肌丝之间，止于H带一侧。因此，明带内只有细肌丝，暗带中央的H带内只有粗肌丝。而H带两侧的暗带内则既有粗肌丝又有细肌丝，在此处的横切面上可见一条粗肌丝周围有6条细肌丝，一条细肌丝周围则有3条粗肌丝（图5-3）。

2. 横小管（transverse tubule） 是肌膜向肌浆内凹陷形成的小管网，环绕在每条肌原纤维的表面。由于它的走行方向与肌纤维长轴垂直，故称其为横小管或T小管。在每条骨骼肌纤维内，同一平面上的横小管相互连通，并在肌膜表面有许多开口。人与哺乳动物的横小管位于肌原纤维的明、暗带交界处，故一个肌节中含有两个横小管（图5-4）。横小管可将肌膜的兴奋迅速传到骨骼肌纤维内部，引起同一条骨骼肌纤维上每个肌节的同步收缩。

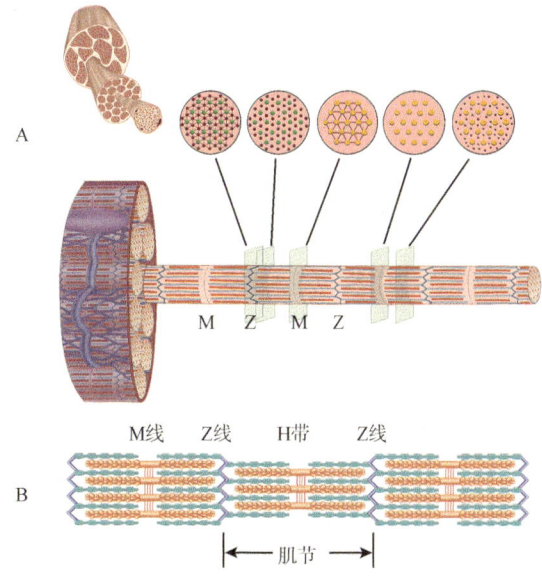

图5-3 骨骼肌肌原纤维超微结构及其肌丝的排列方式模式图

3. 肌质网（sarcoplasmic reticulum） 是肌纤维内特化的滑面内质网，位于相邻横小管之间，由于其中有一部分纵行包绕在每条肌原纤维周围，故又称纵小管（longitudinal tubule）或L小管。在贴近横小管两侧的肌质网则呈环形的扁囊状，称终池，约80%的横小管被终池包绕。每条横小管与其两侧的终池共同组成骨骼肌三联体（triad）（图5-4），可将肌膜的兴奋传递到肌质网膜。肌质网膜上有丰富的钙泵（一种ATP酶），能逆浓度差把肌质内的Ca^{2+}泵入肌质网内储存。当肌质网膜受到兴奋刺激后，钙通道开放，储存的Ca^{2+}进入肌浆，从而调节肌浆中Ca^{2+}的浓度，这一过程在肌纤维的收缩中起重要作用。

此外，骨骼肌肌浆中还含有丰富的线粒体、糖原、少量脂滴及肌红蛋白等。肌红蛋白的分子结构类似于血红蛋白，能与氧结合，起到储存氧的作用，与线粒体、糖原及脂滴等共同构成肌纤维收缩的供能系统。

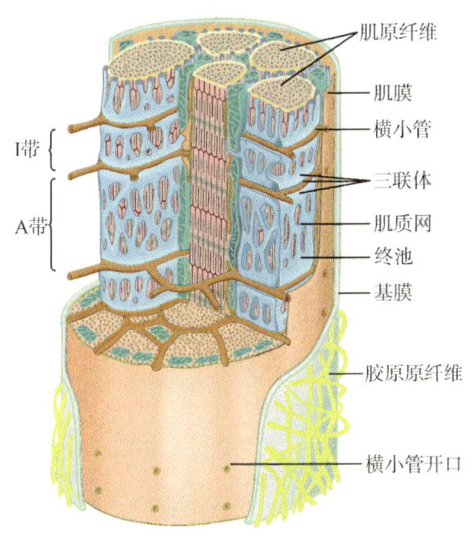

图5-4 骨骼肌纤维超微结构立体结构模式图

（三）肌丝的分子结构和骨骼肌的收缩原理

1. 肌丝的分子结构

（1）粗肌丝的分子结构 粗肌丝由肌球蛋白（myosin）分子有序排列而成（图5-5）。肌球蛋白分子形似豆芽，分为头部和杆部。头部形似两个豆瓣，朝向粗肌丝的两端并露出表面，称为横桥（cross bridge）；杆部则如同豆茎，均朝向粗肌丝的中段。在头部、杆部的连接点及杆上有两处类似关节的结构，可以屈动。肌球蛋白在M线两侧对称排列。肌球蛋白分子头部是一种ATP酶，同时头部还具有与细肌丝的肌动蛋白相结合的位点。当肌球蛋白分子头部与肌动蛋白接触时，ATP酶可被激活，然后分解ATP并释放出能量，使横桥发生屈伸运动。

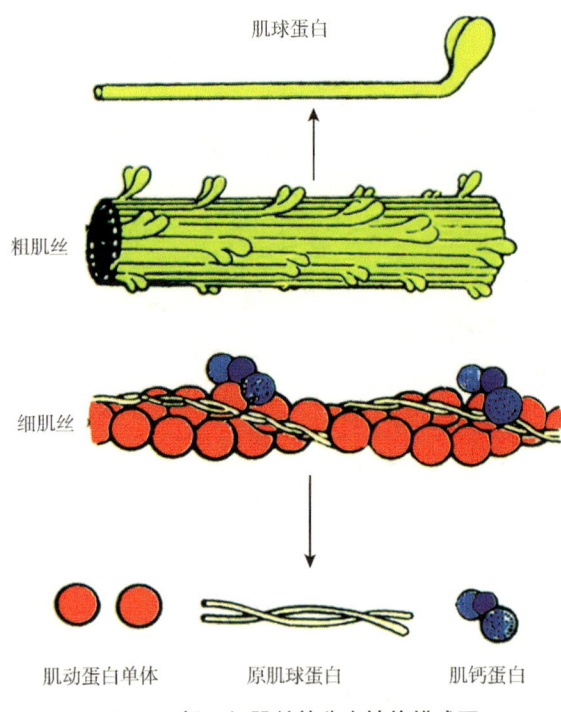

图5-5　粗、细肌丝的分支结构模式图

（2）细肌丝的分子结构　细肌丝由肌动蛋白（actin）、原肌球蛋白（tropomyosin）和肌钙蛋白（troponin）三种不同的蛋白质分子组成（图5-5）。其中原肌球蛋白和肌钙蛋白属于调节蛋白，在肌收缩中起调节作用。肌动蛋白是细肌丝的结构蛋白，其单体呈球形，多个单体相互连接形成串珠状纤维。每个球形肌动蛋白单体上都有一个能与肌球蛋白头部相结合的位点。原肌球蛋白分子由两条较短的多肽链相互缠绕组成双螺旋形结构，一个原肌球蛋白分子对应7个球形肌动蛋白单体的长度。每条原肌球蛋白分子的双螺旋链首尾相连，嵌于肌动蛋白双股螺旋链的浅沟内。肌钙蛋白由3个球形亚单位组成，分别简称为TnC、TnI和TnT。TnC是Ca^{2+}受体蛋白，能与Ca^{2+}相结合；TnI是抑制肌动蛋白和肌球蛋白相互作用的亚单位；TnT则是肌钙蛋白借以与原肌球蛋白分子结合的亚单位，在肌纤维处于舒张状态时，TnT起到阻隔肌球蛋白横桥与肌动蛋白结合位点接触的作用。

2.骨骼肌的收缩原理　目前认为，骨骼肌的收缩机制是肌丝滑动学说（sliding filament hypothesis）。这一学说认为，肌纤维收缩时，粗、细肌丝的长度不变，细肌丝向粗肌丝的M线方向滑动，使明带变窄，H带也变窄甚至消失，暗带长度不变，整个肌节变短，肌原纤维收缩，整条肌纤维缩短（图5-6）。因此两种肌丝在肌节内的规则排列，以及它们的特殊分子结构，是肌纤维收缩功能的主要基础。

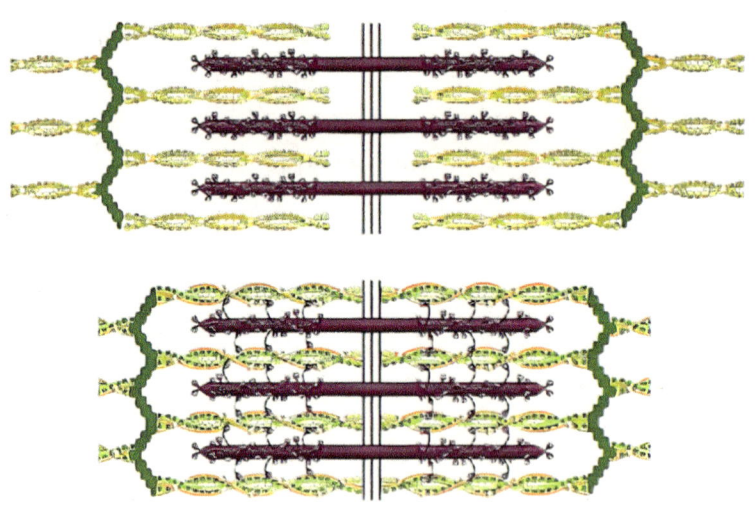

图5-6　骨骼肌收缩状态模式图

收缩过程可大致概括如下：①运动神经末梢经运动终板将神经冲动传递给肌膜，再经横小管迅速传向三联体的终池；②肌质网膜上钙通道开放，大量的Ca^{2+}迅速释放到肌浆内；③肌钙蛋白的TnC与Ca^{2+}结合后，使肌钙蛋白分子发生构型和位置的改变，进而使原肌球蛋白的位置随之变化；④原来被原肌球蛋白掩盖的肌动蛋白位点暴露后，迅即与肌球蛋白横桥接触；⑤肌球蛋白横桥上ATP酶瞬间被激活，分解ATP并释放能量，这种化学能可转变为机械能，使肌球蛋白的头及杆发生向M线方向的屈曲转动，并将肌动蛋白向M线拉动。结果是细肌丝在粗肌丝之间向M线滑动，明带变窄，暗带长度保持不变，H带因细肌丝的插入可消失，肌节从而缩短，肌纤维收缩；⑥收缩完毕，肌浆内Ca^{2+}重新泵入肌质网内，使肌浆内Ca^{2+}浓度降低，肌钙蛋白恢复原来的构型，原肌球蛋白恢复原位又掩盖肌动蛋白位点，肌球蛋白横桥与肌动蛋白脱离接触，骨骼肌处于松弛状态。

二、心 肌

心肌（cardiac muscle）分布于心壁及邻近心脏的大血管壁上。其收缩具有自动节律性，缓慢而持久且不易疲劳。心肌的基本成分是心肌纤维（cardiac muscle fiber），心肌纤维之间有少量的结缔组织，含有血管和神经。

（一）心肌纤维的光镜结构

心肌纤维呈短圆柱状，有分支并相互吻合成网。心肌纤维长85～100μm，直径约15μm。多数心肌纤维有一个细胞核，少数有双核，卵圆形，位居细胞中央。心肌纤维的肌浆较丰富，多聚积在核的两端。在心肌纤维的横切面上，核周围着色浅。在纵切面上则表现出与骨骼肌类似的横纹。心肌纤维最显著的特点是在相邻肌纤维的连接处有闰盘（intercalated disk）存在，闰盘在HE染色的标本中呈着色较深的横形或阶梯状粗线（图5-7）。

（二）心肌纤维的超微结构

心肌纤维的超微结构与骨骼肌纤维相似，也含有粗、细两种肌丝，以及横小管和肌质网。心肌纤维的特点如下。①肌丝被少量肌质和大量纵向排列的线粒体分隔成粗细不等的肌丝束，故其肌原纤维不如骨骼肌那样规则和明显，以致其横纹也不如骨骼肌的横纹明显。②横小管较粗，位于Z线水平。③肌质网较稀疏，纵小管不太发达，终池较少且较小。多见在横小管一侧有终池存在，与横小管紧贴形成二联体（diad）结构，三联体则极少见。④含有非常丰富的线粒体和糖原及少量脂滴和脂褐素等，后者为溶酶体的残余体，可随年龄的增长而增多。⑤心肌闰盘也位于Z线水平，由相邻两心肌纤维的分支处伸出的许多短突相互嵌合而成，常呈阶梯状外观。在与心肌纤维相垂直的横位部分，可见中间连接和桥粒，起牢固的连接作用；在与心肌纤维长轴相平行的纵位部分，有缝隙连接，起着传递细胞间化学信息及电冲动的作用，对于心肌整体活动的同步化具有重要意义（图5-8，图5-9）。

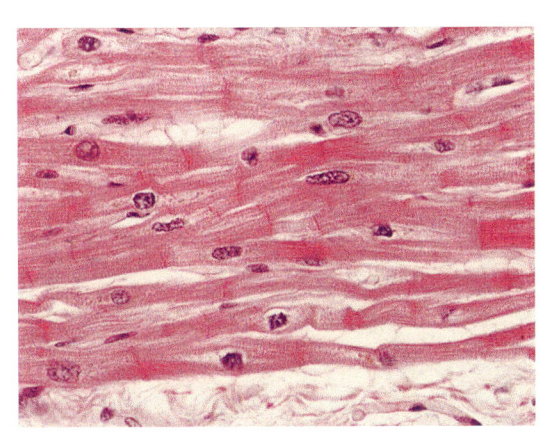

图5-7 心肌纤维光镜结构（HE染色，10×40倍）

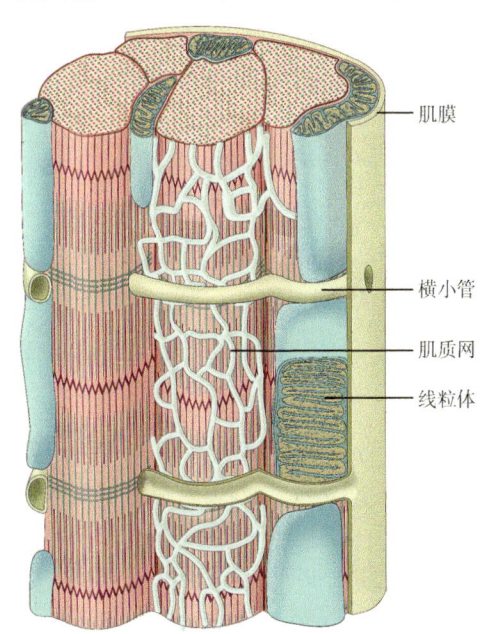

图5-8 心肌纤维超微结构立体模式图

三、平 滑 肌

平滑肌（smooth muscle）广泛分布于血管壁和内脏器官，如消化系统、呼吸系统、泌尿系统、生殖

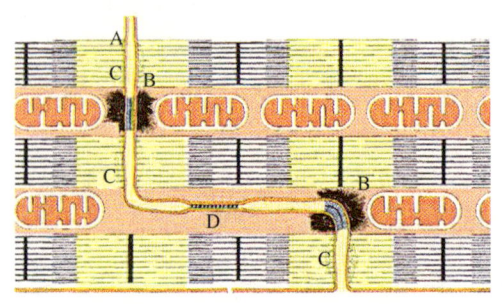

图5-9　心肌纤维闰盘超微结构模式图
A. 紧密连接；B. 桥粒；C. 中间连接；D. 缝隙连接

管道的管壁，此外皮肤的立毛肌、眼的瞳孔括约肌及睫状肌等也都是平滑肌。其收缩呈节律性，较为缓慢和持久，不容易疲劳。平滑肌的基本成分是平滑肌纤维（smooth muscle fiber），平滑肌纤维之间可见少量结缔组织，含有血管和神经。

（一）平滑肌纤维的光镜结构

平滑肌纤维呈长梭形，分布在不同部位的平滑肌纤维其长度不同。例如，小血管壁上的长约20μm，而在妊娠子宫可长达500μm，直径约8μm。平滑肌纤维可单独存在（如小肠绒毛中轴的平滑肌），但绝大部分是以形成肌束或成层方式存在的。为了保持最紧密地排列，一条肌纤维的最狭窄部位往往与相邻肌纤维的最粗处毗邻。有些平滑肌纤维可有分支。每条肌纤维都有一个长椭圆形或杆状的细胞核位于细胞最粗处的中央，核内染色质呈细网状，有1～2个核仁。核两端的肌浆较丰富，无横纹（图5-10）。

（二）平滑肌纤维的超微结构

电镜下，平滑肌纤维内无肌原纤维，其肌浆内充满肌丝、中间丝和大量密斑（dense patch）、密体（dense body），它们构成平滑肌纤维的收缩系统和细胞骨架系统。密斑和密体均为电子致密的小体，密斑位于肌膜的内表面，主要作为细肌丝的附着点；密体位于肌质内，为梭形小体，是细肌丝和中间丝的共同附着点。中间丝直径为10nm，连接于密斑、密体之间，构成梭形细胞骨架。

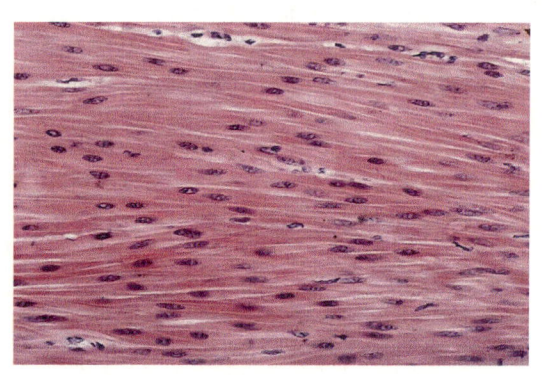

图5-10　平滑肌纤维光镜结构图（HE染色，10×20倍）

细胞周边部的肌质中，含有粗、细两种肌丝。粗肌丝由肌球蛋白丝构成，呈圆柱状，有成行排列的横桥，相邻的两行横桥屈动方向相反。细肌丝主要由肌动蛋白构成，一端附着于密斑或者密体，另一端游离。粗、细肌丝的数量比例约为1∶12。平滑肌纤维的收缩是以粗、细肌丝间的滑动为基础。由于细肌丝和细胞骨架的附着点密斑呈螺旋状分布，当肌丝滑动时，肌纤维呈螺旋状扭曲，长轴缩短。相邻的平滑肌纤维之间有缝隙连接，便于化学信息和神经冲动的传送，有利于众多平滑肌纤维，甚至整个肌束或肌层的同时收缩。

平滑肌纤维无横小管结构，但肌膜内陷会形成大量小凹，这些小凹沿细胞长轴成行排列，其作用尚无定论。平滑肌纤维的细胞核两端的肌质区为细胞器较集中的区域。细胞内只有少量的肌质网，细胞收缩时也需要从细胞外摄取Ca^{2+}。

链接

渐 冻 症

肌萎缩侧索硬化（amyotrophic lateral sclerosis，ALS）是一种与运动神经元相关的进行性神经变性疾病，该病患者上下运动神经元皆受累，导致神经元支配的肌肉出现肌无力、肌萎缩、震颤、痉挛等相关临床症状，病程多呈进行性发展，最后常由于呼吸肌麻痹而导致死亡。

1942年出生的霍金被誉为爱因斯坦之后最杰出的理论物理学家。霍金21岁时患有肌萎缩侧索硬化，俗称"渐冻症"，导致全身瘫痪，不能言语，唯一能动的地方只有两只眼睛和三根手指。当时，医生曾诊断身患绝症的他只能活两年，但他依然投身科研，以其才华、幽默和勇气、毅力鼓舞了全世界的人们。

（方安宁）

第 6 章 神经组织

> **学习目标**
>
> **掌握**：神经系统的组成，神经元的基本结构与分类；神经纤维和神经的结构。
> **熟悉**：突触的分类，神经胶质细胞的分类。
> **了解**：神经胶质细胞的功能，化学突触的基本结构，神经末梢的分类。

神经组织（nerve tissue）是由神经元和神经胶质细胞构成的一类组织，是神经系统中最主要的成分。神经元（neuron）即通常所说的神经细胞（nerve cell），有 $10^{11}\sim10^{12}$ 个。神经元是神经组织中的结构与功能基本单位，能接受刺激、整合信息、产生和传导神经冲动；是实现感觉、运动支配、学习记忆、思维意识和行为调节等功能的物质基础。神经胶质细胞（neuroglial cell）的数量是神经元的 10~50 倍，分布于神经元周围，对神经元发挥支持、保护、营养和绝缘等作用，但不具有产生和传导神经冲动的特性。

一、神 经 元

神经元是一类高度分化的细胞，其形态、大小和功能因处于神经系统不同区域而存在较大差异（图6-1）。成熟神经元一般都有长且分支的突起，突起又分为轴突和树突两大类，故可将神经元分为胞体、树突和轴突三部分（图6-2）。胞体是整个神经元代谢和功能活动的中心，具有普通细胞应有的细胞膜、细胞质和细胞核等各种结构，但这些结构具有神经元特殊的形态或功能特征。树突和轴突是从胞体发出的突起，其中树突是神经元的主要感受区，可接受刺激；轴突主要向外传导神经冲动。

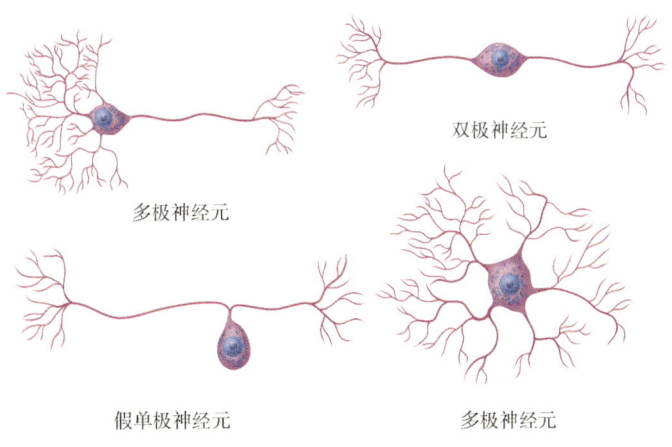

图6-1 各类神经元

（一）神经元的结构

1. 胞体 由细胞膜、细胞质和细胞核构成，是神经元营养与代谢的中心，也是轴突和树突发出的部位。胞体的形态多样，有圆形、锥体形、梭形或星形等。大小差异很大，小的神经元直径仅数微米，

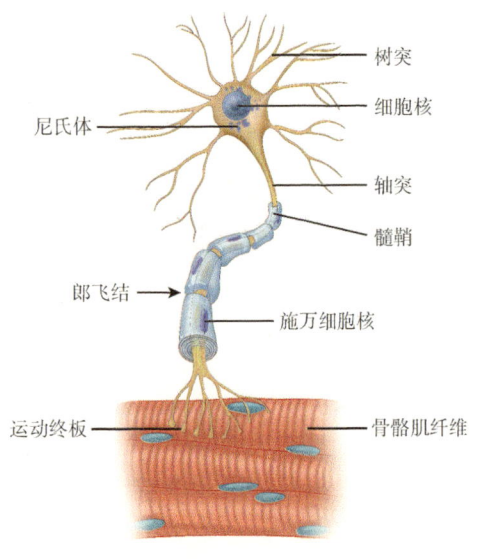

图6-2 神经元结构模式图

大的神经元直径可达一百多微米。

（1）细胞膜　神经元的细胞膜是一种特殊的可兴奋性膜，具有接受刺激、产生和传导神经冲动的功能。

（2）细胞核　正常健康的神经元细胞核有以下特点：大而圆、中央位、核膜明显、异染色质少（染色浅）、核仁大。神经元损伤后，其细胞核会出现核仁消失、体积变小、染色加深、位置偏移等现象。

（3）细胞质　神经元的细胞质也常称为核周质，内含各种细胞器，特别是有发达的粗面内质网和高尔基复合体。神经元细胞质内还有两种特殊的结构，即尼氏体（Nissl body）和神经原纤维（neurofibril）。

1）尼氏体：光镜下呈不规则的嗜碱性颗粒或小块；电镜下可见它是由发达的粗面内质网和游离核糖体构成。大神经元尤其是脊髓运动神经元的尼氏体丰富而粗大，呈斑块状（图6-3）；小神经元的尼氏体则较小而少。如果胞体内含大量尼氏体和发达的高尔基复合体，则表明该神经元具有活跃的蛋白质合成功能。所合成的蛋白质可作为复制细胞器所需蛋白质和产生神经递质有关的酶等。尼氏体不出现于轴突，但在树突中有分布。

2）神经原纤维：在HE染色切片中无法分辨，但是银染色法可见其呈棕黑色细丝，交错排列成网，并伸入树突和轴突内（图6-4）。电镜下由神经丝和微管构成。这些神经丝和微管除了构成神经元的细胞骨架外，还参与物质运输。

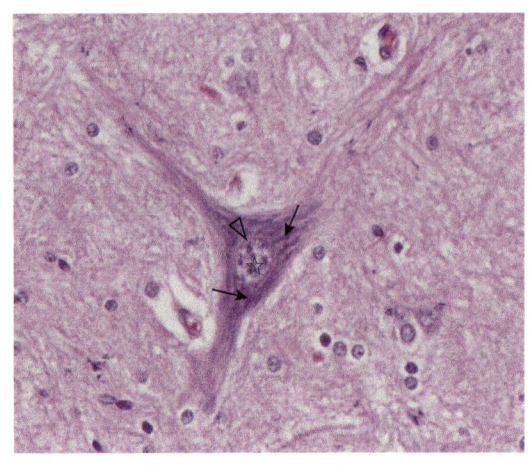

图6-3 多极神经元（脊髓HE染色，10×40倍）
△示核膜，☆示核仁，→示尼氏体

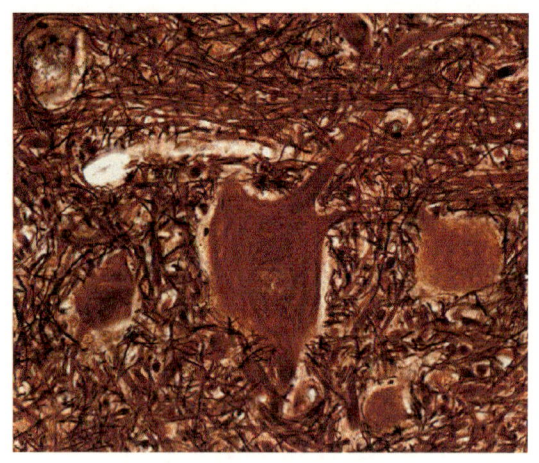

图6-4 脊髓运动神经元银染色法示神经原纤维
（10×40倍）

2. 树突　每个神经元有一个或多个树突（dendrite），形如树状，从主干可逐级发出许多小分支。树突内的结构与胞质基本相似。树突分支上常可见许多棘状的小突起，称树突棘。树突和树突棘极大地扩展了神经元接受刺激的表面积。

3. 轴突　每个神经元都只有一条轴突（axon），一般由胞体发出，少量神经元可由主树突干的基部发出轴突。光镜下可见发出轴突的部位无尼氏体，常呈圆锥形，称轴丘。相对于树突，轴突细且长，直径较均一。轴突最主要的功能是将神经冲动从胞体传向终末，其沿途仅有少量短侧支呈直角分出，但末端的分支较多，形成与靶细胞相联系的轴突终末。轴突表面的胞膜称轴膜，内含的细胞质称轴质或轴浆。轴质内没有尼氏体，但有神经原纤维，还有滑面内质网、微丝、线粒体和一些小泡等。

轴突与神经元胞体之间常进行物质交换，轴突内的物质运输称轴突运输（axonal transport）。胞体内新形成的神经丝、微丝和微管缓慢地向轴突终末延伸，这称为慢速轴突运输。此外还有一种快速轴突运输（双向）。例如，轴膜更新所需的蛋白质、合成神经递质所需的酶、含神经递质的小泡、线粒体和分泌颗粒等，由胞体向轴突终末输送，称快速顺向轴突运输。轴突终末内的代谢产物或由轴突终末通过入胞作用摄取的物质逆向运输到胞体，称快速逆向轴突运输。轴突内的微管在轴突运输中起重要作用，其微丝也与轴突运输作用有关。

（二）神经元的分类

1. 根据突起的数量，神经元主要分为三型　①假单极神经元（pseudounipolar neuron），胞体呈球形，仅发出一个突起，但在不远处呈"T"形分为两支，一支为周围突，分布到周围的其他组织和器官，接受刺激；另一支为中枢突，将信号传导进入中枢神经系统，也称为轴突。假单极神经元的胞体分布于脑神经核和脊神经节。②双极神经元（bipolar neuron），胞体呈梭形，两极各发出一个突起，其中一个是树突，另一个是轴突。双极神经元数量较少，主要分布于视网膜、前庭神经节和螺旋神经节；③多极神经元（multipolar neuron），胞体一般为多边形，从胞体发出一个轴突和多个树突。人体绝大部分神经元均为多极神经元，它们的胞体广泛分布于脑和脊髓的灰质内（图6-1）。

2. 根据轴突的长短，可将神经元分为两型　①高尔基Ⅰ型神经元，是一类具有长轴突（最长可达1m以上）的大神经元；②高尔基Ⅱ型神经元，是另一类短轴突（仅数微米）的小神经元。

3. 根据功能的不同，可将神经元分为三型（图6-5）　①感觉神经元（sensory neuron），多为假单极神经元，其接受周围其他组织和器官的刺激，并将刺激传向中枢。②运动神经元（motor neuron），一般都是多极神经元，它把神经冲动传给肌肉或腺体。③中间神经元（interneuron），数量最多，占神经元总数的约99%，这些基本上都是多极神经元。它们位于感觉神经元和运动神经元之间起联络作用，并形成异常复杂的神经网络，是学习、记忆和思维的重要结构基础。

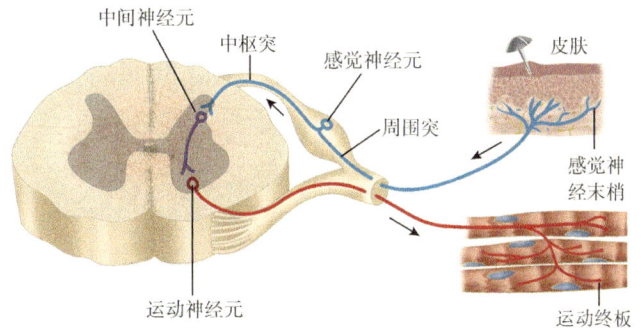

图6-5　脊髓及不同类型神经元示意图

4. 根据释放神经递质或神经调质的不同分类　①胆碱能神经元；②胺能神经元；③肽能神经元；④氨基酸能神经元等。

二、突　触

神经元与神经元之间，或神经元与效应细胞（肌纤维或腺细胞）之间传递信息的结构称为突触（synapse）。突触是一种特化的细胞连接，最常见的是一个神经元的轴突终末与另一个神经元的树突、树突棘或胞体连接，分别构成轴-树突触、轴-棘突触或轴-体突触（图6-3）。突触可分为化学突触和电突触两类。化学突触是以神经递质作为传递信息的媒介；电突触以离子流传递信息，实际上是缝隙连接，在某些低等动物比较发达，而在哺乳动物及人体的神经组织内极为罕见。下文所述的突触均指化学突触。

突触由突触前成分、突触间隙和突触后成分三部分所构成。突触前成分、突触后成分彼此相对的

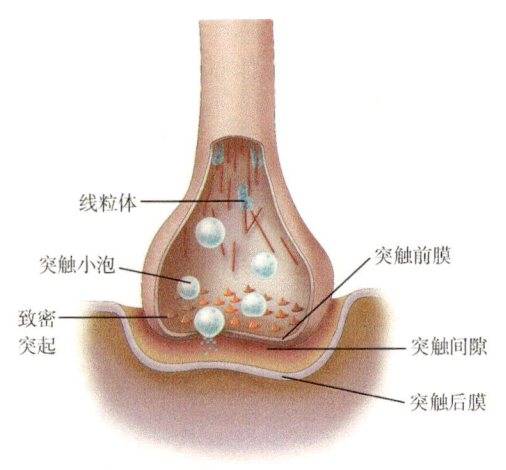

图6-6　化学性突触超微结构模式图

胞膜分别称为突触前膜和突触后膜，两者之间宽15～30nm的间隙称突触间隙（图6-6）。

（一）突触前成分

突触前成分（presynaptic element）是神经元的轴突终末，呈球状膨大，光镜下观察银染色标本中呈棕黑色的环扣状，称突触扣结。突触前成分顶端与突触后成分相对部位的轴膜增厚形成突触前膜，其内面（轴浆面）有排列规则的致密突起附着，可引导突触小泡与突触前膜接触，以便释放神经递质。

突触前成分的胞质（轴质）内除了有少量线粒体、滑面内质网、微丝和微管等细胞器外，最特征性的结构是大量含神经递质或神经调质的突触小泡。突触小泡表面附着有一种突触小泡相关蛋白，称突触素，它把突触小泡与细胞骨架连接在一起。当神经冲动到达轴突终末时，突触素将发生磷酸化，致使突触小泡脱离细胞骨架而转移到突触前膜。突触小泡与突触前膜融合后通过胞吐作用将其中的神经递质释放到突触间隙。

（二）突触间隙

突触间隙（synaptic cleft）宽15～30nm，内含糖胺聚糖、糖蛋白、唾液酸蛋白和唾液酸糖脂等。突触间隙的基质成分呈负电荷，有助于维持突触结构的稳定和限制神经递质的扩散范围，从而提高神经递质与突触后膜受体结合的效率。突触间隙还有可以分解神经递质的酶。神经递质一旦与突触后膜上的受体结合后，必须很快被酶灭活，否则作用时间过长会影响神经传导的精确控制。神经递质被酶分解后的产物可以被轴突终末重新吸收，作为合成新的递质分子的原料。

（三）突触后成分

突触后成分（postsynaptic element）是神经元或效应细胞与突触前膜相对的一部分。突触后膜也有一层致密物质附着。突触后膜内含神经递质和神经调质的受体，不同的突触存在不同的受体。由突触前成分释放的神经递质可与突触后膜上相应的受体结合，将神经冲动传递到突触后成分，引起突触后神经元（或效应细胞）兴奋或抑制。

三、神经胶质细胞

神经胶质细胞广泛分布于神经元周围，其总量为神经元数量的10～50倍之多。不同部位的神经胶质细胞的数量、形态与功能均可能不同。其中数量较多、分布较广的神经胶质细胞主要有分布在中枢神经系统的星形胶质细胞、少突胶质细胞、小胶质细胞和室管膜细胞（图6-7），以及分布于周围神经系统的施万细胞和卫星细胞。一般来说，一种神经胶质细胞只分布在中枢或周围神经系统，但最近发现形成嗅觉神经纤维的髓鞘形成细胞，即嗅鞘细胞可以同时分布于中枢神经系统和周围神经系统。所有的神经胶质细胞均有数量不等的突起，但是这些突起没有轴突和树突之分。神经胶质细胞不具有产生和传导神经冲动的功能，各种神经胶质细胞的形态与功能各不相同，详见下述。

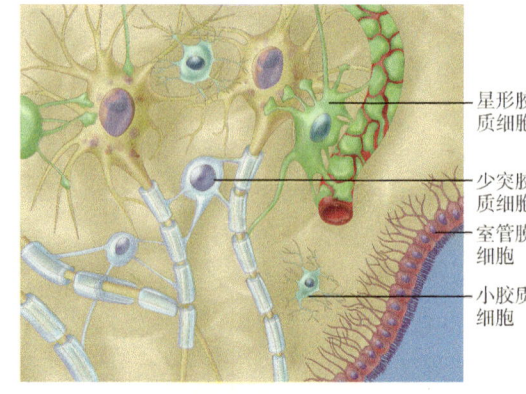

图6-7　中枢神经系统的几种神经胶质细胞模式图

（一）分布于中枢神经系统的神经胶质细胞

1. 星形胶质细胞（astrocyte） 是数量最多、体积最大的一种神经胶质细胞，胞体呈星形，细胞核圆形或卵圆形。星形胶质细胞有原浆型和纤维型两大类型：原浆型星形胶质细胞主要分布在灰质，突起较粗短，分支多；纤维型星形胶质细胞主要分布在白质，突起长，分支较少。星形胶质细胞的功能重要且多样：①胞体发出的胞突伸展充填在神经元胞体及其突起之间，对神经元发挥物理性支持和绝缘作用；②可分泌多种神经营养因子和细胞外基质对神经元发挥神经营养作用；③有些突起的末端扩大形成脚板或终足，它们在脊髓或脑的表面胶质界膜，或贴附在毛细血管壁上，参与血脑屏障的构成。

血脑屏障（blood-brain barrier，BBB）是介于血液与中枢神经组织之间一种屏障结构，因最早是在脑内被发现，故习惯上被称为血脑屏障。血脑屏障由连续毛细血管内皮、基膜及星形胶质细胞脚板三部分组成（图6-8）。它能选择性允许营养物质或代谢产物通过，阻止细菌、病毒、毒素等某些物质由血液进入中枢神经组织，以维持中枢神经组织内环境的相对稳定。

2. 少突胶质细胞（oligodendrocyte） 是中枢神经系统的髓鞘形成细胞。相对于星形胶质细胞来说，少突胶质细胞的胞体较小、突起较少。每个少突胶质细胞可发出数个突起，突起的末端扩展成扁平薄膜，包卷神经元的轴突形成髓鞘，对轴突发挥绝缘作用（图6-9）。

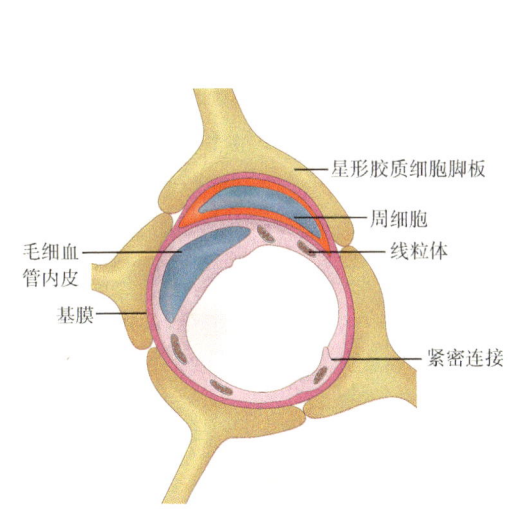

图6-8 血脑屏障超微结构模式图

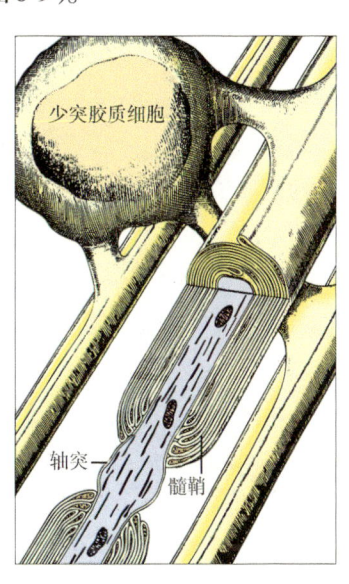

图6-9 少突胶质细胞与中枢神经系统有髓神经纤维的关系模式图

3. 小胶质细胞（microglia） 是体积最小的一种神经胶质细胞，具有吞噬功能。其胞体细长或椭圆，细胞核小，突起细长有分支。小胶质细胞并不是由神经干细胞分化而来，而是胚胎发育早期单核细胞进入到中枢神经系统后分化所形成。当神经损伤时，小胶质细胞的突起逐渐回缩且体积变大呈激活状态，能发挥吞噬中枢神经内细胞碎片、退变髓鞘及外来异物的功能。

4. 室管膜细胞（ependymal cell） 衬附在脑室和脊髓中央管的腔面，呈单层立方形或柱状，游离面有许多微绒毛，少量细胞游离面有纤毛，部分细胞基底面有细长突起伸向深部。由室管膜细胞形成的单层上皮样结构称为室管膜。

（二）分布于周围神经系统的神经胶质细胞

1. 施万细胞（Schwann cell） 是周围神经系统的髓鞘形成细胞，大多数施万细胞以扁平膜状结构反复多层包裹着周围神经系统的轴突，从而形成髓鞘。与少突胶质细胞可发出多个突起同时包裹多条轴突不同，每个施万细胞只能包卷一条轴突；少部分施万细胞呈长柱状结构，与其长轴平行的细小轴突可嵌入其中，形成无髓神经纤维（图6-10，图6-11）。施万细胞外表面有一层基膜，在周围神经再生中起重要作用。此外，施万细胞能合成和分泌多种神经营养因子和细胞外基质，对支持和营养神经元及促进神经再生具有重要作用。

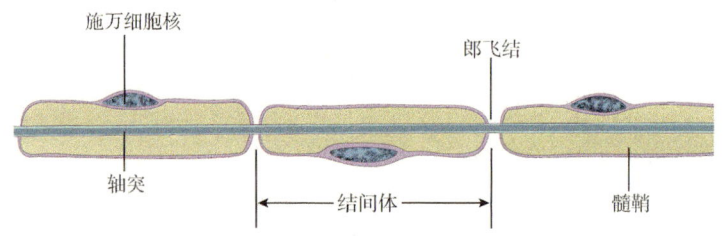

图6-10　施万细胞与有髓神经纤维模式图

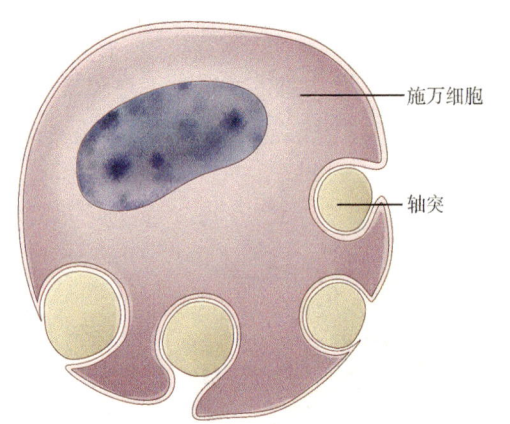

图6-11　施万细胞与无髓神经纤维模式图

2. 卫星细胞（satellite cell）是神经节内包裹神经元胞体的一层扁平或立方形细胞，故又称被囊细胞。其细胞核呈圆形或卵圆形，染色质较浓密。

四、神经纤维和神经

（一）神经纤维

神经纤维（nerve fiber）是以神经元的轴突或感觉神经元的长突起（包括双极神经元的中枢突和周围突）为中轴，外面包绕神经胶质细胞所构成。中枢神经系统和周围神经系统参与神经纤维构成的神经胶质细胞分别是少突胶质细胞和施万细胞。在中枢神经系统，功能相同、起止相似的神经纤维聚集成束，称为纤维束。在周围神经系统，功能相关、行程一致的神经纤维可被结缔组织包裹形成神经（nerve）。根据包绕轴突的神经胶质细胞是否形成髓鞘，可将神经纤维分为有髓神经纤维和无髓神经纤维（图6-10，图6-11）。不论是中枢神经系统还是周围神经系统，绝大部分神经纤维都是有髓神经纤维，仅少量为无髓神经纤维。无髓神经纤维的轴突一般都比较细小。

1. 有髓神经纤维

（1）周围神经系统的有髓神经纤维　这种神经纤维的中轴是周围神经的轴突，除了轴突起始段和轴突终末处之外，轴突外表均包裹有由施万细胞构成的髓鞘。髓鞘呈节段状，每个节段由一个施万细胞形成（图6-10）。髓鞘是由施万细胞延伸为薄膜状后呈同心圆状紧密包卷轴突而形成，电镜下见髓鞘呈明暗相间的同心状板层结构。髓鞘的化学成分主要是髓磷脂（myelin）。髓磷脂中的类脂含量约占80%，新鲜标本中髓鞘因此而呈亮白色。其余成分主要为蛋白质，对髓鞘的形成和结构稳定有重要作用。HE染色时，髓鞘常因类脂被溶解而留下空隙，仅见残留的网状蛋白质（图6-12）。若用锇酸固定染色，或免疫组化染色的纵切片上可见髓鞘有一些漏斗状的斜裂，称为髓鞘切迹或施-兰切迹（Schmidt-Lantermann incisure）。有髓神经纤维的每两节髓鞘之间存在缩窄的无髓鞘部分称郎飞结（Ranvier node）（图6-13），相邻两个郎飞结之间的一段神经纤维称结间体（internode）。一般来说，轴突越粗，其髓鞘越厚，结间体也越长。

（2）中枢神经系统的有髓神经纤维　其结构与周围神经系统的有髓神经纤维基本相似，同样是节段状的髓鞘包绕神经元的轴突，也形成郎飞结和结间体结构。但中枢神经系统的髓鞘形成细胞是少突胶质细胞。与施万细胞不同，每个少突胶质细胞能发出多个突起，可同时包卷相邻多个轴突的一小段，其胞体位于神经纤维之间。少突胶质细胞形成的髓鞘内部无施-兰切迹，外表面也没有基膜。

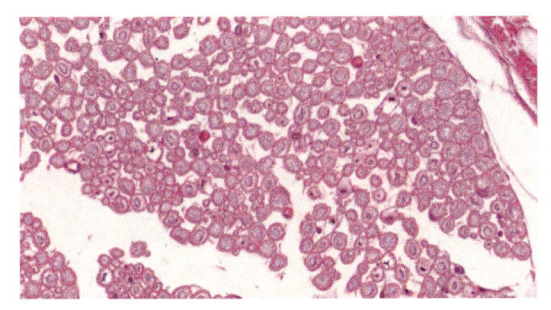
图6-12 周围神经系统有髓神经纤维横切面（HE染色，10×50倍）

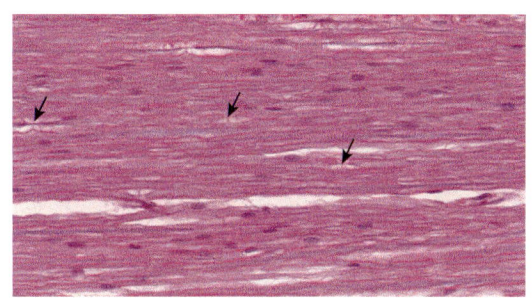
图6-13 周围神经系统有髓神经纤维纵切面（HE染色，10×50倍）
→示郎飞结

2. 无髓神经纤维

（1）周围神经系统的无髓神经纤维　由细小的神经元轴突与施万细胞构成。这一类施万细胞不延伸为薄片状包绕轴突，而是呈现不规则的长柱状，细胞表面有数量不等、深浅不同的纵向凹沟。相邻的施万细胞首尾相连，成串排列，细胞间衔接紧密，无郎飞结。大量细小的轴突单独或成束行走于施万细胞的纵沟内，被施万细胞包裹但不形成髓鞘结构。

（2）中枢神经系统的无髓神经纤维　与周围神经系统的无髓神经纤维不同，中枢神经系统的无髓神经纤维没有特异性的神经胶质细胞包裹，而是裸露地走行于有髓神经纤维或神经胶质细胞之间。神经纤维的功能是传导神经冲动，这种电流的传导是在轴膜进行的。有髓神经纤维的神经冲动是呈跳跃式传导，故传导速度快。这是有髓神经纤维的髓鞘起绝缘作用的缘故。另外髓鞘的电阻比轴膜高得多，而电容却很低，电流只能使郎飞结处的轴膜产生兴奋。所以神经冲动必须通过郎飞结处的轴膜传导。有髓神经纤维的结间体越长，神经冲动跳跃的距离也越大，传导速度也就越快。无髓神经纤维因无髓鞘和郎飞结，神经冲动只能沿着轴突的轴膜连续传导，故其传导速度比有髓神经纤维慢得多。

（二）神经

周围神经系统的神经纤维聚集成束状，外表被结缔组织包裹，构成神经，分布到全身各处。大部分神经内同时含有运动神经纤维和感觉神经纤维，称为混合神经。也有一些神经只含有运动神经纤维或感觉神经纤维，分别称为运动神经或感觉神经。包裹在每一条神经外表面的结缔组织称为神经外膜。结缔组织还可伸入神经内，将神经分隔成若干神经纤维束，神经纤维束表面的结缔组织称为神经束膜。每条神经纤维的外面也有薄层结缔组织包裹，称为神经内膜。在结缔组织内有小血管和淋巴管（图6-14）。

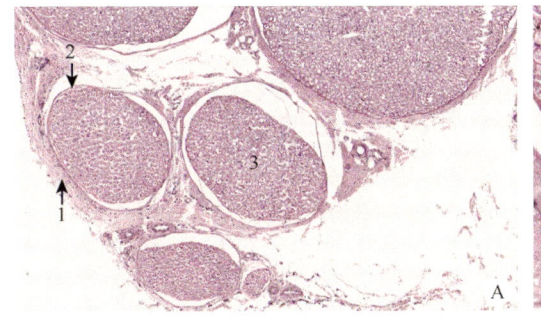
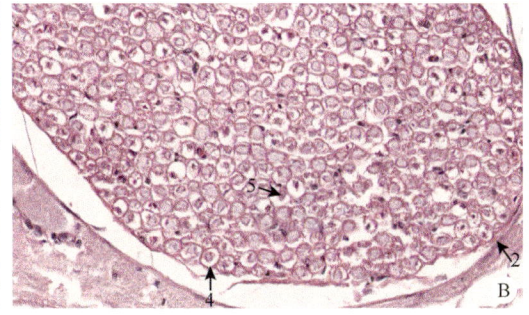

图6-14　周围神经系统横切面（HE染色，A图10×10倍，B图10×40倍）
1.神经外膜；2.神经束膜；3.神经纤维束；4.神经内膜；5.轴突

五、神经末梢

神经末梢（nerve ending）是周围神经纤维的终末部分，它遍布在全身各种组织或器官内，形成各式各样的末梢装置，按其功能可分感觉神经末梢和运动神经末梢两大类。

（一）感觉神经末梢

感觉神经末梢（sensory nerve ending）是感觉神经元（假单极神经元）周围突的末端，该末梢装置又称感受器。感受器能把接收到的各种内、外环境刺激转化为神经冲动，通过感觉神经纤维传至中枢，产生感觉。按感受器的形态结构不同，可将其分为下列几种。

1. 游离神经末梢（free nerve ending） 由较细的有髓或无髓神经纤维的终末反复分支而成。在接近末梢处，髓鞘消失，其裸露的细支广泛分布在表皮、角膜和毛囊的上皮细胞之间或分布在结缔组织内，能感受冷、热、轻触和痛的刺激（图6-15）。

2. 触觉小体（tactile corpuscle） 分布在皮肤真皮乳头处，以手指掌侧的皮肤内最多，感受触觉。触觉小体呈卵圆形，长轴与皮肤表面垂直，小体内有许多横列的扁平细胞，外包有结缔组织被囊。有髓神经纤维进入小体前便失去髓鞘，然后盘绕在扁平细胞之间（图6-16）。

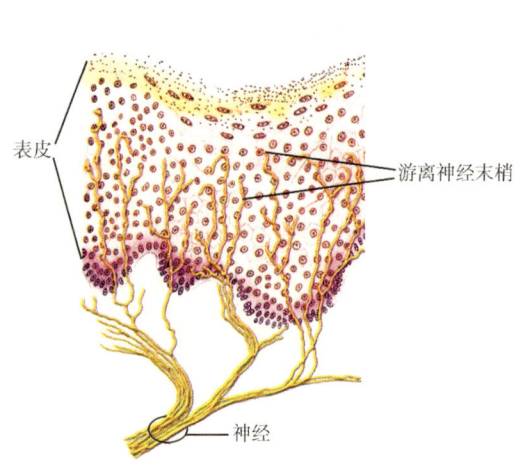

图6-15 表皮内的游离神经末梢示意图

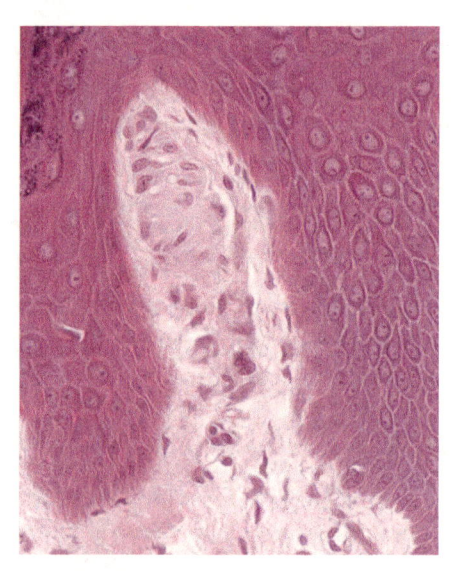

图6-16 皮肤内的触觉小体（HE染色，10×40倍）

3. 环层小体（lamellar corpuscle） 广泛分布在皮下组织、骨膜、韧带、关节囊、腹膜、肠系膜、外生殖器和乳头等处，可以感受压觉和振动觉。环层小体较大，呈卵圆形或圆形，中央有一条均质状的圆柱体，周围是由数十层呈同心圆排列的扁平细胞组成。有髓神经纤维进入环层小体时失去髓鞘，裸露的轴突进入环层小体中央的圆柱体内（图6-17）。

4. 肌梭（muscle spindle） 分布在骨骼肌内，呈梭形，内含若干条较细小的骨骼肌纤维（亦称为梭内肌纤维），表面有结缔组织被囊包裹。感觉神经纤维失去髓鞘后进入肌梭，其轴突分成多支，呈环状包绕梭内肌纤维。此外，肌梭内也有运动神经末梢，分布在梭内肌纤维的两端。肌梭主要是感受肌纤维长度的变化，属于本体感受器，在调节骨骼肌的活动中起重要作用（图6-18，图6-19）。

（二）运动神经末梢

运动神经末梢（motor nerve ending）是运动神经元长轴突分布在肌组织和腺的终末结构，支配肌纤维的收缩和腺的分泌，所以也称效应器。运动神经末梢可分为躯体和内脏运动神经末梢两类。

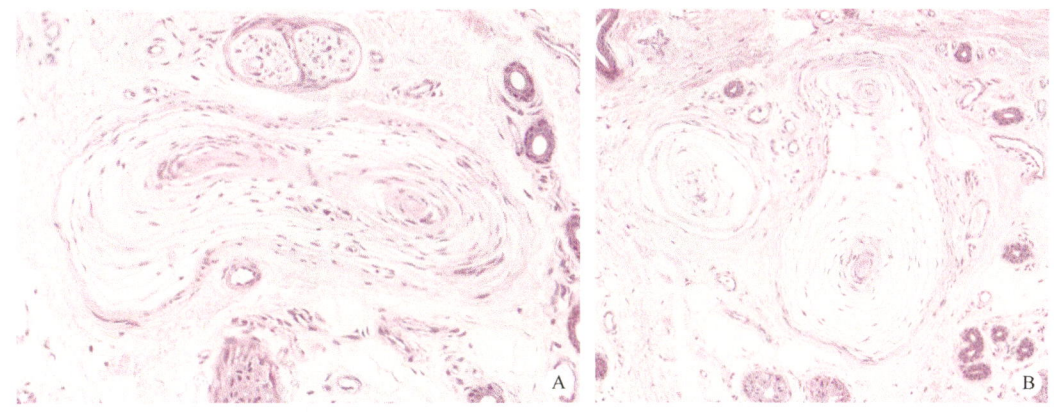

图6-17 皮肤内的环层小体（HE染色，10×10倍）
A. 纵切面；B. 横切面

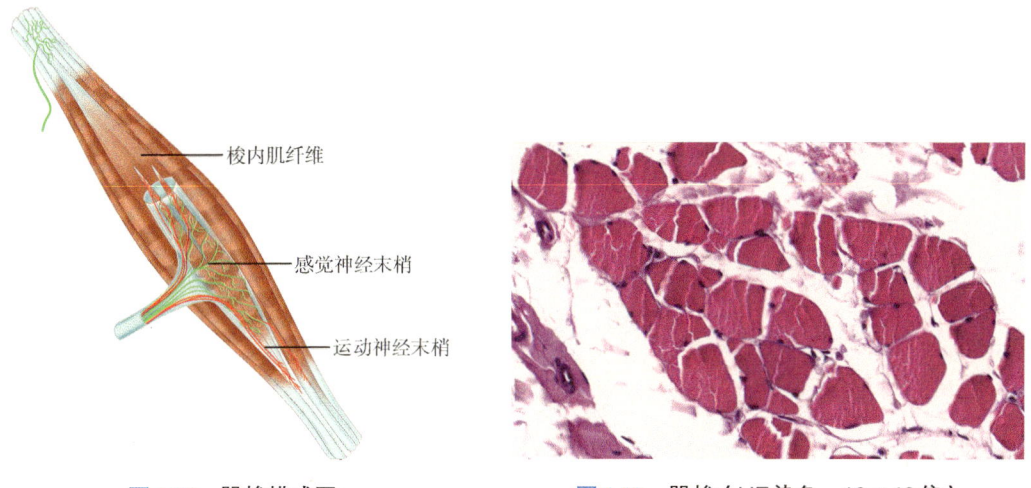

图6-18 肌梭模式图　　　　图6-19 肌梭（HE染色，10×40倍）

1. 躯体运动神经末梢（somatic motor nerve ending） 是分布到骨骼肌纤维的运动神经末梢。由脊髓前角或脑干的运动神经元胞体发出的长轴突抵达骨骼肌纤维之前失去髓鞘，随后，轴突反复分支，每一分支形成葡萄状终末，并与一条骨骼肌纤维建立突触连接，此连接区域呈椭圆形板状隆起，称运动终板（motor end plate）或神经肌肉接头（图6-20，图6-21）。

2. 内脏运动神经末梢（visceral motor nerve ending） 是分布到内脏及心血管的平滑肌、心肌和腺上皮细胞等处的运动神经末梢。这种神经纤维较细，无髓鞘，末梢分支呈串珠样膨体，贴附于平滑肌纤维表面或穿行腺细胞之间，与效应细胞建立突触（图6-22）。

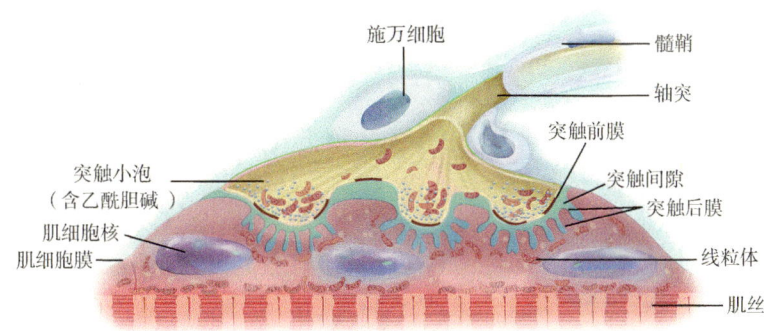

图6-20 运动终板模式图

图6-21 氯化金法显示运动终板（10×10倍）

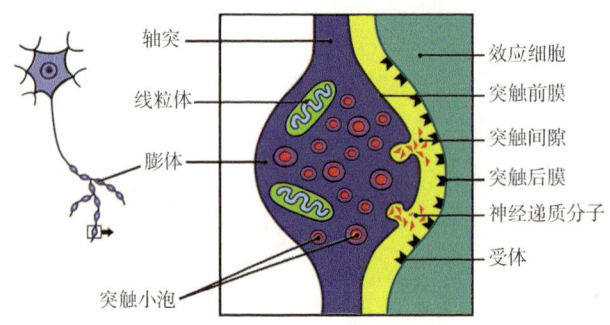

图6-22 内脏运动神经末梢模式图

（张海玲）

第7章 循环系统

> **学习目标**
>
> **掌握**：心壁的结构；毛细血管的类型、结构；大动脉、中动脉、小动脉和微动脉的结构特点。
> **熟悉**：静脉的结构特点；心瓣膜、心脏传导系统的细胞组成和结构特点。
> **了解**：微循环的概念和组成；毛细淋巴管和淋巴管的结构特点。

循环系统（circulatory system）是连续而封闭的管道系统，包括心血管系统和淋巴系统。心血管系统由心脏、动脉、毛细血管和静脉组成。淋巴系统由毛细血管、淋巴管和淋巴导管组成。

一、心 脏

心脏是一个中空的肌性器官，是血液循环的动力泵，主要包括心腔、心壁和心脏传导系统。

（一）心壁的结构

心脏的壁很厚，由内向外依次为心内膜、心肌膜和心外膜三层（图7-1）。

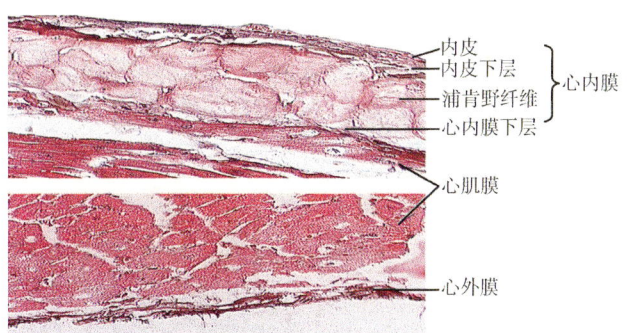

图7-1 心脏壁的组织结构（HE染色，10×40倍）

1. 心内膜（endocardium） 由内皮和内皮下层构成。内皮表面光滑，与出入心脏的大血管内皮细胞相连续。内皮下层分为内、外两层。内层指靠近内皮的细密致密结缔组织，含丰富的弹性纤维和少量平滑肌纤维；外层又称为心内膜下层（subendocardial layer），由靠近心肌膜的疏松结缔组织组成，心室的心内膜下层含心脏传导系统的分支。

位于房室口和动脉口的心内膜下层组织局部突起，形成薄片状心瓣膜（cardiac valve），包括房室瓣和动脉瓣，可防止血液逆流。但在心脏发生某些疾病时，瓣膜受累而变硬或变形，导致心瓣膜功能障碍，影响血液循环。

2. 心肌膜（myocardium） 最厚，主要由心肌构成。心房肌较薄，心室肌很厚，以左心室的心肌最厚。心肌纤维集合成束，呈螺旋状排列。大致分为内纵行、中环行和外斜行3层。肌束间含较多的结缔组织和丰富的毛细血管。心房肌和心室肌的结构和功能基本相同。在心房肌和心室肌之间，有致密结缔组织形成的心骨骼（cardiac skeleton）。心骨骼是心肌和心瓣膜的附着处，包括室间隔膜部、纤维三角和纤维环。心房肌与心室肌分别附着于心骨骼，并不直接相连。部分心房肌纤维含心房特殊颗粒（specific atrial granule），内含心房钠尿肽（atrial natriuretic peptide），其具有很强的利尿、排钠、扩张血管和降低血压作用。

3. 心外膜（epicardium） 即心包的脏层，为浆膜。浆膜表面是间皮，间皮下是疏松结缔组织，与心肌膜相连。心外膜中含血管、神经和神经节，并常含有脂肪组织。

（二）心脏传导系统

心脏传导系统（conducting system of heart）由心壁内的特殊分化的心肌纤维构成，包括窦房结、房室结、房室束及其分支（图7-2）。其功能是产生和传导冲动，使心房肌和心室肌按一定的节律进行收缩和舒张活动。

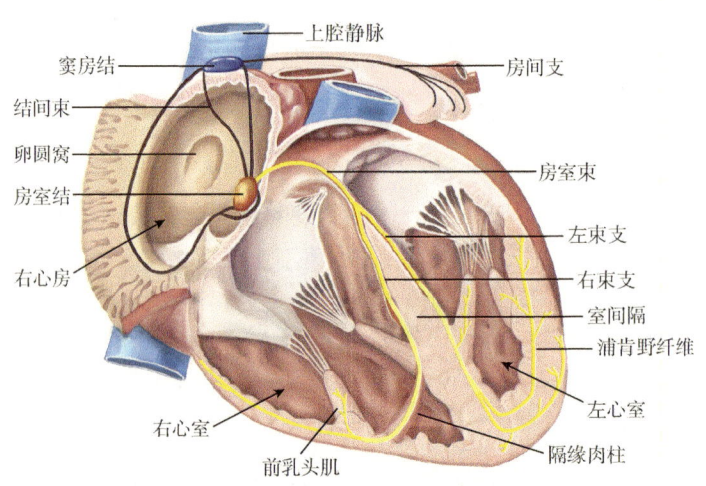

图 7-2　心脏传导系统分布模式图

窦房结位于上腔静脉和右心房交界处的心外膜深面，为狭长的椭圆形结构，是心肌兴奋的起搏点。

房室结位于冠状窦口与右房室口心内膜深面，为扁椭圆形结构，其主要功能是将窦房结传来的冲动短暂延缓后再传向心室，从而保证心房收缩完成后，心室再开始收缩。当窦房结冲动产生或传导障碍时，房室结也可自主产生节律较慢的冲动。

房室束由房室结发出，分为左右束支，进而在心室的心内膜下层形成浦肯野纤维网，与心室肌联系。

组成心脏传导系统的特殊心肌纤维有三种，即起搏细胞（pacemaker cell）、移行细胞（transitional cell）和浦肯野纤维，它们组成房室束及其分支。浦肯野纤维比普通心肌纤维短而宽，染色浅，有1~2个细胞核，位于细胞中央。胞质中含丰富的糖原和线粒体，肌纤维较少，细胞之间由发达的闰盘相连。这种细胞能快速传导冲动。房室束分支末端的细胞与心室肌纤维相连，可将冲动传导至心室各处，可使所有心肌纤维同步收缩。

二、血　管

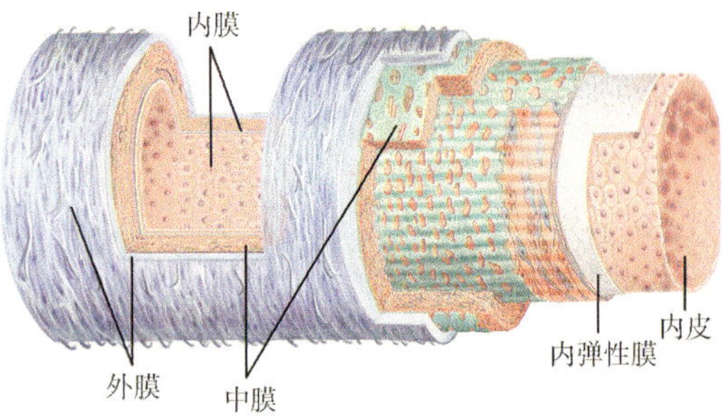

（一）血管壁的一般组织结构

除毛细血管外，血管壁从管腔面向外依次分为内膜、中膜和外膜三层结构（图7-3），血管壁内还分布有营养血管和神经。

1. 内膜（tunica intima） 是血管壁的最内层，由内皮、内皮下层和内弹性膜组成，是三层中最薄的一层。

（1）内皮（endothelium） 即衬贴于血管腔面的单层扁平上皮，作为血管的内层，表面光滑，利于血液流动。

图 7-3　血管壁的一般组织结构立体示意图

内皮细胞的长轴多与血流方向一致，细胞核居中，核所在的部位略隆起。电镜下，可见内皮细胞游离面有稀疏的胞质突起；基底面附着于基板上；相邻细胞间存在10～20nm的间隙并可见紧密连接；内皮细胞的胞质内有丰富的吞饮小泡、成束的微丝和一种外包单位膜的杆状小体——Weibel-Palade小体（简称W-P小体）。W-P小体是内皮细胞特有的标志性细胞器，是合成和储存凝血因子相关抗原的结构。

内皮细胞和其下的基板构成通透性屏障，液体、气体及大分子物质可选择性地透过此屏障。微丝的收缩可改变内皮细胞间隙和细胞连接的紧密程度，从而影响和调节血管的通透性。

（2）内皮下层（subendothelial layer） 是位于内皮下的薄层结缔组织，内含少量的胶原纤维、弹性纤维，有的部位还有少许纵行平滑肌。

（3）内弹性膜 有的动脉的内皮下层还有一层由弹性蛋白组成的内弹性膜（internal elastic membrane），膜上有许多小孔。在血管横切面上，内弹性膜常呈波浪状。一般以内弹性膜作为动脉内膜与中膜的分界。

2. 中膜（tunica media） 位于内膜和外膜之间，其厚度及组成成分因血管种类不同而有较明显差异。例如，大动脉以弹性膜为主，间有少许平滑肌；中动脉中膜则主要由平滑肌组成。中膜的弹性纤维可使扩张的血管回缩，胶原纤维则起维持张力的作用，具有支持功能。血管平滑肌与内皮细胞之间形成肌内皮连接（myoendothelial junction），平滑肌细胞通过这种连接，接收血液或内皮细胞的化学信息。

3. 外膜（tunica externa） 由疏松结缔组织组成，其纤维呈螺旋状或纵向分布，成纤维细胞多。当血管受损伤时，成纤维细胞具有修复外膜的能力。

在某些动脉的中膜和外膜交界处，存在主要由密集的弹性纤维构成的外弹性膜。

尽管血管是连续的管道，但由于各段血管的功能不同，其管壁的组成成分和分布形式也有所不同。有的血管还有一些附属结构，如静脉瓣。

管径1mm以上的动脉和静脉管壁中，都分布有营养血管壁的小血管，称营养血管（vasa vasorum）。这些小血管进入外膜后分支成毛细血管，分布到外膜和中膜。内膜一般无血管，其营养由血管腔内血液直接渗透供给。

（二）动脉

动脉是导血出心的血管，输送血液至身体各部。动脉在行程中不断分支，越分越细，包括大动脉、中动脉、小动脉和微动脉。微动脉移行于毛细血管。动脉内血液压力较高，血液流速较快，因而动脉管壁较厚，具有较强的收缩能力和弹性回缩能力等特点。

1. 大动脉 包括主动脉、肺动脉、头臂干、颈总动脉、锁骨下动脉和髂总动脉等。大动脉的管壁中含大量弹性纤维和多层弹性膜，而平滑肌较少，故又称弹性动脉（elastic artery）（图7-4）。大动脉管壁的结构特点如下所述。

（1）内膜 较厚，由内皮和内皮下层构成。在血管内皮细胞中，含W-P小体，尤其在大动脉的内皮细胞中含量较为丰富。内弹性膜与中膜的弹性膜相连，故内膜与中膜的分界不明显。

（2）中膜 很厚，含40～70层弹性膜和大量弹性纤维，各层弹性膜通过少量弹性纤维相连，弹性膜之间有环行平滑肌和胶原纤维。血管的平滑肌纤维可分泌多种细胞外基质成分，主要为硫酸软骨素。

（3）外膜 较薄，由疏松结缔组织构成，无明显的外弹性膜。外膜中含有小的营养血管、神经及脂肪细胞等。

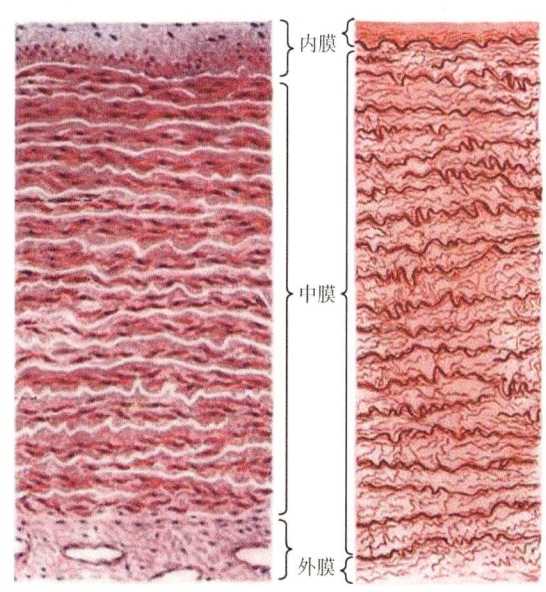

图7-4 大动脉管壁结构（HE染色，10×40倍）

2. 中动脉　除大动脉外，凡在解剖学中有名称的动脉多属于中动脉。中动脉管壁的平滑肌纤维相当丰富，又称为肌性动脉（muscular artery）（图7-5，图7-6）。中动脉管壁结构特点如下。

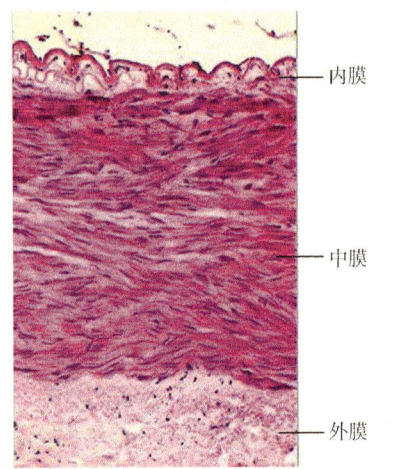

图7-5　中动脉光镜结构模式图

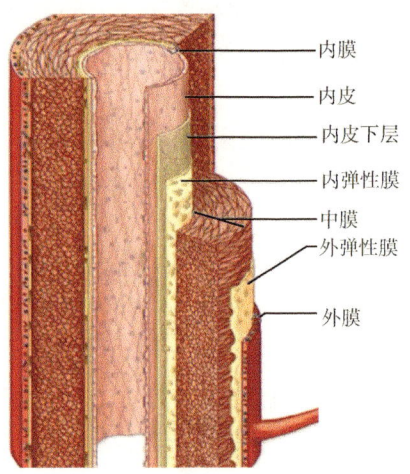

图7-6　中动脉管壁模式图

（1）内膜　内皮下层较薄，内膜与中膜交界处有1～2层明显的内弹性膜。

（2）中膜　较厚，主要由10～40层环行平滑肌纤维组成，肌纤维间有少量弹性纤维和胶原纤维。

（3）外膜　为疏松结缔组织，厚度与中膜接近，多数中动脉的中膜和外膜交界处有明显的外弹性膜。

3. 小动脉　管径介于0.3～1mm的动脉称小动脉，结构与中动脉相似，故也属肌性动脉（图7-7）。小动脉一般内弹性膜明显，中膜有数层环行平滑肌，外膜厚度与中膜相近，一般没有外弹性膜。

4. 微动脉　管径小于0.3mm的动脉，称微动脉（arteriole）（图7-8）。内膜无内、外弹性膜，中膜仅由1～2层环行平滑肌组成。

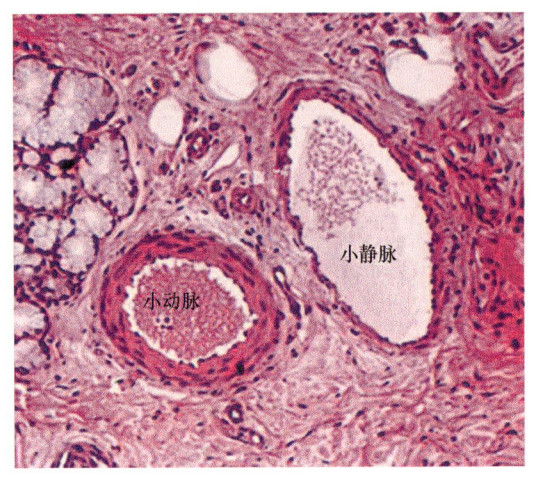

图7-7　小动脉和小静脉管壁结构（HE染色，10×40倍）

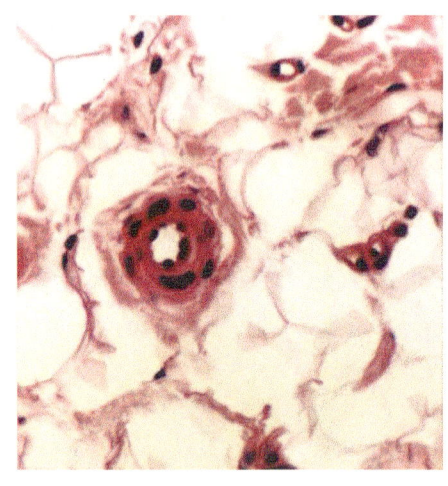

图7-8　微动脉（HE染色，10×40倍）

5. 动脉管壁结构与功能的联系　心脏规律性舒缩，将血液间断性射入大动脉，但动脉的血流却是持续不断的。这是因为大动脉具有的大量弹性纤维，使其具有极大的弹性回缩力，因而起到辅助泵的作用，使心脏节律性搏动引起的间断性血液得以始终保持平稳和连续。中动脉中膜的平滑肌发达，平滑肌的收缩和舒张直接影响血管管径的大小，从而可调节分配到身体各部和各器官的血流量。小动脉和微动脉的收缩和舒张，可调节局部组织的血流量及血压。

（三）静脉

静脉是导血回心的血管，起自毛细血管的静脉端，静脉在向心汇聚的过程中，不断接受属支，管壁不断增厚。根据静脉管径的大小和管壁的结构特点，可分为微静脉、小静脉、中静脉和大静脉。与伴行的动脉相比，静脉数量多、管壁薄、管腔大，弹性小，故切片标本中的静脉管壁常呈塌陷状，管腔变扁或呈不规则形（图7-9，图7-10）。静脉管壁大致也可分内膜、中膜和外膜三层，但无明显内、外弹性膜，故三层膜分界不清（图7-9，图7-10）。静脉壁的平滑肌和弹性组织不及动脉丰富，主要由结缔组织组成。管径2mm以上的静脉，常有静脉瓣。

1. 微静脉（venule） 管腔不规则，管径50～200μm，内皮外有少量或没有平滑肌，外膜薄。

紧接毛细血管的微静脉称毛细血管后微静脉（postcapillary venule），其结构与毛细血管相似，但管径略粗，内皮细胞中的间隙较大，故通透性也大，具物质交换功能。淋巴组织和淋巴器官内的毛细血管后微静脉还具有特殊的结构和功能。

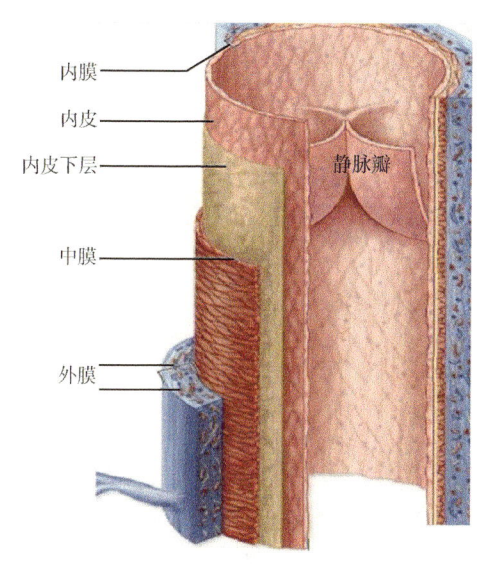

图7-9 中静脉管壁模式图

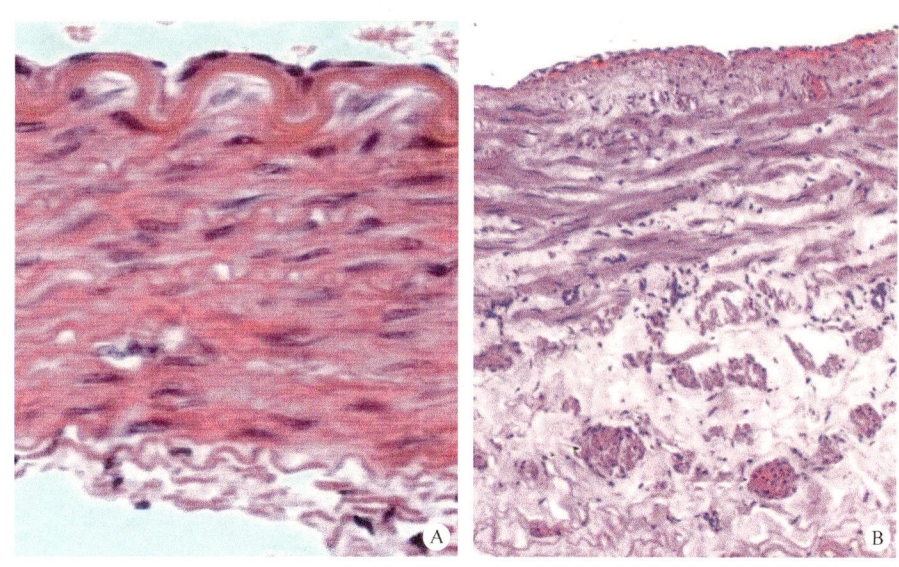

图7-10 中动脉和中静脉管壁结构（HE染色，10×40倍）
A. 中动脉；B. 中静脉

2. 小静脉（small vein） 管径为0.2～2mm，内皮外有一至数层平滑肌，外膜渐增厚。

3. 中静脉 除大静脉以外，凡有解剖学名称的静脉都属中静脉。中静脉管径2～9mm，内膜薄，内弹性膜不发达或不明显。中膜与其相伴行的中动脉比较要薄得多，环行平滑肌纤维分布稀疏。外膜最厚，由结缔组织组成，内可有少量纵行平滑肌，没有外弹性膜。

4. 大静脉 管径在10mm以上。内膜较薄，中膜不发达，为数层排列疏松的环行平滑肌，甚至没有平滑肌，外膜较厚，结缔组织内常有较多的纵行平滑肌。

5. 静脉瓣 为两个彼此相对的半月形薄片，由内膜凸入管腔折叠而成。瓣膜表面覆以内皮，轴心为含弹性纤维的结缔组织。瓣膜根部与静脉内膜相连，其游离缘朝向血流方向。其功能是防止血液逆流。

（四）毛细血管

毛细血管（capillary）是连接动脉和静脉之间的微细血管（图7-11），是管径最细、分布最广的血

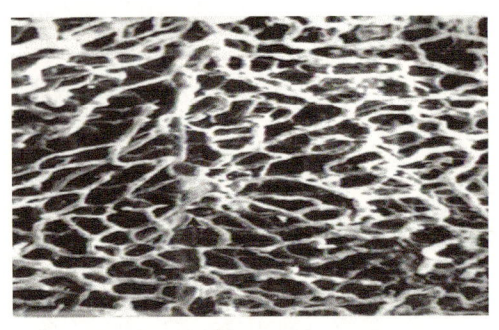

图7-11 毛细血管扫描电镜图

管,分支并互相吻合成网,是血液与周围组织进行物质交换的主要部位。

各器官和组织内毛细血管网的疏密程度差别很大。代谢旺盛的组织和器官,如骨骼肌、心、肺、肝和许多腺体等,毛细血管网丰富;而代谢率较低的组织和器官,如骨、肌腱和韧带等,毛细血管则较稀疏。

1. 毛细血管的结构 毛细血管管径一般为7～9μm。毛细血管管壁主要由一层内皮细胞及基膜组成。细的毛细血管横切面仅由一个内皮细胞围成,较粗的毛细血管可由2～3个内皮细胞围成。在内皮细胞与基膜之间散在一种扁而有突起的细胞,称为周细胞（pericyte）（图7-12),周细胞具有收缩功能,可调节毛细血管血流。

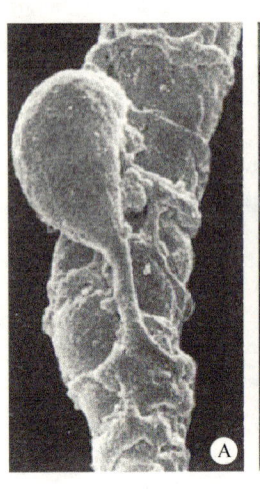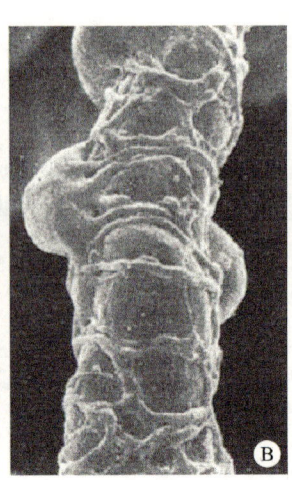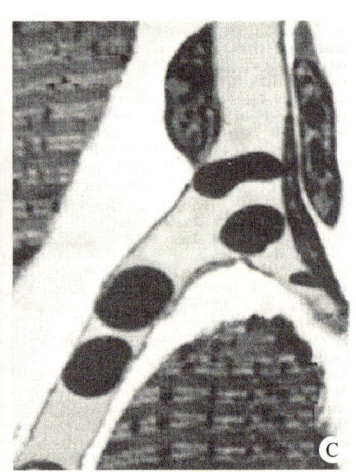

图7-12 毛细血管周细胞
A、B:扫描电镜图;C:透射电镜图

2. 毛细血管的分类 光镜下,各种组织和器官中的毛细血管结构相似。电镜下,根据内皮细胞和基膜的结构特点不同,可将毛细血管分为三类。

（1）连续毛细血管（continuous capillary） 特点是内皮细胞连续,细胞间有紧密连接,基膜完整（图7-13),细胞质内含大量吞饮小泡,有时这些小泡融合成穿内皮性小管,起着向毛细血管内外运送物质的作用。主要分布于结缔组织、肌组织、肺及中枢神经系统等处。

（2）有孔毛细血管（fenestrated capillary） 特点是内皮细胞不含核的部分很薄,其上有许多贯穿细胞的小孔,孔的直径一般为60～80nm（图7-14);许多器官的毛细血管的孔上有隔膜封闭,隔膜厚4～6nm,较一般的细胞膜薄,但也有的没有隔膜封闭;内皮细胞下有连续、完整的基膜。主要分布于胃肠黏膜、某些内分泌腺及肾小球等处。

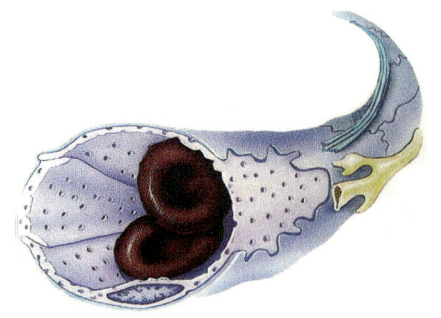 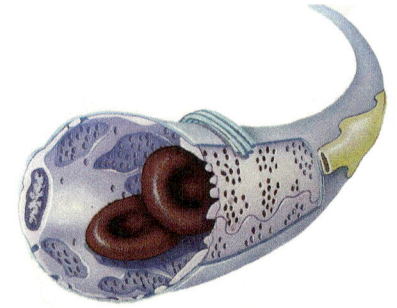

图7-13 连续毛细血管模式图　　　　图7-14 有孔毛细血管模式图

（3）血窦（sinusoid） 或称窦状毛细血管，特点是管腔较大且形状不规则，内皮细胞之间常有较大的间隙，胞质部有内皮窗孔。基膜完整或不完整，或没有。主要分布于肝、脾、骨髓和一些内分泌腺中。

3. 毛细血管与物质交换 毛细血管广泛分布于各器官与组织内，是血液与周围组织进行物质交换的主要部位。毛细血管具有分布广泛、总面积大、管壁薄、相距周围细胞近、血流速度缓慢等特点，这些特点为物质交换提供了有利条件。

物质透过毛细血管壁的能力称为毛细血管通透性（capillary permeability）。有关毛细血管结构与通透性关系的研究表明：氧气、二氧化碳和一些脂溶性物质等，以简单扩散的方式直接透过内皮细胞；液体和大分子物质，如血浆蛋白、激素、抗体等通过内皮细胞的孔、吞饮小泡及细胞间隙从毛细血管内皮的一侧运至另一侧，根据内皮间隙的宽度和细胞紧密连接程度的差别，其通透性可有所不同；基膜可以允许通过较小的分子，但一些大分子物质则被阻挡。毛细血管的通透性可受多种因素的影响，在生理或病理情况下发生极大的变化。

三、微 循 环

微循环（microcirculation）是指从微动脉到微静脉之间的血液循环，它是血液与组织细胞之间进行物质交换的重要场所，也是血液循环的基本功能单位。微循环虽然遍布全身各处，但是人体各部位和器官中微循环血管的组成却各有特点，但一般都包括下述几个部分（图7-15）。

（一）微循环的血管

1. 微动脉 其管壁中膜中平滑肌的舒缩活动，可调整进入微循环的血流量，起着微循环"总闸门"的作用。

2. 毛细血管前微动脉和中间微动脉 微动脉的分支称毛细血管前微动脉（precapillary arteriole）。后者进一步分支为中间微动脉（metaarteriole），其管壁平滑肌稀疏分散，已不是连续的一层。

3. 真毛细血管（true capillary） 指微动脉的直接分支或中间微动脉分支形成的相互吻合的毛细血管网，即统称的毛细血管。在真毛细血管的起点，有少许环行平滑肌组成的毛细血管前括约肌（precapillary sphincter），控制着进入真毛细血管网的血流量，是调节微循环的"分闸门"。

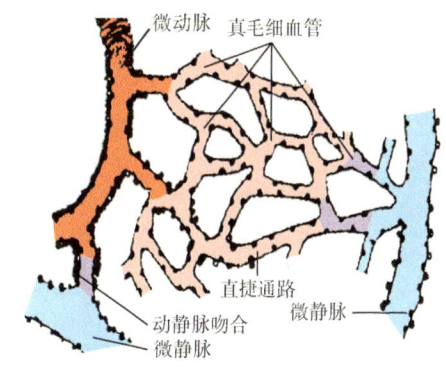

图7-15 微循环血管模式图

4. 微静脉 内皮较薄，较大的微静脉管壁内有平滑肌，属毛细血管的后阻力血管，是微循环血流的"后闸门"。

（二）微循环的通路

1. 迂曲通路 血液从微动脉到微静脉流经真毛细血管网。真毛细血管行程迂回曲折，血流缓慢，是实现物质交换的主要部位。机体在静息的情况下，10%～20%的毛细血管开放，即可满足组织代谢的需要；当组织功能活跃时，毛细血管前括约肌开放，大部分血液流经真毛细血管，血液与组织之间进行充分的物质交换。

2. 直捷通路（thoroughfare channel） 是中间微动脉与微静脉直接相连的通道，管径比真毛细血管略粗。它是经常开放的血液通路，具有直而短、血流速度快、血流量大、血液与组织之间物质交换少的特点。在组织处于静息状态时，微循环的血流大部分由微动脉经直捷通路快速流入微静脉。

3. 动静脉吻合（arteriovenous anastomosis） 是微动脉发出的直接与微静脉相通的吻合支，主要分布在指（趾）、唇及鼻等处的皮肤内，以及胃肠黏膜、肺、肾等部位。动静脉吻合平时并不经常开放而处于收缩状态，使血液由微动脉流入真毛细血管；但当机体处于应激状态时，动静脉吻合开放，微动脉血液经此直接快速汇入微静脉。

（秦 迎）

第8章 皮 肤

> **学习目标**
> **掌握：** 皮肤的组成和功能。表皮的分层及各层细胞的形态和功能。
> **熟悉：** 角质形成细胞的角质化过程。毛、皮脂腺和汗腺的组成，各组成部分的形态结构和功能。
> **了解：** 皮下组织的结构，皮肤的再生和修复过程。

皮肤（skin）是人体面积最大的器官，成人皮肤总面积 1.2～2.0m²。皮肤由表皮和真皮两部分构成，两者之间呈指状交错，牢固地互相黏着（图8-1）。皮肤借皮下组织与深部组织相连，其间有毛、皮脂腺、汗腺和指（趾）甲等附属器，它们都是由表皮衍生而来。皮肤与外界环境直接接触，构成人体的第一道防线，能保护人体免受外界环境中的有害物质的损害，防止体液丢失；能参与体温的调节，通过排汗，达到散热和排泄体内某些代谢产物的作用；由于皮肤内含有丰富的感觉神经末梢，能感受多种刺激，因此皮肤还可被看作是身体的一个重要的感觉器官。

一、表　皮

表皮（epidermis）位于皮肤的浅层，由角化的复层扁平上皮构成。根据表皮的厚度，皮肤可分为厚皮和薄皮。厚皮仅位于手掌和足底，其表皮厚 0.8～1.5mm；其他部位均为薄皮，表皮厚 0.07～0.12mm。根据构成表皮的细胞形态和功能的不同，可将表皮细胞分为两类，一类是角质形成细胞（keratinocyte），占表皮细胞数量的绝大多数；另一类是非角质形成细胞，散在分布于表皮深层的角质形成细胞之间，包括黑素细胞、朗格汉斯细胞和梅克尔细胞。

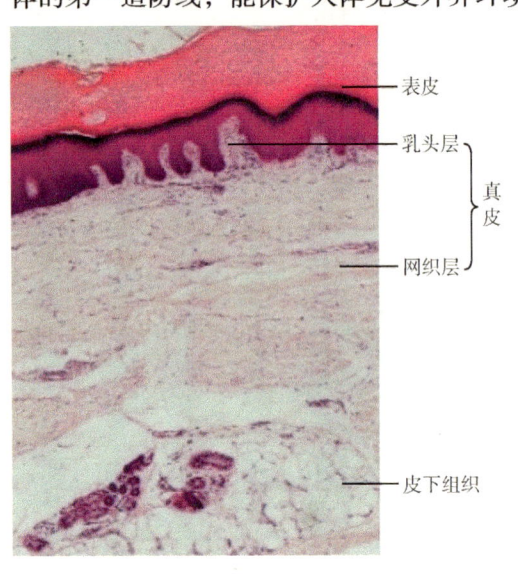

图8-1　手掌皮肤结构（HE染色，10×4倍）

角质形成细胞能合成角蛋白，它们由表皮深层向浅层移动过程中，胞质逐渐角质化，细胞核退化，细胞器消失，形成扁平的角质细胞。最终角质细胞脱落，并由表皮基底层的细胞以分裂、增殖的形式补充。因此，表皮各层细胞的形态结构变化是与角质形成细胞的角质化过程相关联的。

（一）表皮的分层与角化

手掌和足底的表皮能显示典型的表皮分层。从深层向浅层，表皮依次分为基底层、棘层、颗粒层、透明层和角质层五层（图8-2，图8-3）。薄皮的表皮中的颗粒层和透明层不明显，并且角质层较薄。

1. 基底层（stratum basale） 为表皮的最深层，由一层矮柱状或立方形的基底细胞（basal cell）组成。细胞核卵圆形，着色较深，位于细胞基底部。电镜下可见胞质中有大量的游离核糖体和散在或成束的角蛋白丝。角蛋白丝属中间丝，具有很强的张力，故又称张力丝。基底细胞之间有桥粒相连。此外，细胞与基膜间有半桥粒相连。基底细胞是表皮的干细胞，有活跃的增殖能力，增殖的新角质形成细胞脱离基膜后向浅层移动，并补充表皮角化脱落的角质细胞。

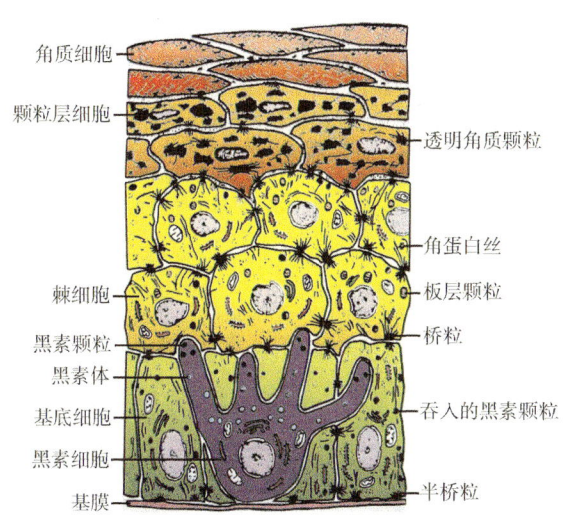

图8-2　表皮细胞电镜结构模式图

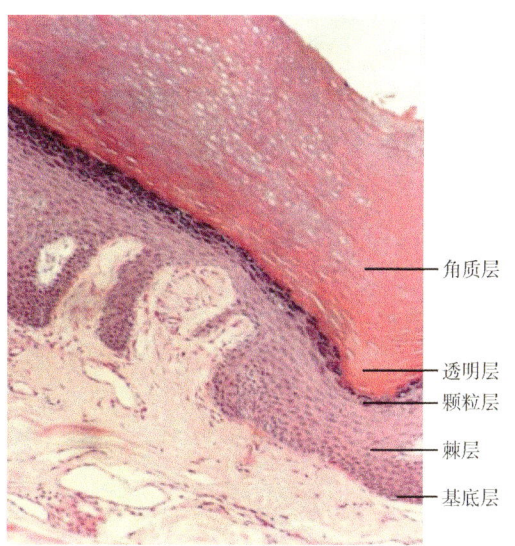

图8-3　表皮细胞（HE染色，10×40倍）

2. 棘层（stratum spinosum）　位于基底层浅面，由4～10层多边形、体积较大的棘细胞（spinous cell）组成。光镜下观察，细胞胞质呈弱碱性，细胞表面有许多短小的棘状突起，故称棘细胞。相邻的棘细胞借棘突相连，形成细胞间桥。电镜下这些棘状突起之间有大量的桥粒连接，游离核糖体较多，合成的角蛋白形成了许多较粗的角蛋白丝束，从核周呈放射状延伸至桥粒内侧。胞质内还含一种脂质的膜被颗粒，在电镜下呈明暗相间的板层状，故称板层颗粒，板层颗粒主要分布在细胞周围，并以胞吐方式将颗粒内的脂质排放到细胞间隙，形成膜状物。

3. 颗粒层（stratum granulosum）　位于棘层的浅表，由3～5层梭形细胞组成。颗粒层细胞的细胞核和细胞器已退化。电镜观察，除角蛋白丝束、板层颗粒外，胞质内还出现大小不一、形状不规则的颗粒，称透明角质颗粒。透明角质颗粒无膜包裹，呈致密团块状，来源不明，主要成分为富含组氨酸的蛋白质。

4. 透明层（stratum lucidum）　透明层HE染色呈强嗜酸性均质状结构。由2～3层扁平细胞组成，细胞轮廓不清，细胞核与细胞器均消失。此层细胞的超微结构与角质层相似。

5. 角质层（stratum corneum）　位于表层。此层由多层扁平的角质细胞（horny cell）组成。角质细胞的细胞核和细胞器消失，为胞质完全角化的干硬死细胞。胞质由嗜酸性均质状的角蛋白替代。细胞间隙充满板层颗粒释放的脂类物质。最表层的细胞桥粒消失，连接松散，容易脱落形成皮屑。脱落的细胞由基底层的细胞分裂、分化、增殖补充。表皮细胞的更新周期为3～4周。

表皮浅层干硬坚固的角质细胞赋予皮肤对多种外界刺激具备较强的耐受力。此外，表皮细胞间的脂质膜状物可以阻止外界水溶性物质透过表皮，亦可以防止体内的组织液外渗。

（二）非角质形成细胞

1. 黑素细胞（melanocyte）　是生成黑色素的细胞，胞体散在于基底细胞间，细胞体积较大，有许多细长突起，其树状突起伸入邻近的角质形成细胞之间（图8-2）。黑素细胞与相邻的角质形成细胞之间不形成桥粒连接。在HE染色标本中不易辨认，经特殊染色可显示其全貌。电镜下，胞质内有许多椭圆形的黑素体（melanosome），黑素体内含酪氨酸酶，能将酪氨酸转化为黑色素（melanin）。当黑素体充满黑色素后，改称黑（色）素颗粒，光镜下呈黄褐色。黑素颗粒迅速迁移到突起末端，然后通过胞吐方式被释放，被邻近的基底细胞和棘细胞吞入（图8-4）。

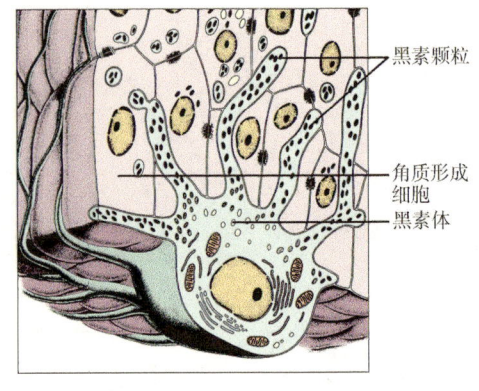

图8-4 黑素细胞电镜结构模式图

黑素细胞的数量无种族差异，而种族间肤色的不同，是由于黑素细胞产生黑色素的能力及黑素颗粒的分布存在差异。黑色人种的黑素颗粒大而多，分布于表皮全层；白色人种的黑素颗粒小而少，主要分布于基底层；黄色人种介于两者之间。表皮的色素也取决于遗传、激素水平和环境等因素。例如，紫外线可刺激黑素细胞的酪氨酸酶活性增加，导致黑色素产生增加，进而沉积在角质形成细胞中的黑素颗粒数量增加（晒黑）。黑素颗粒能吸收紫外线，可以保护皮肤及深部组织免受损伤。白化病是黑素细胞不能合成黑色素所致。

> **链接**
>
> **白化病**
>
> 白化病是皮肤、毛发及眼睛色素缺乏的一种先天性皮肤病，是遗传性疾病。患者黑素细胞数目与形态正常，由于先天性酪氨酸酶活性减少或缺乏，酪氨酸不能转化为黑色素。全身皮肤色素缺乏，致使皮肤毛细血管显露而呈现粉红色。毛发呈白色、黄白色、银白色。畏光，并常眨眼。

2. 朗格汉斯细胞（Langerhans cell） 是分散在棘层角质形成细胞间、有树枝状突起的细胞，细胞染色浅，在光镜下HE染色标本不易辨认。特殊染色（如氯化金或ATP酶染色）可显示其形态。电镜观察，细胞核形态不规则，有凹痕，细胞器较少。胞质内可见到特征性的杆状颗粒，又称伯贝克颗粒（Birbeck granule）。朗格汉斯细胞来源于血液的单核细胞，该细胞能捕捉侵入表皮的抗原物质，经伯贝克颗粒参与处理后，形成抗原肽-MHC复合物并分布于细胞表面，然后细胞迁移出表皮，进入毛细淋巴管，再随淋巴液进入淋巴结，将抗原提呈给T细胞，引发免疫应答。因此，朗格汉斯细胞是一种抗原提呈细胞。它在对抗侵入皮肤的病原体、监视癌变细胞及异体器官移植的排斥反应等免疫活动中起重要作用。

3. 梅克尔细胞（Merkel cell） 广泛分布于全身皮肤，主要位于表皮的基底细胞之间。细胞体积小，形态不规则，有短指状突起伸入角质形成细胞之间。电镜下，该细胞的基底部胞质内含许多细小的致密颗粒，并与感觉神经末梢形成类似突触的结构。梅克尔细胞数量很少，但在指尖分布较丰富，故可能是接受机械刺激的感觉细胞（图8-5）。

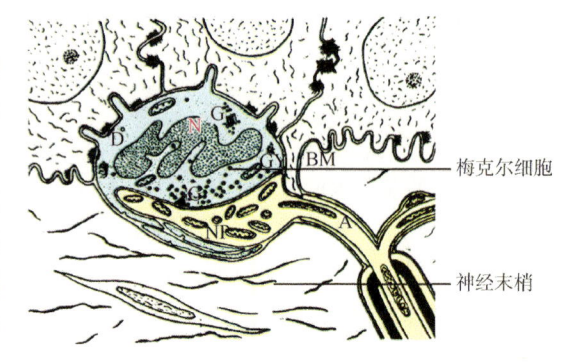

图8-5 梅克尔细胞与神经末梢超微结构模式图
N. 梅克尔细胞核；D. 桥粒；GY. 糖原；G. 高尔基复合体；BM. 基膜；A. 轴突；NP. 神经板

二、真 皮

真皮（dermis）是位于表皮深面的结缔组织，借基膜与表皮相连接。由于真皮内的结缔组织纤维束逐渐过渡到皮下组织，所以，两者间无明确结构分界。真皮的厚度因身体部位不同而异，通常为1~2mm，可分为乳头层和网织层两层。

1. 乳头层（papillary layer） 为紧靠表皮的细密结缔组织。此层填充于表皮凹凸不平的基底间隙内，形成乳头状隆起，称真皮乳头（dermal papilla），这种相互嵌合式的结构扩大了表皮与真皮的连接面，有利于两层的牢固连接，同时使表皮与真皮之间存在更大的物质、信息交换面积，并有利于表皮从真皮组织液中获得营养。乳头层含丰富的毛细血管网和游离神经末梢。另外，手指等部位的真皮乳头中可观察到数量较多的触觉小体。真皮浅层毛细血管周围有朗格汉斯细胞、巨噬细胞和T细胞等分布，是皮肤发生免疫应答的主要部位。临床上将少量药物注入该层，称皮内注射，用于药物过敏试验、预防接种和局部麻醉。

2. 网织层（reticular layer） 位于乳头层的深面，是真皮的主要组成部分。由较厚的不规则致密结缔组织构成。可见粗大的胶原纤维束纵横交错成网，其间还含有丰富的弹性纤维，使皮肤具有较强的韧性和弹性。网织层内分布有汗腺、毛囊、皮脂腺、较大的血管、淋巴管、神经及环层小体等（图8-1）。

三、皮下组织

皮下组织（hypodermis），即解剖学所称的浅筋膜，不属于皮肤的结构，位于真皮网织层的深部，由疏松结缔组织和脂肪组织构成。皮下组织在皮肤与深部组织之间起连接作用，并使皮肤有一定的活动度。皮下组织的厚度可因年龄、性别、营养状况、解剖部位等不同而有很大的差别。其内的脂肪组织还使皮下组织具备了缓冲、保温、贮存能量等功能。

四、皮肤附属器

存在于皮肤中的毛、皮脂腺、汗腺和指（趾）甲等结构是由表皮细胞衍生而形成的，统称为皮肤附属器（图8-6）。

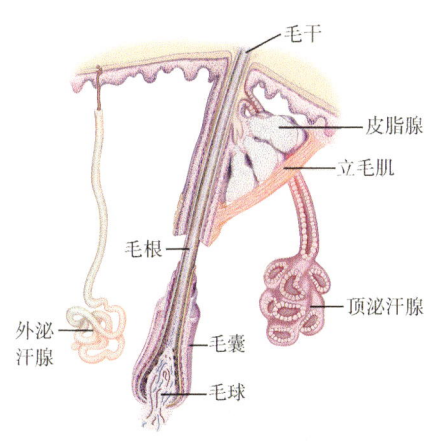

图8-6 皮肤附属器示意图

（一）毛

人体皮肤除手掌、足底外，均有毛分布。尽管不同部位的毛的粗细、长短和颜色有差别，但基本结构相同。毛分为毛干、毛根和毛球三部分。露在皮肤外面的部分称毛干，埋在皮肤内的为毛根。毛干和毛根由排列规则的角化上皮细胞组成，细胞内充满角蛋白并含有数量不等的黑素颗粒。毛根周围的上皮组织和结缔组织构成的鞘状结构称毛囊，毛囊内层为上皮组织，称上皮组织鞘，与表皮相连续；外层为致密结缔组织，称结缔组织鞘。毛根与毛囊下端的上皮组织鞘结合一起，形成的膨大结构称毛球。毛球的上皮细胞称毛母质细胞，它们能不断增殖，分化为毛根和毛囊内层上皮组织鞘的细胞，并向上迁移，所以，毛球是毛和毛囊的生长点。毛球底面向内凹陷，血管、神经随同结缔组织突入其中，形成毛乳头（hair papilla）。毛乳头对毛的生长起诱导和营养作用，如毛乳头退化或遭破坏，毛即停止生长并脱落。毛和毛囊斜长在皮肤内，在毛根与皮肤表面呈钝角的一侧有一束平滑肌，连接毛囊与真皮（图8-7），称立（竖）毛肌。立毛肌受交感神经支配，遇冷或情绪冲动时立毛肌收缩，使毛发直立，皮肤出现鸡皮疙瘩。

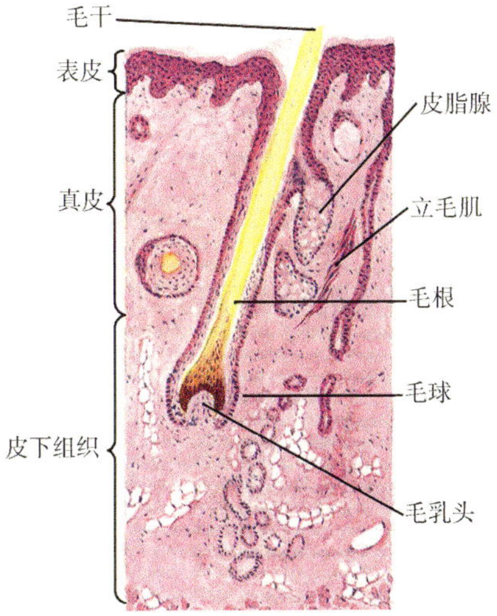

不同个体的毛发颜色有很大差异。黑色和棕黑色毛的黑素颗粒富含黑色素；金黄色和红色毛的黑素颗粒含褐黑色素，这是一种黄色或红色的色素；灰色和白色毛的黑素颗粒及其内含的色素均少。

毛有一定的生长周期，头发生长周期通常为3～5年，其他部位毛的生长周期只有数月。生长中的毛，其毛球膨大，毛乳头血流丰富，毛母质细胞增殖旺盛。转入静止期的毛球和毛乳头变小萎缩，毛母质细胞停止增殖，毛根与毛囊、毛球连接不牢。在旧毛脱落之前，于毛囊基部形成新的毛球和毛乳头，形成新毛，将旧毛推出。

与动物相比，人类的毛已相当退化，但毛囊有丰富的感觉神经末梢，是触觉感受器，能敏锐地感受外界刺激。头发能缓冲外力冲击，有保温、防紫外线和热辐射作用。睫毛和鼻毛能阻挡灰

图8-7 人头皮结构模式图

尘和微生物的入侵。腋毛和阴毛可减少摩擦。

人体皮肤表面常附着细菌，在某些外因和内因共同作用下，可能致病，累及毛囊的常见病有疖、痈和浅表性毛囊炎。

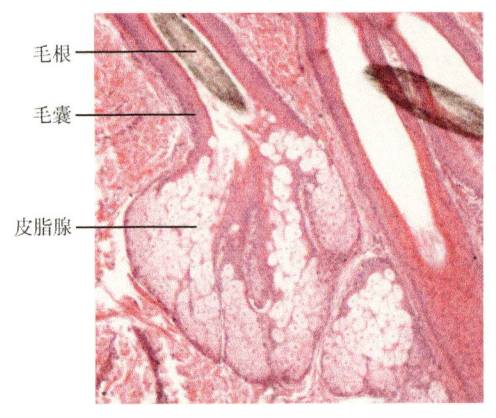

图 8-8　人头皮皮脂腺和毛囊（HE 染色，10×40 倍）

（二）皮脂腺

皮脂腺（sebaceous gland）多位于毛囊与立毛肌之间，为泡状腺（图 8-7，图 8-8）。分泌部由一个或几个囊状的腺泡构成，其周边部是一层较小的干细胞，它们不断分裂增殖，生成新的皮脂腺细胞。皮脂腺细胞的胞质中脂滴逐渐增多，同时细胞向腺泡中心移动，最终达到腺泡中心。腺泡中心成熟的腺细胞体积较大，呈多边形，核固缩，胞质内充满脂滴。在近导管处，腺细胞解体，连同脂滴一起通过毛囊排出，成为皮脂（sebum），皮脂对皮肤和毛发有柔润、保护作用。而立毛肌的收缩有助于皮脂的排出。皮脂腺的大小和分泌活动受性激素控制，青春期最活跃。若腺体分泌旺盛，且导管阻塞，则导致粉刺，甚至引发痤疮。老年人皮脂腺萎缩，所以皮肤与毛发均变得干燥而无光泽。

（三）汗腺

汗腺（sweat gland）为盘曲的单管腺，由分泌部和导管部两部分组成。根据分泌物的性质、分泌方式的不同，汗腺可分为两种：外泌汗腺和顶泌汗腺。人体中数量最多、最主要的是外泌汗腺。

1. 外泌汗腺（eccrine sweat gland）　又称局泌汗腺，小汗腺，遍布全身皮肤，手掌和足底部尤其多。分泌部末端盘曲成团，位于真皮的网织层或皮下组织中，由 1~2 层淡染的锥形或立方形细胞围成。上皮与基膜间有肌上皮细胞环绕，肌上皮的收缩有利于分泌物排出。导管由两层较小的立方形细胞围成，胞质呈弱嗜碱性（图 8-9），从真皮深部蜿蜒上行，进入表皮后螺旋状走行，并开口于皮肤表面的汗孔。汗腺分泌汗液，汗液中除有大量水分外，主要含钠、钾、氯、乳酸盐和尿素等。汗液分泌是机体散热的主要方式，有调节体温、湿润皮肤和排泄含氮代谢废物等作用。

2. 顶泌汗腺（apocrine sweat gland）　又称大汗腺。主要分布在腋下、乳晕、肛门及会阴部。其分泌部管径较粗，管腔大，腺上皮由一层扁平、立方形或矮柱状细胞围成，胞质色浅，嗜酸性。导管细而直，由两层细胞构成，开口于毛囊上段。分泌物为较浓稠的乳状液，微黄，含蛋白质、糖类和脂类，经细菌分解后产生特别的气味，分泌过剩、气味过浓时，则发生狐臭。腺体分泌活动受性激素影响，青春期分泌较旺盛。

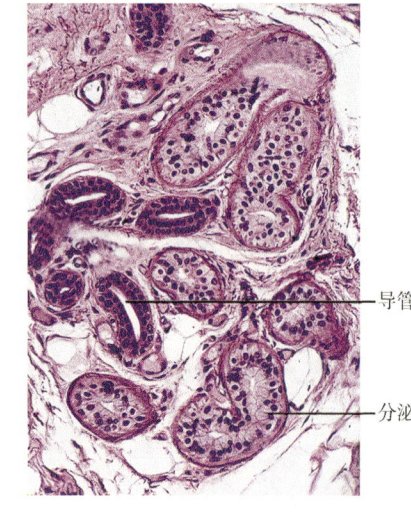

图 8-9　汗腺（HE 染色，10×40 倍）

（四）指（趾）甲

指（趾）甲（nail）为指（趾）端背面的硬角质板，露在外面的为甲体，埋于皮肤内的为甲根，甲体下面的皮肤为甲床，甲体周缘的皮肤为甲襞，甲体与甲襞之间形成甲沟，甲根下方的特化上皮称甲母质，是甲的生长区。甲母质细胞分裂增殖，不断向指（趾）端方向移动并角化成甲，甲母质是指（趾）甲受损后再生的基础。甲床真皮中有丰富的毛细血管和感觉神经末梢（图 8-10）。

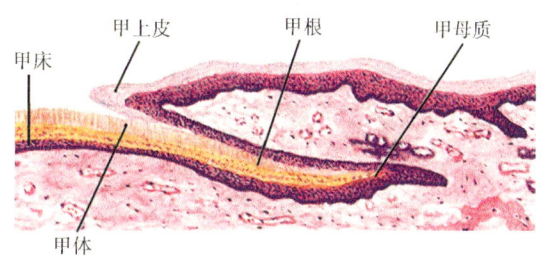

图8-10 指甲纵切面模式图

五、皮肤的再生

皮肤的再生能力很强，正常情况下皮肤表皮、真皮和皮肤附属器不断更新，使皮肤保持一定的厚度，这属生理性再生。人表皮更新1次需3~4周。补偿性再生是指皮肤损伤后的修复过程，小的损伤数天即能愈合，不留瘢痕。其修复过程分为几个阶段：首先，伤口止血，血凝固形成血痂；随后，巨噬细胞清除受损的组织，接着，血痂深部结缔组织中的成纤维细胞增生，新生毛细血管穿入其中，形成肉芽组织。同时，伤口周缘上皮的基底细胞，以及伤口内残留的毛囊、汗腺的上皮细胞迅速分裂与分化，形成一层新的细胞并迁移覆盖在伤口表面，并逐步分裂成复层扁平上皮，经角化过程形成角化的复层扁平上皮。大面积烧伤、烫伤患者，毛囊、汗腺等修复表皮的结构均受到破坏，依靠机体自然修复极为困难，在这种情况下，应考虑植皮。

（刘正华）

第9章 免疫系统

  学习目标

掌握：胸腺、淋巴结和脾脏的组织结构和功能。

熟悉：星形上皮网状细胞的分布、结构特点和功能；淋巴结浅层皮质、副皮质区和髓索的结构特点；淋巴窦的结构特点和功能；动脉周围淋巴鞘、脾小体、边缘区和脾索的结构特点；脾血窦的结构特点。

了解：胸腺小体的结构特点；淋巴结内T淋巴细胞、B淋巴细胞的分布及其与免疫的关系。

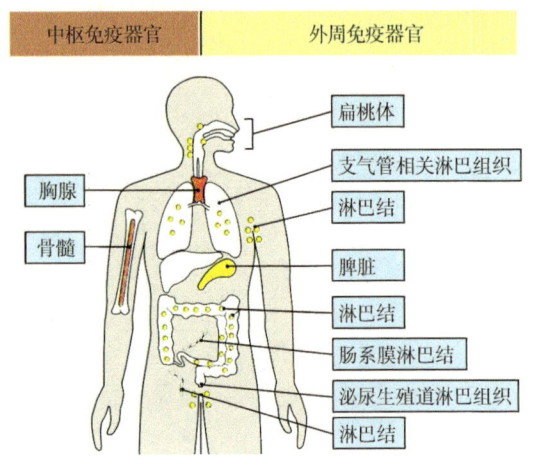

图 9-1 人体免疫系统组成模式图

免疫是指机体识别、排除或消灭异物的一种能力。

免疫系统（immune system）是生物体体内由免疫分子、免疫细胞、淋巴组织和免疫器官等所组成的能够抵御外来病原物质入侵的防御系统。免疫系统分散于全身各处，通过血液循环和淋巴循环相互联系，形成一个整体（图9-1）。

抗原（antigen）是指所有能诱导机体发生免疫应答或被免疫系统识别的物质，如入侵的病原体、机体内突变的蛋白及衰老细胞表面的异常分子。免疫应答（immune response）是指免疫系统识别和清除抗原的整个过程，可分为固有免疫（innate immunity）和适应性免疫（adaptive immunity）两大类。①固有免疫（又称先天性免疫或非特异性免疫）：是机体在长期进化过程中逐渐形成的一种天然防御功能，是机体抵御微生物侵袭的第一道防线。固有免疫对各种侵入的病原体或其他抗原性异物可迅速应答，同时在适应性免疫应答的启动和效应阶段也起重要作用。固有免疫应答的主要机制包括：皮肤、黏膜的机械性阻挡作用；皮肤和黏膜局部分泌的抑菌物质和杀菌物质的化学效应；体内多种非特异性免疫效应细胞［如各类粒细胞、单核吞噬细胞、自然杀伤（NK）细胞等］和效应分子（如补体、细胞因子、溶菌酶和干扰素等）的生物学作用。②适应性免疫（又称获得性免疫或特异性免疫）：是指体内抗原特异性T/B淋巴细胞接受外来抗原刺激后，自身活化、增殖、分化为效应细胞，产生一系列生物学效应（如产生抗体）的全过程。

免疫系统的主要功能有三个方面。①免疫防御：指机体识别和清除病原微生物等外来抗原性异物的免疫保护功能。免疫防御反应异常增强可引发超敏反应；而反应过低或缺失，可引发免疫缺陷病或对病原体高度易感。②免疫监视：指机体免疫系统及时发现和清除体内出现的"非己"成分，如由基因突变而产生的肿瘤细胞及衰老、凋亡细胞。免疫监视功能失调，可引发肿瘤或病毒持续感染。③免疫自稳：通过自身免疫耐受和免疫调节两种主要机制来达到免疫系统内环境的稳定。一般情况下，免疫系统对自身组织细胞不产生免疫应答，称为免疫耐受。如果免疫耐受被打破或免疫调节功能紊乱，会引发自身免疫病和过敏性疾病。

此外，免疫系统与神经系统、内分泌系统一起组成了神经-内分泌-免疫网络，在调节机体内环境的稳定中发挥着重要作用。

一、免疫分子

免疫分子是介导免疫应答发生和发展的重要物质基础，包括膜型和分泌型两大类。

（一）膜型免疫分子

膜型免疫分子包括T细胞受体（TCR）、B细胞受体（BCR）、白细胞分化抗原（CD）分子、主要组织相容性复合体（MHC）分子、黏附分子和细胞因子受体等。TCR是一种位于T细胞表面的异二聚体蛋白，是T细胞特异性识别抗原和介导免疫应答的分子。BCR是一种位于B细胞表面的负责特异性识别和结合抗原的分子，其本质是一种膜表面免疫球蛋白。CD分子是不同谱系的白细胞在正常分化成熟的不同阶段及活化过程中的细胞表面标记蛋白。MHC分子除了作为组织相容性抗原外，在T细胞分化发育和免疫应答的启动中也发挥着重要作用。黏附分子是重要的免疫细胞表面功能分子，参与细胞的识别、活化和信号转导，是免疫应答和组织修复等一系列重要生理和病理过程的分子基础。

> **链接**
>
> **器官移植与MHC**
>
> 人或同种不同品系动物个体间进行组织或器官移植的成功与否，取决于供者和受者细胞表面的组织相容性抗原（或称为移植抗原）是否相同或相似。组织相容性抗原是很复杂的抗原系统，其中引起强烈而迅速排斥反应的抗原称为主要组织相容性抗原（major histocompatibility antigen，MHA）。编码主要组织相容性抗原的一组紧密连锁的基因群，称主要组织相容性复合体（major histocompatibility complex，MHC）。人类的MHC产物通常被称为人类白细胞抗原（human leukocyte antigen，HLA），MHC分子不仅与移植排斥反应有关，也广泛参与免疫应答的诱导与调节。

（二）分泌型免疫分子

分泌型免疫分子包括抗体、补体和细胞因子（如白细胞介素、干扰素和肿瘤坏死因子等），其数量较多，功能复杂。抗体是一种由浆细胞（效应B细胞）分泌、被免疫系统用来识别与中和抗原的"Y"形蛋白质。补体是一种血清蛋白质，活化后具有酶活性，可介导免疫应答和炎症反应。细胞因子种类众多，它们是由免疫细胞分泌的小分子蛋白质，通过结合细胞表面的相应受体发挥不同的生物学作用。

二、免疫细胞和淋巴组织

（一）免疫细胞

所有参与免疫应答或与免疫应答有关的细胞，统称为免疫细胞，包括淋巴细胞、抗原提呈细胞及其他免疫细胞，它们或聚集于淋巴组织中，或分散在血液、淋巴及其他组织内。

1. 淋巴细胞 是免疫细胞中重要的细胞群体，其中T淋巴细胞和B淋巴细胞是执行获得性免疫应答功能的主要细胞。依据表面标志、形态结构和功能表现的不同，一般将淋巴细胞分为三类。

（1）T淋巴细胞 来自骨髓的初始T细胞，随血液循环迁移至胸腺，在胸腺中逐渐发育为成熟的淋巴细胞，故称这类细胞为胸腺依赖淋巴细胞（thymus dependent lymphocyte），简称T淋巴细胞或T细胞。T细胞是淋巴细胞中数量最多、功能最复杂的一类。T细胞表面有特异性抗原受体TCR，在血液中占淋巴细胞总数的60%~75%。依其寿命和功能的不同，分为记忆性T细胞和效应性T细胞两种。

记忆性T细胞经特异性抗原刺激后形成，其寿命可长达数年，甚至终身，使机体长期保持对该抗原的免疫力。当机体再次遇到相同抗原时，记忆性T细胞能迅速增殖形成大量的效应T细胞。预防接种疫苗的目的，就是要使机体产生大量长效的记忆性T细胞。

效应性T细胞是直接行使免疫功能的T细胞，其寿命仅一周左右，一般可分为三个功能亚群。①辅助性T细胞（Th细胞）：它能识别抗原，分泌多种细胞因子，其中一类细胞因子可促进B细胞活化和产生抗体。另一类细胞因子参与细胞介导的免疫反应及迟发型超敏反应。②细胞毒性T细胞（Tc细胞）：在抗原的刺激下可增殖形成大量效应性T细胞，能特异性地杀伤靶细胞，如肿瘤细胞、病毒感染的细胞、来自异体的细胞等，是细胞免疫应答的主要成分。③调节性T细胞（Treg细胞）：是维持机体免疫耐受的重要因素之一，它分泌的抑制因子可减弱或抑制免疫应答，从而防止自身免疫性疾病的发生。

（2）B淋巴细胞　简称B细胞，哺乳动物的B细胞是在骨髓中分化成熟的，因此又称骨髓依赖性淋巴细胞。血液中的B细胞占淋巴细胞总数的10%～15%。B细胞受抗原刺激后增殖分化，大多数在Th细胞的辅助下活化、增殖、分化为效应B细胞，即浆细胞，少数成为记忆性B细胞（其作用和记忆性T细胞相似）。浆细胞通过分泌抗体清除相应的抗原，从而行使体液免疫应答功能。

（3）自然杀伤细胞（natural killer cell，NK细胞）　血液中的NK细胞占淋巴细胞总数的5%～7%，具有自发性细胞毒活性，无需抗原提呈细胞的介导，不借助抗体即可杀伤靶细胞，如某些肿瘤细胞和病毒感染细胞，因此NK细胞与抗肿瘤、抗病毒感染和免疫调节有关。NK细胞在某些情况下参与超敏反应，并与某些自身免疫性疾病相关。NK细胞胞质内有许多嗜天青颗粒，又称大颗粒淋巴细胞。

2. 抗原提呈细胞（antigen presenting cell，APC）　是指能摄取、加工、处理抗原，并将抗原提呈给抗原特异性淋巴细胞（T细胞或B细胞）的一类免疫细胞，在免疫应答中发挥十分重要的作用。

抗原提呈细胞分专职性和非专职性两类。前者包括单核吞噬细胞系统、树突状细胞和B细胞，后者包括内皮细胞、上皮细胞、成纤维细胞和间皮细胞等。以下主要介绍专职性抗原提呈细胞中的单核吞噬细胞系统及树突状细胞。

（1）单核吞噬细胞系统（mononuclear phagocytic system，MPS）　是血液与骨髓中的单核细胞和器官组织内的巨噬细胞的统称。血液中的单核细胞穿出血管后，在局部微环境的诱导下，发育为各种巨噬细胞。例如，结缔组织和淋巴组织的巨噬细胞、肝巨噬细胞、肺巨噬细胞、神经组织的小胶质细胞、骨组织的破骨细胞、淋巴结与脾的巨噬细胞等。单核吞噬细胞系统的主要功能有：强大的吞噬功能；重要的抗原提呈功能；免疫调节作用；抗肿瘤作用等。

（2）树突状细胞（dendritic cell，DC）　是体内具有许多树突状或伪足样突起的抗原提呈细胞，其抗原提呈功能最强。DC可通过胞饮作用摄取抗原异物，或通过树突捕获并滞留抗原异物，其抗原提呈能力远强于单核吞噬细胞、B细胞及其他抗原提呈细胞。DC是唯一能刺激初始T细胞增殖，激发初次免疫应答的抗原提呈细胞。

树突状细胞的种类较多，在不同的组织器官中可有不同的名称。淋巴样树突状细胞（lymphoid dendritic cell，LDC）主要分布在淋巴结和脾内，在移植排斥反应中起重要作用。交错突细胞（interdigitating cell，IDC）分布于脾、淋巴结和淋巴组织中的T细胞区，是辅佐细胞免疫应答的主要成分。郎格汉斯细胞（Langerhans cell，LC）分布于表皮深层，可捕获和处理侵入表皮的抗原，并能离开表皮，经淋巴管进入淋巴结，转运抗原或转变为交错突细胞。

3. 其他免疫细胞　除淋巴细胞、单核巨噬细胞外，血液中的中性粒细胞、嗜酸性粒细胞、嗜碱性粒细胞、血小板、红细胞及组织中的肥大细胞等也参与免疫应答，在免疫应答中发挥不同的作用。

（二）淋巴组织

淋巴组织（lymphoid tissue）以网状细胞和网状组织为支架，网孔中充满大量淋巴细胞及其他免疫细胞，又称免疫组织（图9-2）。淋巴组织既是构成外周免疫器官的主要成分，也广泛分布于消化管、呼吸道等非淋巴器官中。淋巴组织主要有弥散淋巴组织和淋巴小结两种存在形式。

1. 弥散淋巴组织（diffuse lymphoid tissue） 以网状细胞和网状纤维为支架，网眼中充满大量淋巴细胞及一些浆细胞、巨噬细胞和肥大细胞等。弥散淋巴组织与周围组织无明显的分界，其所含的淋巴细胞多以T细胞为主。弥散淋巴组织中常见由高内皮细胞组成的毛细血管后微静脉，它是淋巴细胞从血液出入淋巴组织的重要通道。

2. 淋巴小结（lymphoid nodule） 又称淋巴滤泡，是由密集的B细胞和一些网状细胞、巨噬细胞、滤泡树突细胞和T细胞等组成的圆形或卵圆形细胞团，边界清楚。

生发中心（germinal center）是抗原特异性B细胞激活后大量增殖形成的结构，出现在淋巴小结的中央，染色浅，多呈圆形或椭圆形，是有极性的结构。由内向外可区分出暗区和明区两部分。暗区（dark zone）是生发中心的内侧份，主要由中央母细胞（由激活B细胞分化产生）密集而成，胞质嗜碱性强，故染色较深；明区（light zone）是生发中心的外侧份，含有较多的网状细胞、巨噬细胞、滤泡树突细胞和中等大的中央细胞（由中央母细胞分化产生），细胞排列松散，着色较浅；在生发中心的顶部及周围有一层密集的小淋巴细胞称为小结帽（nodule cap），着色较深，形似新月。这些小淋巴细胞多为记忆B淋巴细胞和浆细胞的前身。小结帽多位于淋巴流入的方向，或朝向抗原进入的方向。

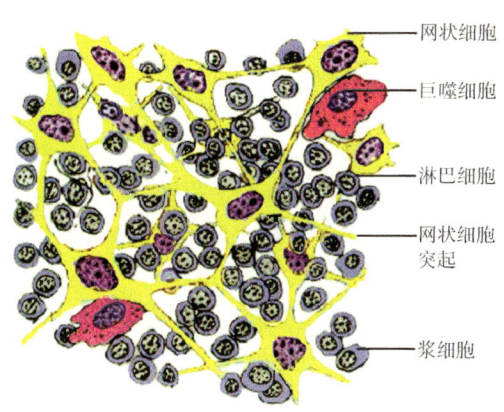

图9-2 淋巴组织模式图

无生发中心的淋巴小结较小，称初级淋巴小结，是由分布均匀且密集的小淋巴细胞所组成；有生发中心的淋巴小结称次级淋巴小结。次级淋巴小结的形成需要Th细胞的参与，故新生去胸腺动物或艾滋病患者均不能形成次级淋巴小结。在抗原刺激下，淋巴小结增大增多，是体液免疫应答的重要标志，抗原被清除后淋巴小结又逐渐减少或消失。

三、免疫器官

免疫器官（immune organ）又称淋巴器官，是以淋巴组织为主构成的器官。淋巴器官依据结构和功能的不同分为两类。①中枢免疫器官：包括胸腺和骨髓，是培育各种特异性淋巴细胞的"苗圃"。淋巴干细胞在其特殊的微环境下，受多种因素的影响，经一定的分化发育途径，在胸腺形成初始T细胞，在骨髓形成初始B细胞。中枢免疫器官发生较早，出生时已基本发育完善，能连续不断地向周围免疫器官及淋巴组织输送初始淋巴细胞。中枢免疫器官不直接受抗原刺激影响。②周围免疫器官：如淋巴结、脾、扁桃体和黏膜相关淋巴组织（mucosal-associated lymphoid tissue，MALT），它们在机体出生后数月才逐渐发育完善，不断接收来自中枢免疫器官的初始淋巴细胞。周围免疫器官是进行免疫应答的主要场所。

（一）胸腺

胸腺位于上纵隔的前方，呈不对称的左右两叶，是培育各种T细胞的重要场所，其大小和结构随年龄的增长有明显的改变。胚胎时期和出生后两年胸腺发育最快（12～15g），两岁至青春期继续增大（30～40g），但速度减慢，青春期以后胸腺逐渐萎缩（约10g），大部分被脂肪组织代替。

1. 胸腺的结构 胸腺表面覆有薄层结缔组织被膜，被膜内的结缔组织伸入胸腺实质形成小叶间隔，将胸腺分成许多不完整的小叶，每个小叶分为皮质和髓质两部分。髓质常在胸腺深部相互连接（图9-3）。

（1）皮质（cortex） 以胸腺上皮细胞为支架，间隙内含有大量胸腺细胞和少量巨噬细胞等（图9-4）。由于皮质的淋巴细胞较髓质多，故染色深。

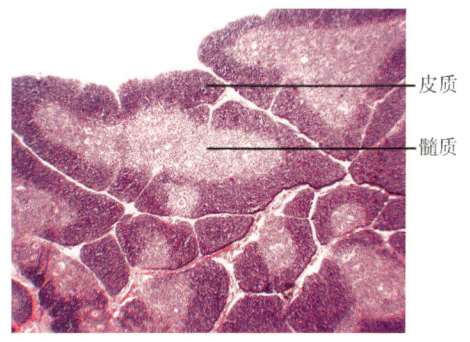

图9-3 小儿胸腺（HE染色，10×4倍）

胸腺细胞（thymocyte）是胸腺内分化发育的早期T细胞，它们密集于皮质内，占胸腺皮质细胞总数的85%~90%。淋巴干细胞迁入胸腺后，先发育为体积较大的早期胸腺细胞，数量较少，靠近被膜和胸腺小叶间隔，它们经增殖后成为较小的胸腺细胞，位于皮质深层；近髓质区则出现退化的胸腺细胞。发育中的胸腺细胞，凡不能识别自身MHC分子或能与自身抗原发生强烈反应的（约占95%），将被淘汰而凋亡；若这些细胞离开胸腺，会将自身抗原误认为外来抗原，从而引发自身免疫性疾病，如某些类型的糖尿病、多发性硬化症等。因此，只有约5%的胸腺细胞能分化成为初始T细胞，并从毛细血管后微静脉进入血液循环，迁移到全身各处的淋巴组织和淋巴器官的胸腺依赖区，这些细胞具有正常的免疫应答潜能。

皮质的胸腺上皮细胞有被膜下上皮细胞和星形上皮网状细胞两种。被膜下上皮细胞能分泌胸腺素和胸腺生成素，相邻细胞间有桥粒连接。星形上皮网状细胞（又称上皮性网状细胞）不分泌激素，细胞有星状突起，突起间有桥粒连接，其质膜紧贴胸腺细胞，有诱导胸腺细胞发育分化的作用。

（2）髓质（medulla）　内含大量胸腺上皮细胞、较少的初始T细胞和巨噬细胞等（图9-5，图9-6）。髓质内常见散在分布的圆形、椭圆形或不规则形的胸腺小体（thymic corpuscle）。胸腺小体由上皮细胞呈同心圆状包绕排列而成，是胸腺结构的重要特征和胸腺正常发育的标志。胸腺小体外周的细胞较幼稚，细胞核清晰，胞质嗜酸性；胸腺小体中心的细胞核消失，胸腺小体中央呈透明状玻璃样变，呈嗜酸性（图9-7）。胸腺小体的上皮细胞不分泌激素，其功能尚不太明确，但与T细胞的发育关系密切。

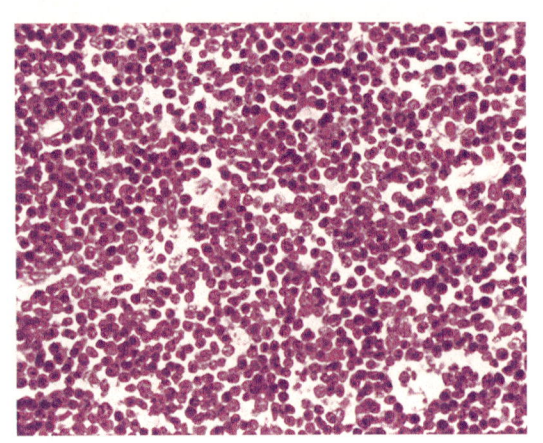

图9-4　胸腺皮质（HE染色，10×10倍）

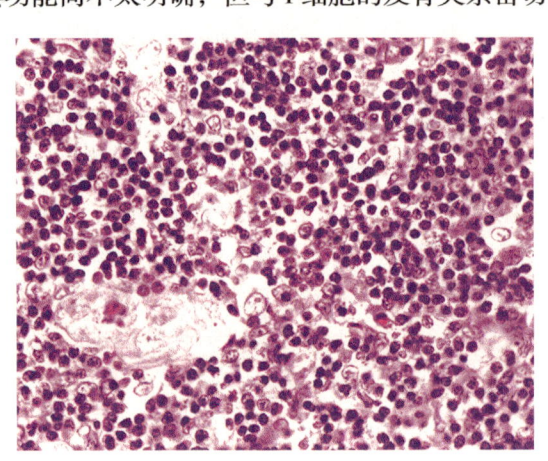

图9-5　胸腺髓质（HE染色，10×10倍）

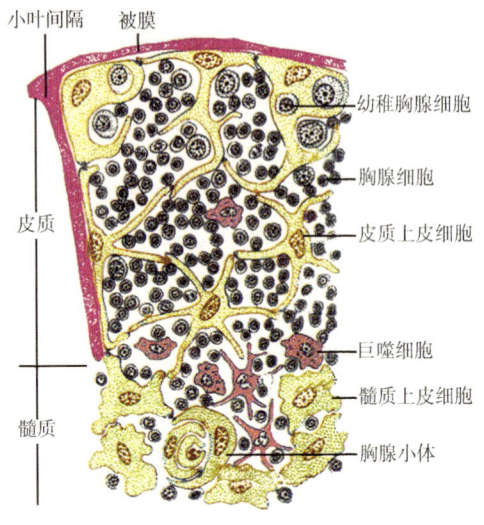

图9-6　胸腺内细胞分布模式图

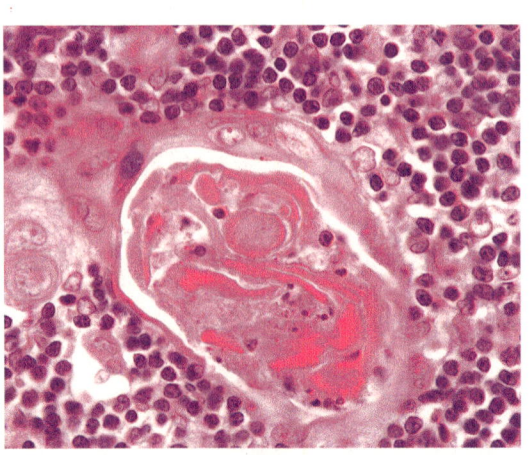

图9-7　胸腺小体（HE染色，10×40倍）

胸腺皮质的毛细血管及其周围结构具有屏障作用，称为血-胸腺屏障（blood-thymus barrier）。它由下列数层结构构成：①连续毛细血管，其内皮细胞间有完整的紧密连接；②内皮基膜；③血管周隙，其中含有巨噬细胞；④上皮基膜；⑤一层连续的上皮细胞（图9-8）。血-胸腺屏障能阻止血液中的大分子抗原物质进入胸腺皮质内，从而保证皮质中的淋巴细胞能在相对稳定的环境中发育成熟。

2. 胸腺的功能

（1）培育初始T细胞　胸腺是选择和培育初始T细胞的主要器官。

（2）分泌激素　胸腺上皮细胞分泌的胸腺素（thymosin）和胸腺生成素（thymopoietin）均能促进T细胞的增殖和发育成熟。

（二）淋巴结

淋巴结是哺乳类动物特有的淋巴器官。人体的淋巴结共400～600个，呈豆形，位于淋巴回流的通路上，常成群分布于肺门、腹股沟及腋下等处，是滤过淋巴和产生免疫应答的重要器官。

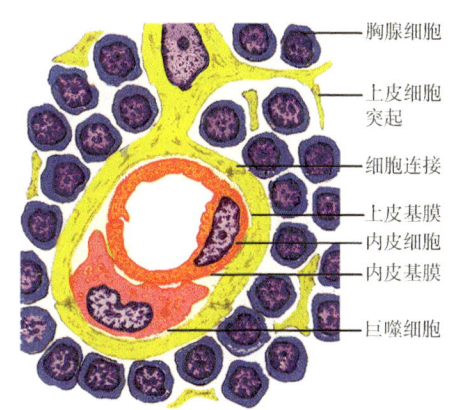

图9-8　血-胸腺屏障结构模式图

1. 淋巴结的结构

淋巴结表面有薄层结缔组织被膜，伸入实质形成小梁（trabecula），小梁相互连接，构成淋巴结的支架。淋巴结的一侧凹陷称为门部，此处有较疏松的结缔组织伸入淋巴结内，血管、神经和输出淋巴管由此进出淋巴结（图9-9）。淋巴结实质由淋巴组织构成，分皮质和髓质两部分（图9-10）。

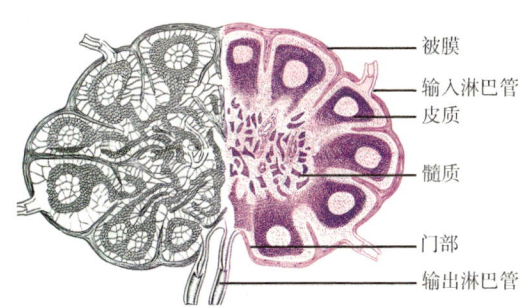

图9-9　淋巴结模式图

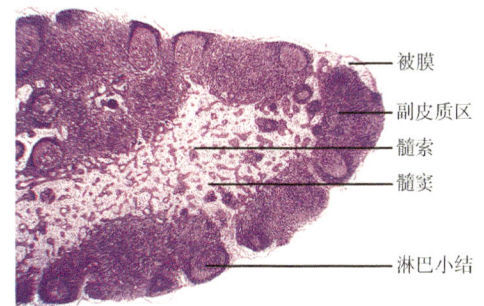

图9-10　淋巴结（HE染色，10×4倍）

（1）皮质　位于被膜下方，由浅层皮质、副皮质区及皮质淋巴窦构成（图9-10）。

1）浅层皮质（superficial cortex）：紧邻被膜下淋巴窦，由淋巴小结和小结间区组成。①淋巴小结：是由大量的B细胞等密集形成的球形或椭圆形小体。通常在抗原刺激后形成，抗原清除后减少或消失。发育良好的淋巴小结可见明显的生发中心，可分为明区和暗区两部分（图9-11）。②小结间区：位于淋巴小结之间，为薄层弥散淋巴组织，含较多的初始B细胞，是淋巴结最先接受抗原刺激和诱生新淋巴小结的部位。

2）副皮质区（paracortical area）：位于皮质的深层，为弥散淋巴组织，主要由胸腺迁移来的T细胞聚集而成，又称胸腺依赖区（图9-10）。其内有高内皮细胞的毛细血管后微静脉，它是血液内淋巴细胞进入淋巴组织的重要通道（图9-12）。

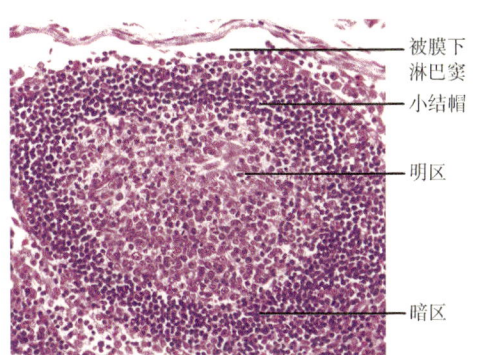

图9-11　淋巴结皮质（HE染色，10×10倍）

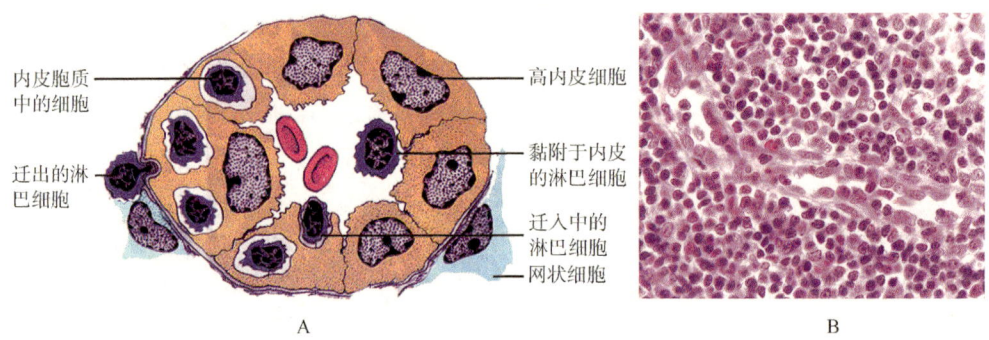

图 9-12　毛细血管后微静脉
A. 模式图；B. 光镜图（HE染色，10×20倍）

3）皮质淋巴窦（cortical sinus）：包括被膜下淋巴窦和一些末端常为盲端的小梁周窦。被膜下淋巴窦是包围整个淋巴结实质的大扁囊，其被膜侧有数条输入淋巴管通入。被膜下淋巴窦通过小梁周窦与髓窦相通。窦壁有薄的内皮衬里，内皮外有薄层基质、少量网状纤维及一层扁平的网状细胞。窦腔内常有一些星形内皮细胞支撑窦腔，有许多巨噬细胞附着于内皮细胞表面（图9-13）。淋巴在窦内缓慢流动，有利于巨噬细胞清除异物。

（2）髓质　由髓索（medullary cord）和髓窦（medullary sinus）组成。髓索是相互连接的索状淋巴组织，索内主要含B细胞及一些T细胞、浆细胞、肥大细胞及巨噬细胞等。髓窦即髓质淋巴窦，与皮质淋巴窦的结构相同，但较宽大，腔内的巨噬细胞较多，故有较强的滤过作用（图9-14，图9-15）。

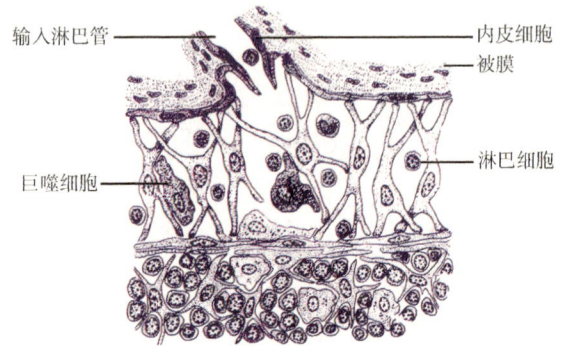

图 9-13　被膜下窦模式图

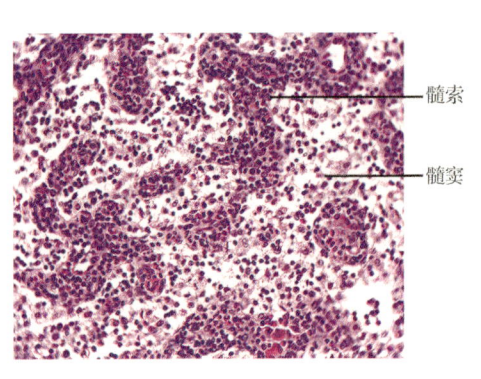

图 9-14　淋巴结髓质（HE染色，10×10倍）

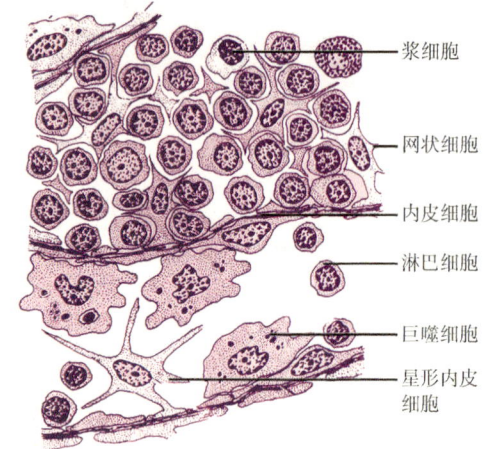

图 9-15　髓索和髓窦模式图

（3）淋巴结内的淋巴通路　淋巴从输入淋巴管进入被膜下淋巴窦，一部分淋巴渗入皮质和髓质淋巴组织后再进入髓窦，另一部分则经小梁周窦直接流入髓窦，最后汇入输出淋巴管。淋巴流经一个淋巴结一般约需数小时，且淋巴中抗原含量越高，则流速越慢。淋巴经滤过后，其中的细菌等异物即被清除，而输出的淋巴中则含有较多的淋巴细胞和抗体。

2. 淋巴细胞再循环　周围淋巴器官和淋巴组织内的淋巴细胞可通过淋巴管进入血液循环，之后又可通过毛细血管后微静脉再进入淋巴器官或淋巴组织内（图9-16），如此周而复始，使淋巴细胞从一个淋巴器官到另一个淋巴器官，从一处淋巴组织到另一处淋巴组织。这种现象称为淋巴细胞再循环。大部分淋巴细胞参与再循环，其中记忆性T细胞和记忆性B细胞最为活跃。淋巴细胞再循环有利于识别抗原，促进细胞间的协作，使一些具有相关特异性抗原的细胞共同进行免疫应答，并使分散于全身的淋巴细胞成为一个相互关联的、有机的统一体。

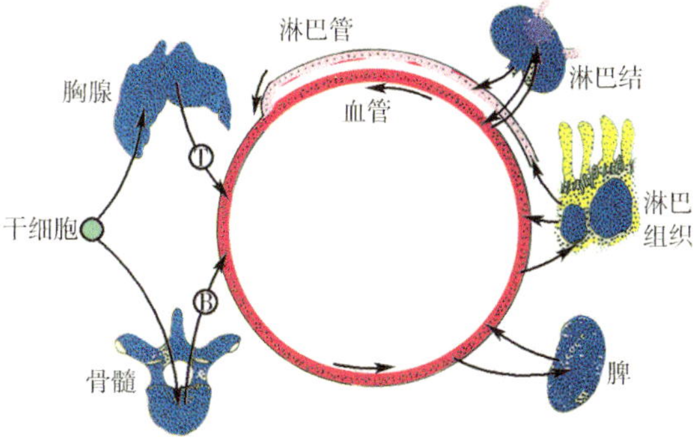

3. 淋巴结的功能

（1）滤过淋巴液　病原体侵入皮下或黏膜后，很容易进入毛细淋巴管回流入淋巴结，流经淋巴窦时，巨噬细胞可清除其中的异物，如对细菌的清除率可达99%，但对病毒及癌细胞的清除率常很低。

（2）进行免疫应答　抗原进入淋巴结后，先被巨噬细胞和树突状细胞吞噬、处理，被处理的抗原物质能激活B细胞使其转化为浆细胞，产生抗体，行使体液免疫应答；被处理的抗原物质也能激活T细胞，形成效应性T细胞，行使细胞免疫应答。淋巴结内体液免疫应答和细胞免疫应答常同时发生。所以，淋巴结是重要的免疫器官。

（三）脾

脾为人体最大的周围淋巴器官，位于血液循环的通路上，有滤过血液和免疫应答等功能。

1. 脾的结构　脾的被膜较厚，由富含弹性纤维及平滑肌纤维的致密结缔组织构成，表面覆有间皮，被膜结缔组织伸入实质形成小梁。被膜和小梁内含有许多散在分布的平滑肌细胞，其收缩可调节脾的血量。脾实质主要由淋巴组织构成，无皮质和髓质之分，而分为白髓和红髓两部分；脾内无淋巴窦，但有大量的血窦（图9-17，图9-18）。

图9-16　淋巴细胞再循环模式图

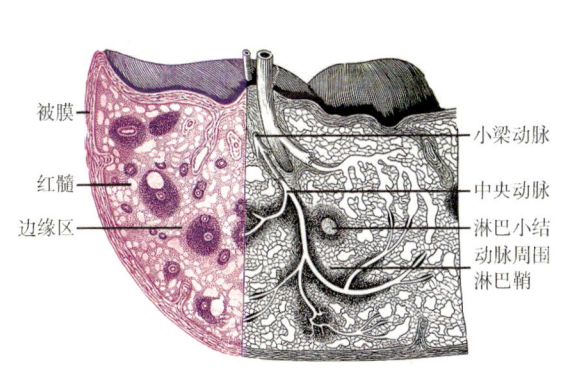

图9-17　脾模式图

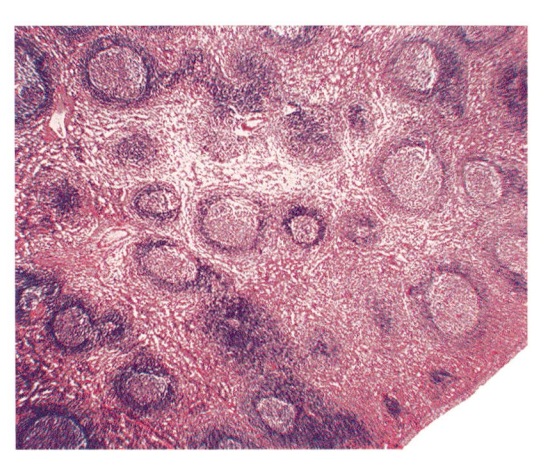

图9-18　脾（HE染色，10×4倍）

（1）白髓（white pulp）　由密集的淋巴组织构成，在新鲜脾的切面上呈分散的灰白色小点状，故称白髓。它又分为动脉周围淋巴鞘和淋巴小结两部分。

1）动脉周围淋巴鞘（periarterial lymphatic sheath，PALS）：是围绕在中央动脉周围的厚层弥散淋巴组织（图9-19），主要由大量T细胞和少量巨噬细胞等构成。属脾的胸腺依赖区，但无毛细血管后微静脉。

2）淋巴小结：又称脾小体或脾小结，位于动脉周围淋巴鞘的一侧，结构与淋巴结的淋巴小结相同，主要由大量B细胞构成（图9-20）。健康人脾内淋巴小结一般较小且不明显。当抗原侵入脾内引起体液免疫应答时，淋巴小结增大增多，并可出现生发中心。

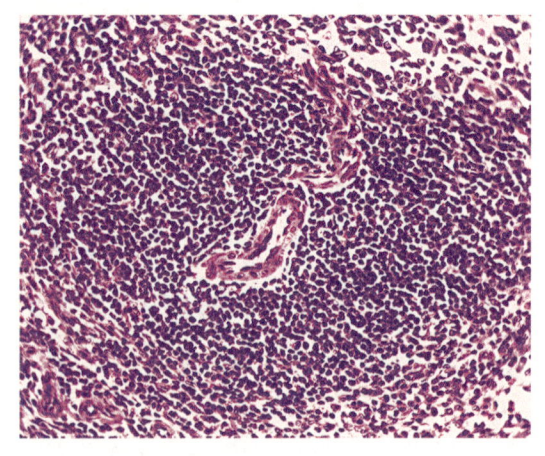

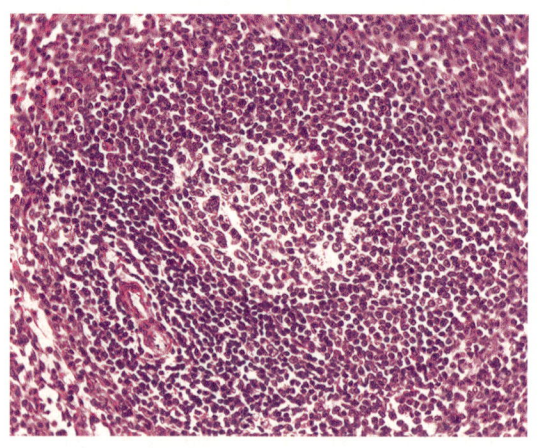

图9-19　脾白髓动脉周围淋巴鞘（HE染色，10×10倍）　　图9-20　脾白髓淋巴小结（HE染色，10×10倍）

3）边缘区（marginal zone）：位于白髓和红髓交界处，宽约100μm。此区含有T细胞及B细胞，并含有较多的巨噬细胞和少量红细胞。中央动脉的分支末端在边缘区和红髓之间膨大形成的小血窦，称为边缘窦。它是血液及淋巴细胞进入淋巴组织的重要通道，也是脾内首先捕获、识别抗原和诱发免疫应答的重要部位。

（2）红髓（red pulp）　约占脾实质的2/3，分布于被膜下、小梁周围及白髓之间，因含有大量血细胞，在新鲜脾切面上呈现红色。红髓由脾索和脾血窦组成（图9-21，图9-22）。

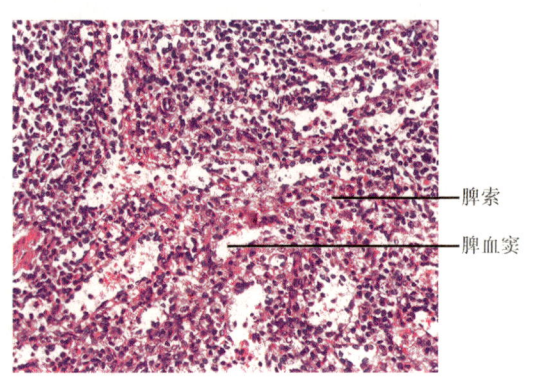

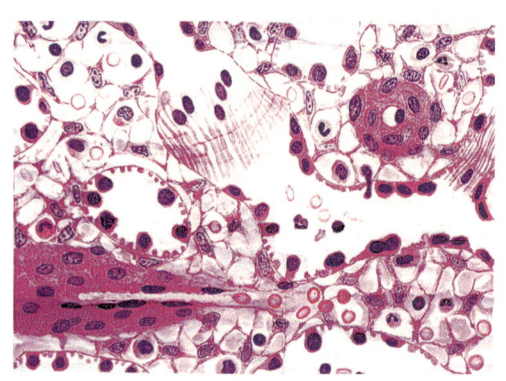

图9-21　脾红髓（HE染色，10×10倍）　　图9-22　脾红髓模式图

1）脾索（splenic cord）：由富含血细胞的索状淋巴组织构成，脾索在血窦之间相互连接成网，索内含有T细胞、B细胞和浆细胞，以及许多其他血细胞和巨噬细胞，是脾进行滤血的主要场所。

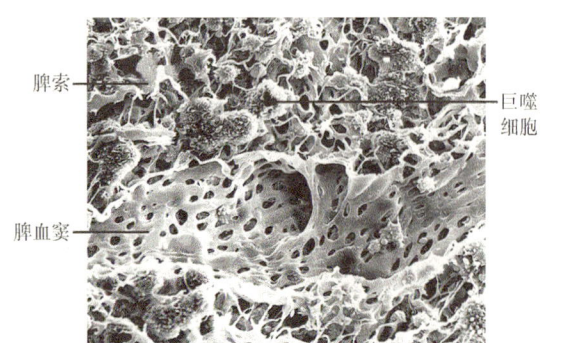

图9-23　脾血窦电镜图（20 000×）

2）脾血窦（splenic sinus）：为静脉性血窦，位于脾索之间，相互连接成网。窦壁内皮细胞呈长杆状，细胞之间有间隙，基膜不完整，有利于血细胞自由进出。血窦外侧有较多的巨噬细胞，其突起可通过内皮间隙伸向窦腔，有助于吞噬衰老红细胞（图9-23）。

2. 脾的功能

（1）滤血　当血液流经脾时，脾内的巨噬细胞可吞噬清除血液中的病原体和衰老死亡的红细胞等。当脾大或脾功能亢进时，红细胞破坏过多，可引起贫血。

（2）参与免疫应答　脾内的淋巴细胞中T细胞占40%，B细胞占55%，还有NK细胞等。在抗原刺激下，可产生相应的免疫应答。脾是体内产生抗体最多的器官。

（3）造血　胚胎早期的脾有造血功能，出生后脾的造血功能基本消失，但在某些病理状态（如严重贫血、骨髓功能障碍）下可恢复造血功能，称为"髓外造血"。

（4）储血　脾可储血约40ml，当机体需血时，脾内平滑肌的收缩可将所储的血排入血液循环，脾随即缩小。

（四）扁桃体

扁桃体为周围免疫器官，包括腭扁桃体、咽扁桃体、舌扁桃体等，位于消化道和呼吸道的交会处，它们的结构基本相同，其特点是在复层扁平上皮下的固有层内含大量的淋巴组织。

腭扁桃体呈卵圆形，其黏膜一侧表面覆有复层扁平上皮，上皮向固有层内凹陷形成10~30个分支的隐窝。隐窝周围的固有层内有大量弥散淋巴组织及淋巴小结。隐窝深部的复层扁平上皮内含有许多T细胞、B细胞、浆细胞和少量巨噬细胞与郎格汉斯细胞，称为上皮浸润部（图9-24，图9-25）。上皮细胞之间有许多间隙和通道，它们相互连通并开口于隐窝上皮表面的小凹陷，上皮间隙内以T细胞居多，它们经常迁移和更换。上皮内的浆细胞常分布在有孔毛细血管附近，有利于分泌的抗体进入血液循环。

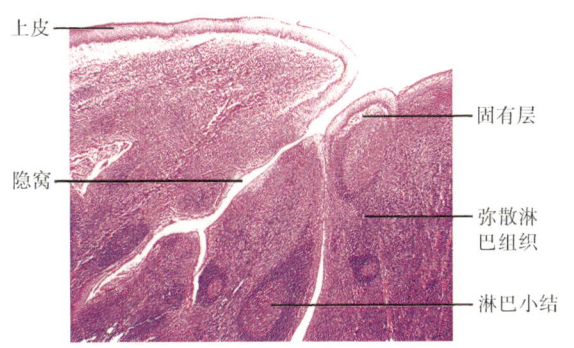
图9-24　腭扁桃体（HE染色，10×4倍）

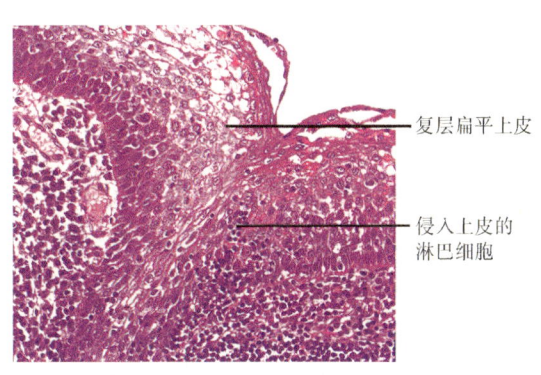
图9-25　腭扁桃体（HE染色，10×10倍）

扁桃体属机体的第一道防线，接受抗原刺激后可引起局部免疫应答，对机体有重要的防御、保护作用。同时也容易受病原体的侵袭，产生炎症。

链接

免疫缺陷与艾滋病

艾滋病是由人类免疫缺陷病毒（HIV）感染引起的，以全身性严重免疫缺陷为主要特征的传染病。HIV感染并破坏Th细胞，进而使单核巨噬细胞、B淋巴细胞、NK细胞等功能受损，最后导致整个免疫系统功能缺陷。免疫系统功能缺陷会导致机体一系列顽固性机会感染（如肺孢子菌肺炎、播散性弓形虫病或隐球菌感染所致的脑炎或脑膜炎）和肿瘤（卡波西肉瘤等）的发生。其淋巴组织病变的特点是：早期淋巴结肿大，淋巴小结明显增生，生发中心活跃，髓质中出现许多浆细胞。随着病情的发展，皮质区及副皮质区淋巴细胞减少，浆细胞浸润，小血管增生。晚期淋巴结里的淋巴细胞消失殆尽，仅见巨噬细胞和浆细胞残留。胸腺、消化道和脾脏淋巴组织萎缩。

（赵　蔚）

第10章 内分泌系统

> **学习目标**
>
> **掌握：** 内分泌系统的组成与功能；甲状腺和甲状旁腺的光镜结构与功能。
> **熟悉：** 肾上腺的光镜结构及分泌的激素；垂体的光镜结构及所分泌的激素。
> **了解：** 腺垂体与下丘脑的关系；神经垂体的功能。

内分泌系统（endocrine system）由内分泌腺（如甲状腺、甲状旁腺、肾上腺和垂体等）和分布于其他器官内的内分泌组织及内分泌细胞（如胰腺中的胰岛、卵巢中的卵泡和黄体、睾丸中的间质细胞及消化管壁内的内分泌细胞等）共同组成（图10-1）。内分泌系统是机体重要的调节系统，与神经系统相辅相成，共同维持内环境的稳定，调节机体的生长发育和物质代谢，控制生殖，影响免疫功能和行为。

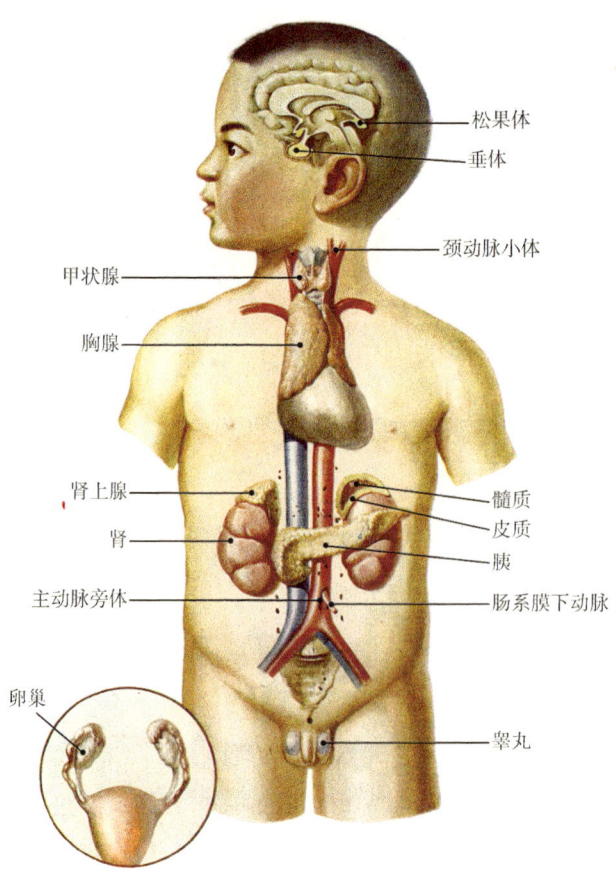

图10-1 内分泌腺分布

内分泌腺的结构特点是没有导管（故又称无管腺），腺细胞排列成索状、团状、网状或围成滤泡状，其间含有丰富的毛细血管。

内分泌细胞的分泌物称激素（hormone），每种激素作用的特定器官或特定细胞，称为此激素的靶器官（target organ）或靶细胞（target cell）。激素是量少但效能极高的物质，按其化学性质分为含氮激素和类固醇激素两大类。机体内绝大部分内分泌细胞为含氮激素分泌细胞，其超微结构特点是胞质内含有丰富的粗面内质网和发达的高尔基复合体，以及有质膜包被的分泌颗粒等。类固醇激素分泌细胞仅包括肾上腺皮质和性腺的内分泌细胞，其超微结构特点是胞质内含有丰富的滑面内质网、管状嵴线粒体和较多的脂滴。大多数内分泌细胞分泌的激素通过血液循环作用于远隔的靶器官或靶细胞；少部分内分泌细胞的激素可直接作用于邻近的靶细胞，称旁分泌（paracrine）。

一、甲 状 腺

甲状腺（thyroid gland）分左右两叶，中间以峡部相连，表面有薄层结缔组织被膜，结缔组织伸入腺实质内，将腺实质分成若干小叶。每个小叶中含有许多大小不等的甲状腺滤泡（thyroid follicle）及部分滤泡旁细胞（parafollicular cell），滤泡间有少量结缔组织和丰富的毛细血管（图10-2）。

（一）甲状腺滤泡

甲状腺滤泡大小不等，呈球形、椭圆形或不规则形，周围有少量结缔组织和丰富的毛细血管。滤泡由单层立方形滤泡上皮细胞（follicular epithelial cell）围成，中间为滤泡腔，腔内充满均质的嗜酸性胶质（colloid）。胶质是滤泡上皮细胞的分泌物，即碘化的甲状腺球蛋白。滤泡上皮细胞的形态可因其功能状态不同而变化：当功能活跃时，滤泡上皮细胞增高呈矮柱状，滤泡腔内胶质减少；反之，细胞变低呈扁平状，滤泡腔内胶质增多。电镜下，滤泡上皮细胞游离面有微绒毛，胞质内有发达的粗面内质网和高尔基复合体，线粒体和溶酶体较多，细胞顶部有中等密度的分泌颗粒和低电子密度的胶质小泡，滤泡上皮基底面有完整的基膜（图10-3）。

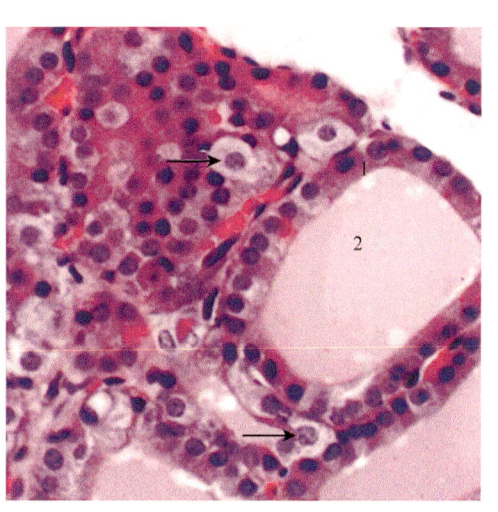

图10-2　甲状腺（HE染色，10×40倍）
1. 滤泡上皮细胞；2. 滤泡腔；→示滤泡旁细胞

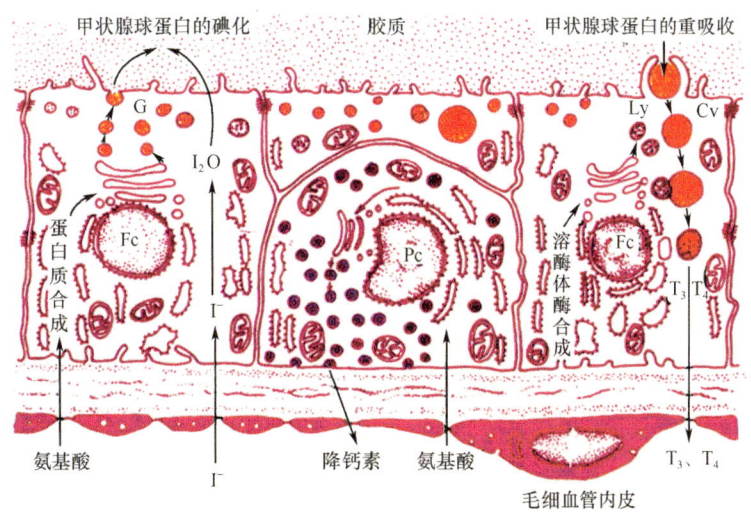

图10-3　甲状腺滤泡上皮细胞（Fc）和滤泡旁细胞（Pc）超微结构及甲状腺激素合成与分泌模式图
G. 分泌颗粒；Cv. 胶质小泡；Ly. 溶酶体

滤泡上皮细胞合成和分泌甲状腺素（thyroxine）。甲状腺素的形成经过合成、贮存、碘化、重吸收、分解和释放等过程。滤泡上皮细胞从血液中摄取酪氨酸等氨基酸，在粗面内质网合成甲状腺球蛋白前体，继而在高尔基复合体加糖并浓缩形成分泌颗粒，再以胞吐方式排放到滤泡腔内贮存。同时滤泡上皮细胞可从血液摄取碘离子，在过氧化物酶的作用下使其活化，再透过细胞膜以胞吐的方式进入滤泡腔，与甲状腺球蛋白的酪氨酸残基结合形成碘化的甲状腺球蛋白，以胶体形式贮存于滤泡腔中。

滤泡上皮细胞在腺垂体分泌的促甲状腺激素的作用下，以胞吞的方式重吸收滤泡腔内的碘化甲状腺球蛋白，经溶酶体分解形成四碘甲状腺原氨酸（T_4，又称甲状腺素）和三碘甲状腺原氨酸（T_3），合称甲状腺激素。甲状腺激素经细胞的基底部释放，进入滤泡之间的毛细血管（图10-3）。

甲状腺激素的主要作用是促进机体的新陈代谢，提高神经兴奋性，促进生长发育，尤其对婴幼儿的骨骼和中枢神经系统发育影响显著。因此，当婴幼儿期甲状腺功能低下时，则体格发育迟缓，导致身材矮小；脑发育障碍导致智力低下，称克汀病（呆小症）。

> **链接**
>
> **如何科学使用碘盐**
>
> 碘缺乏病是由于碘摄入不足导致机体碘营养不良而引起的一组相关疾病的总称，如地方性甲状腺肿和地方性克汀病等。食用碘盐是预防碘缺乏病的有效途径，正确使用碘盐需要注意以下几点。①应该通过正规渠道购买碘盐，碘盐必须有包装和碘盐标志，购买时要辨认清楚。②购买的碘盐要妥善保存，碘盐应放在阴凉、干燥处，避免受日光直射和吸潮，远离灶台存放，避免高温影响。建议购买小包装碘盐，随吃随买，避免长时间存放。③为防止碘丢失，烹饪时不宜过早放入碘盐，宜在食物快熟时加入。同时，避免用碘盐爆锅，或长时间炖煮，以免碘受热失效而失去补碘的作用。

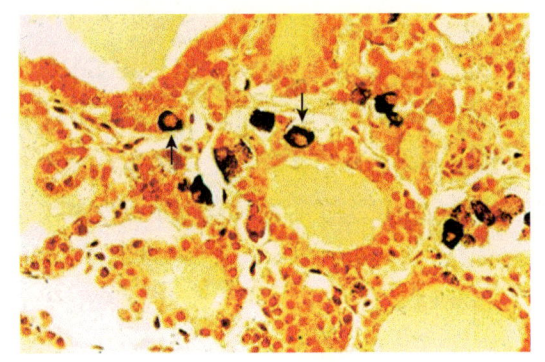

图10-4　甲状腺滤泡旁细胞（镀银染色，10×40倍）
↑示滤泡旁细胞

（二）滤泡旁细胞

滤泡旁细胞（parafollicular cell）是甲状腺内的另一种内分泌细胞，单个镶嵌于滤泡上皮细胞之间，或成群出现在甲状腺滤泡之间。在HE染色切片上，其胞体比滤泡上皮细胞略大，呈卵圆形或多边形，胞质染色较淡。由于其嗜银性，故银染色法可清楚显示其分布（图10-4）。

滤泡旁细胞可分泌降钙素（calcitonin）。降钙素能提高成骨细胞的活性，使骨盐沉着于类骨质，并抑制胃肠道和肾小管吸收钙离子，使血钙浓度降低。

二、甲状旁腺

甲状旁腺（parathyroid gland）有上下两对，呈扁椭圆形，分别位于甲状腺左右叶的背面。腺细胞呈索状或团状排列，细胞团索之间有少量的结缔组织和丰富的有孔毛细血管。构成甲状旁腺的细胞有主细胞和嗜酸性细胞两种（图10-5）。

1. 主细胞（chief cell）　是甲状旁腺的主要细胞，数量最多，胞体较小，呈圆形或多边形，核圆，居中，HE染色胞质着色浅，能分泌甲状旁腺激素（parathyroid hormone）。甲状旁腺激素主要作用于骨细胞和破骨细胞，使骨盐溶解，并能促进肠及肾小管吸收钙，使血钙增高。在甲状旁腺素和降钙素的共同调节下，机体维持血钙的稳定。

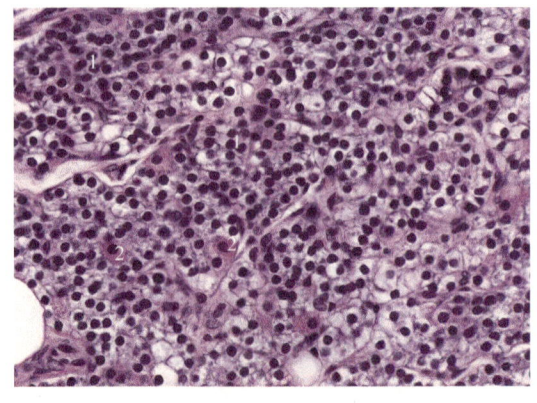

图10-5　甲状旁腺（HE染色，10×20倍）
1. 主细胞；2. 嗜酸性细胞

2. 嗜酸性细胞（acidophilic cell） 从青春期开始，甲状旁腺内出现嗜酸性细胞，并随年龄增多。细胞单个或成群存在于主细胞之间。嗜酸性细胞比主细胞大，核较小，染色深，胞质呈强嗜酸性染色；电镜下其胞质内含有丰富的线粒体。此细胞的功能目前尚不明确。

三、肾上腺

肾上腺（adrenal gland）位于左右肾的上端，左侧呈半月形，右侧呈三角形。肾上腺表面包有结缔组织被膜，少量结缔组织伴随血管和神经伸入腺实质内。肾上腺实质可分为周边的皮质和中央的髓质。在起源上，皮质来自中胚层，腺细胞具有类固醇激素分泌细胞的结构特点，髓质来自外胚层，腺细胞具有含氮激素分泌细胞的结构特点。

（一）皮质

皮质占肾上腺体积的80%～90%。根据细胞的形态与排列特征，皮质由外向内可分为球状带、束状带和网状带三个带，三个带之间并无截然界线（图10-6）。

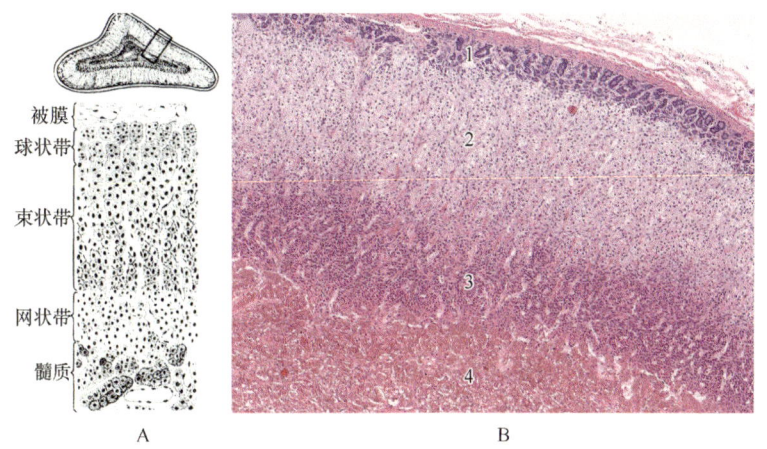

图10-6　肾上腺模式图（A）及光镜结构图（B HE染色，10×10倍）
1. 球状带；2. 束状带；3. 网状带；4. 髓质

1. 球状带（zona glomerulosa） 较薄，位于皮质浅层，约占皮质总体积的15%。细胞聚集排列成许多球团，细胞较小，呈矮柱状或多边形，细胞核小，染色深，胞质内含少量脂滴，细胞团之间有血窦和少量结缔组织（图10-7）。球状带的细胞可分泌盐皮质激素（mineralocorticoid），主要是醛固酮（aldosterone），其主要作用是促进肾远曲小管及集合小管重吸收Na^+和排出K^+，同时也刺激胃黏膜吸收Na^+，使血Na^+浓度升高，K^+浓度降低，维持血容量于正常水平。盐皮质激素的分泌受肾素-血管紧张素系统（renin-angiotensin system）的调节。

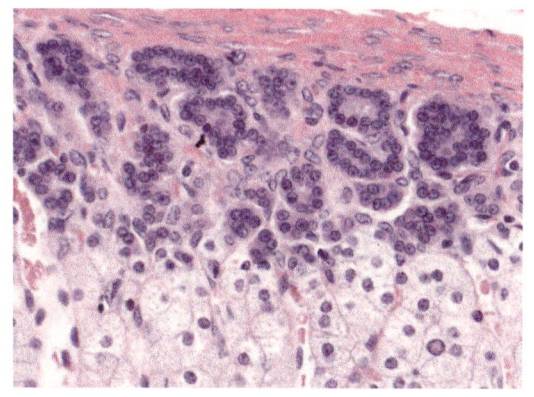

图10-7　肾上腺皮质球状带（HE染色，10×40倍）

2. 束状带（zona fasciculata） 是皮质中最厚的部分，约占皮质总体积的78%。细胞排列成单行或双行细胞索，细胞索之间有血窦和少量结缔组织。细胞体积较大，呈多边形，胞质富含脂滴，在HE染色切片中因脂滴被溶解，故胞质呈泡沫状而染色浅（图10-8）。束状带的细胞分泌糖皮质激素（glucocorticoid），主要为皮质醇（cortisol）和皮质酮（corticosterone），它们的主要作用是促使蛋白质及脂肪分解并转变成糖（糖异生），还有抑制免疫应答及抗炎等作用。糖皮质激素的分泌受腺垂体细胞分泌的促肾上腺皮质激素（ACTH）的调节。

3. 网状带（zona reticularis） 位于皮质最内层，约占皮质总体积的7%。细胞排列成索状，并互相连结成网，网眼内有血窦和少量结缔组织。细胞较小，呈多边形，核小染色深，胞质呈嗜酸性，内含较多脂褐素和少量脂滴（图10-9）。网状带的细胞主要分泌雄激素（androgen），也分泌少量雌激素（estrogen）和糖皮质激素，受促肾上腺皮质激素的调节。

肾上腺皮质细胞分泌的激素均属类固醇，都具有类固醇激素分泌细胞的超微结构特点，以束状带细胞尤为典型。

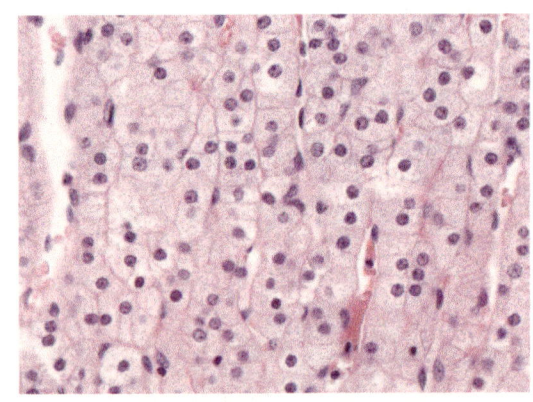

图10-8 肾上腺皮质束状带（HE染色，10×40倍）

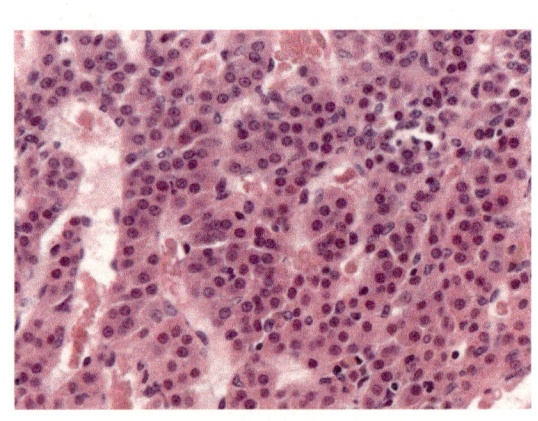

图10-9 肾上腺皮质网状带（HE染色，10×20倍）

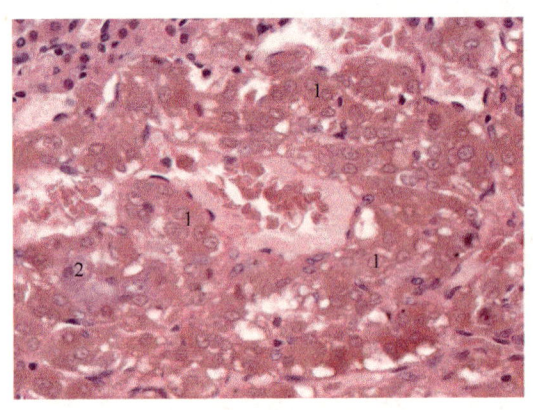

图10-10 肾上腺髓质（HE染色，10×40倍）
1. 嗜铬细胞；2. 交感神经节细胞

（二）髓质

髓质（medulla）位于肾上腺的中央部，仅占腺体的小部分，主要由排列成索状或团状的髓质细胞组成，其间为血窦和少量结缔组织（图10-10）。髓质细胞较大，呈卵圆形或多边形，如用含铬盐的固定液固定标本，胞质内可见黄褐色的嗜铬颗粒，所以也称嗜铬细胞（chromaffin cell）。嗜铬细胞胞质内含许多膜包被的分泌颗粒，根据分泌颗粒内含物的不同将嗜铬细胞分为两种：一种为肾上腺素细胞，颗粒内含肾上腺素（adrenaline），此种细胞数量多，占人肾上腺髓质细胞80%以上；另一种为去甲肾上腺素细胞，颗粒内含去甲肾上腺素（noradrenaline）。肾上腺素和去甲肾上腺素为儿茶酚胺类物质，它们与嗜铬颗粒蛋白等组成复合物贮存在颗粒内。嗜铬细胞的分泌活动受交感神经节前纤维支配，交感神经兴奋时，神经末梢释放乙酰胆碱，引起髓质细胞释放肾上腺素或去甲肾上腺素。肾上腺素使心率加快、心脏和骨骼肌的血管扩张。去甲肾上腺素使血压增高，心脏、脑和骨骼肌内的血流加速。髓质内还有少量的交感神经节细胞，散在分布于嗜铬细胞之间，调节嗜铬细胞的分泌活动。

案例 10-1

患者，男，34岁，阵发性高血压发作1年，发作时血压骤升，常因情绪激动或紧张发作，收缩压可高达220mmHg，舒张压可高达130mmHg，伴剧烈头痛，面色苍白，大汗淋漓，心慌，有恐惧感。持续时间一般数分钟，偶尔1~2小时，发作终止后，血压虽恢复正常，但常出现面颊及皮肤潮红、全身发热等症状。实验室检查显示，高血压发作后，血和尿中儿茶酚胺水平均高于正常值的2倍以上，而非发作期则正常。腹部CT显示右侧肾上腺有一个3cm×5cm的类圆形肿块，境界清楚，密度不均匀。初步诊断为嗜铬细胞瘤。

问题：1. 什么是嗜铬细胞？
2. 嗜铬细胞瘤的发病机制是什么？

（三）肾上腺的血液循环特点

肾上腺动脉进入被膜后，大部分进入皮质，形成窦状毛细血管网，并与髓质毛细血管相通。少数小动脉分支穿过皮质直接进入髓质，形成窦状毛细血管。髓质内的小静脉汇合成一条中央静脉，经肾上腺静脉离开肾上腺。因此，流经髓质的血液含较高浓度的皮质激素。其中的糖皮质激素可增强嗜铬细胞所含的N-甲基转移酶的活性，使去甲肾上腺素甲基化，成为肾上腺素，这是髓质中肾上腺素细胞多于去甲肾上腺素细胞的原因。可见肾上腺皮质对髓质细胞的激素生成有很大的影响。

四、垂 体

垂体（hypophysis）是椭圆形小体，重约0.5g，位于颅骨蝶鞍的垂体窝内。垂体是体内最重要的内分泌腺，可分泌或释放多种激素，并通过这些激素作用于相应的靶器官发挥其调节作用。垂体还以神经和血管与下丘脑相连。因此，垂体在神经系统与内分泌系统的相互联系中起重要的枢纽作用。

垂体分为腺垂体和神经垂体两部分，表面包以结缔组织被膜。腺垂体居前，又分为远侧部、中间部和结节部。神经垂体居后，分为神经部和漏斗部，后者包括漏斗柄和正中隆起。腺垂体的远侧部又称垂体前叶，神经垂体的神经部和腺垂体的中间部合称垂体后叶（图10-11，图10-12）。

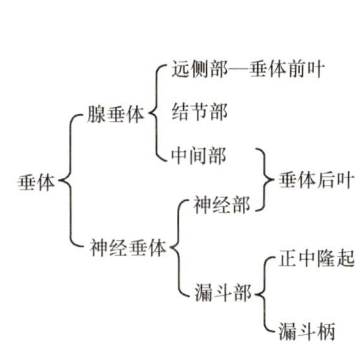

图 10-11　垂体的组成

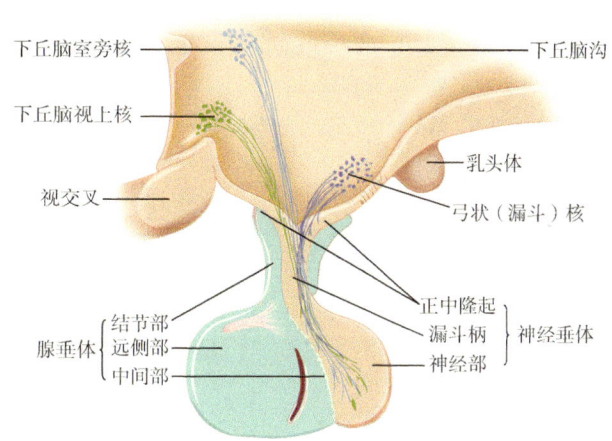

图 10-12　垂体模式图

（一）腺垂体

腺垂体（adenohypophysis）是垂体最大的部分，约占垂体总体积的75%，是真正的内分泌腺。

1. 远侧部（pars distalis）　是腺垂体的主要部分，腺细胞排列成团索状，少数围成小滤泡，腺细胞团索间有丰富的窦状毛细血管和少量结缔组织。在HE染色的标本上，按照腺细胞着色的差异，可分为嗜酸性细胞、嗜碱性细胞和嫌色细胞三种（图10-13）。

（1）嗜酸性细胞　数量较多，约占远侧部腺细胞总数的40%。体积较大，直径14～19μm，呈圆形或椭圆形，胞质内含很多嗜酸性颗粒。根据所分泌激素的不同，

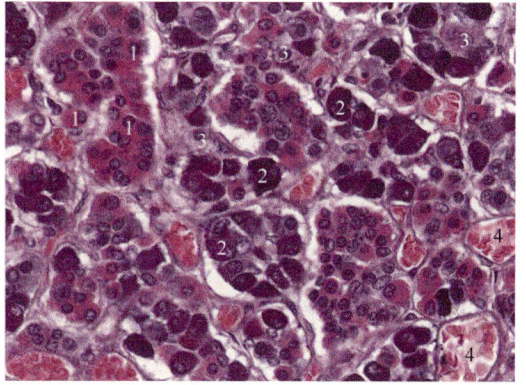

图 10-13　腺垂体远侧部（HE染色，10×40倍）
1.嗜酸性细胞；2.嗜碱性细胞；3.嫌色细胞；4.窦状毛细血管

嗜酸性细胞分为下述两种。

1）生长激素细胞：数量较多，能够合成和分泌生长激素（growth hormone，GH）。生长激素的主要功能是促进体内多种代谢和生长，尤其是骺软骨的生长，使骨增长。幼年时生长激素分泌过多可导致巨人症，分泌不足时则引起垂体性侏儒症；成人生长激素分泌过多则会引发肢端肥大症。

2）催乳激素细胞：男女两性的垂体中均有此种细胞，但在女性中数量较多，于分娩前期和哺乳期功能旺盛。催乳素（prolactin，PRL）能促进乳腺发育和乳汁分泌。

（2）嗜碱性细胞　数量较嗜酸性细胞少，约占远侧部腺细胞总数的10%。细胞呈椭圆形或多边形，大小不等，胞质内含嗜碱性颗粒。根据所分泌激素的不同，嗜碱性细胞分为下述三种。

1）促甲状腺激素细胞：所分泌的促甲状腺激素（thyroid stimulating hormone，TSH）可促进甲状腺分泌和释放甲状腺激素，并可刺激甲状腺滤泡上皮细胞的增生。

2）促肾上腺皮质激素细胞：所分泌的促肾上腺皮质激素（adrenocorticotropic hormone，ACTH）可促进肾上腺皮质束状带细胞分泌糖皮质激素。

3）促性腺激素细胞：可分泌卵泡刺激素（follicle stimulating hormone，FSH）和黄体生成素（luteinizing hormone，LH），在男性和女性均如此。卵泡刺激素在女性可促进卵泡的发育，在男性则刺激生精小管的支持细胞合成雄激素结合蛋白，以促进精子的形成。黄体生成素在女性可促进排卵和黄体的形成，在男性又称间质细胞刺激素，可促进睾丸间质细胞分泌雄激素。

（3）嫌色细胞　数量最多，约占远侧部腺细胞总数的50%。细胞体积小，染色浅，轮廓不清晰，胞质内含少量分泌颗粒。嫌色细胞可能是脱去颗粒后的嗜碱性或嗜酸性细胞，也可能是处于形成嗜碱性或嗜酸性细胞的初期阶段。

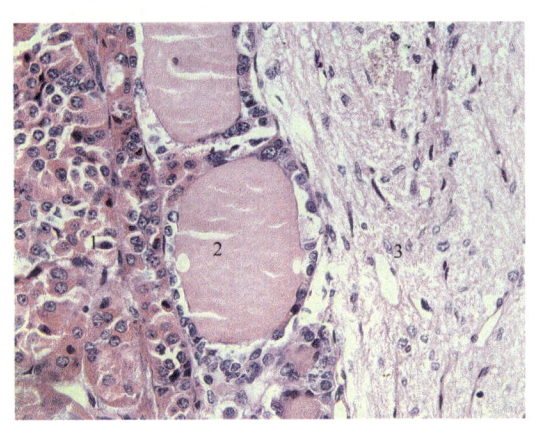

图10-14　垂体中间部（HE染色，10×20倍）
1. 远侧部；2. 中间部；3. 神经部

2. 中间部（pars intermedia）　是位于远侧部和神经部之间的狭长部分。人类垂体的中间部不发达，仅占垂体体积的2%，主要含嗜碱性细胞和一些大小不等的滤泡，滤泡内含胶质（图10-14）。某些鱼类和两栖类动物垂体的中间部较明显，嗜碱性细胞分泌的黑素细胞刺激素（melanocyte stimulating hormone，MSH）可调节表皮内黑素细胞合成黑色素。人类垂体的中间部是否产生这种激素，目前尚无定论。

3. 结节部（pars tuberalis）　包围着神经垂体的漏斗，含有丰富的纵向毛细血管。细胞排列呈索状，主要是嫌色细胞，还有少量嗜酸性细胞和嗜碱性细胞。此处的嗜碱性细胞可分泌促性腺激素。

4. 垂体门脉系统（hypophyseal portal system）　腺垂体的血液供应主要来自由大脑基底动脉环发出的垂体上动脉。此动脉在漏斗处形成有孔毛细血管网，称为第一级（初级）毛细血管网。随后，这些毛细血管汇集成数条垂体门微静脉，沿漏斗柄下行至远侧部，再次形成毛细血管网，称为第二级（次级）毛细血管网。第一级毛细血管网、垂体门微静脉和第二级毛细血管网共同构成垂体门脉系统（图10-15）。

5. 腺垂体与下丘脑的关系　腺垂体与下丘脑在结构上无直接联系，而是通过垂体门脉系统间接联系。下丘脑的弓状核等神经核中的神经元具有内分泌功能，称为神经内分泌细胞。这些细胞的轴突延伸至神经垂体漏斗，构成下丘脑垂体束。这些细胞可分泌两类激素：一类是促进腺垂体细胞分泌活动的激素，称释放激素（releasing hormone，RH）；另一类是抑制腺垂体细胞分泌活动的激素，称为释放抑制激素（releasing inhibiting hormone，RIH）。上述两类激素经轴突输送到漏斗处，释放入第一级毛细血管网，再经垂体门微静脉到达腺垂体远侧部的第二级毛细血管网，分别调节远侧部各种腺细胞的分泌活动（图10-16）。目前已知的释放激素有：生长激素释放激素（GHRH）、催乳素释放激素（PRH）、

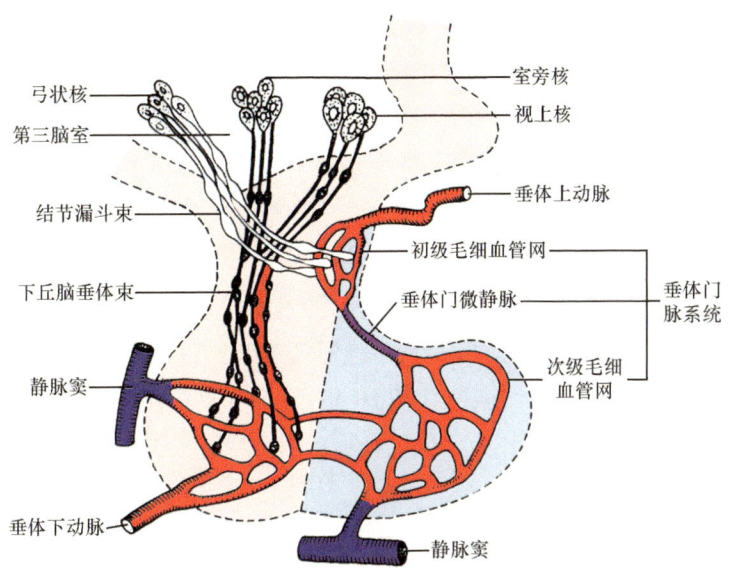

图10-15 垂体的血管分布及其与下丘脑的关系示意图

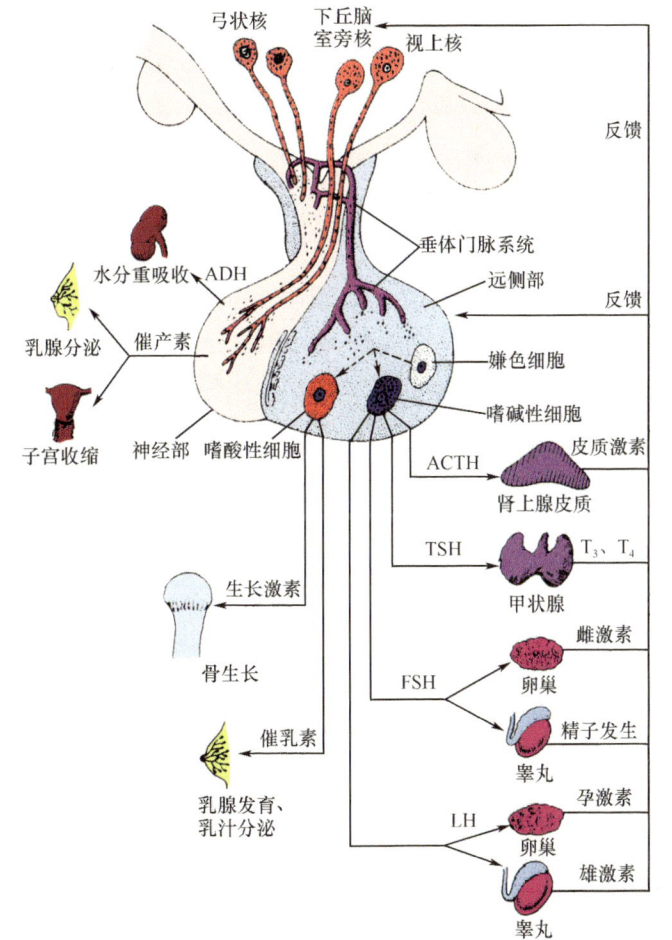

图10-16 下丘脑和腺垂体与其他内分泌腺关系示意图

促甲状腺激素释放激素（TRH）、促肾上腺皮质激素释放激素（CRH）、促性腺激素释放激素（GnRH）及黑素细胞刺激素释放激素（MSRH）等。释放抑制激素有：生长激素释放抑制激素（又称生长抑素，SOM）、催乳素释放抑制激素（PIH）和黑素细胞刺激素释放抑制激素（MSIH）。下丘脑通过所产生的

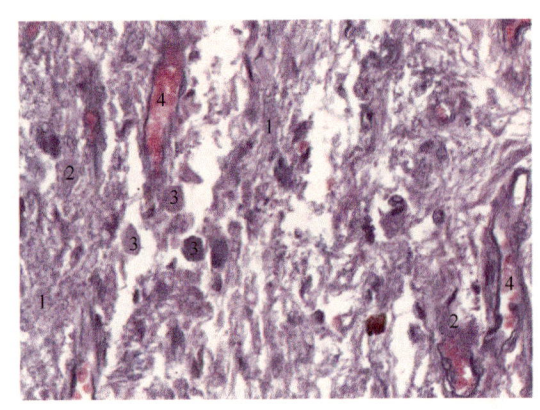

图 10-17　垂体神经部（HE染色，10×40倍）
1. 无髓神经纤维；2. 垂体细胞；3. 赫林体；4. 血窦

释放激素和释放抑制激素，调节腺垂体内各种细胞的分泌活动；而腺垂体嗜碱性细胞既可分泌各种促激素，又可调节甲状腺、肾上腺和性腺的内分泌活动。这样下丘脑和腺垂体便连成一个功能整体，称为下丘脑-腺垂体系统，以完成对机体多种物质代谢及功能活动的调节。

（二）神经垂体

神经垂体（neurohypophysis）属神经组织，主要由无髓神经纤维和神经胶质细胞构成，其间有丰富的血窦（图10-17）。神经垂体内的无髓神经纤维主要起源于下丘脑神经核团（视上核与室旁核）的轴突，经漏斗进入神经部，形成下丘脑神经垂体束，其末梢紧靠血窦的基膜。

下丘脑视上核与室旁核的神经元也是神经内分泌细胞，分别具有分泌抗利尿激素（antidiuretic hormone，ADH）和催产素（oxytocin）的功能。抗利尿激素主要促进肾远曲小管和集合小管系重吸收水，使尿液浓缩。若抗利尿激素分泌减少，会导致尿崩症，患者每日排出大量稀释的尿液；抗利尿激素若超过生理剂量，则可使小动脉收缩，血压升高，故又称加压素。催产素可引起妊娠子宫平滑肌收缩和促进乳腺分泌。这两种激素在下丘脑神经内分泌细胞胞体内合成，然后经轴突输送至轴突末梢，释放入血窦。

因此，下丘脑与神经垂体在结构和功能上是一个整体。神经垂体并无内分泌功能，只是储存和释放下丘脑激素的部位。

案例 10-2

患者，男，35岁，建筑工人，2周前在建筑工地劳动时被高空坠物砸中头部，被立即送往医院，经拍摄X线片未发现骨折，简单包扎后回家休养。1周前患者突然出现多尿、烦渴、多饮，随即被送往医院。经检查，患者尿量多达8L/24h（正常值 1～2L/24h），尿渗透压110mmol/L（正常值 600～1000mmol/L），尿比重为1.0025（正常值1.015～1.025），给予抗利尿激素治疗有明显效果，诊断为尿崩症。

问题：什么是尿崩症，其发病机制是什么？

五、松　果　体

松果体（pineal body）呈扁圆锥形，以细柄连于第三脑室顶。松果体表面被软膜包裹，软膜内的结缔组织随血管伸入腺实质，将实质分为许多小叶。小叶主要由松果体细胞、神经胶质细胞和无髓神经纤维组成（图10-18）。松果体细胞与神经内分泌细胞类似。在HE染色切片中，胞体呈圆形或不规则形，核大，胞质少，呈弱嗜碱性。在镀银染色切片中，可见细胞具有突起，短而细的突起终止于邻近细胞之间，长而粗的突起多终止于血管周围。松果体细胞可分泌褪黑素，参与调节机体的昼夜生物节律、睡眠、情绪、性成熟等生理活动。在成人的松果体内，常见由松果体细胞分泌物钙化而成的同心圆结构，称脑砂，其意义不明。

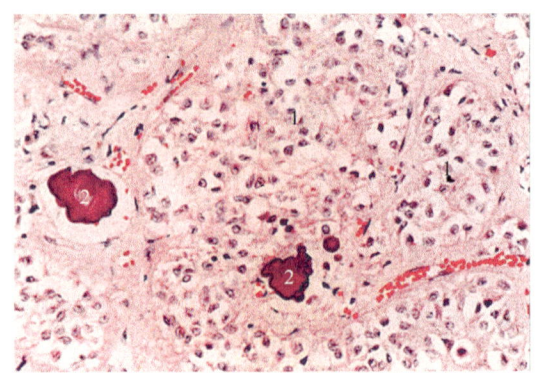

图 10-18　松果体（HE染色，10×20倍）
1. 松果体细胞；2. 脑砂

六、弥散神经内分泌系统

体内除了上述内分泌腺之外，在其他器官内还存在大量散在的内分泌细胞，它们分泌的多种激素在调节机体生理活动中起着十分重要的作用。这些内分泌细胞都能通过摄取胺前体，经脱羧后产生胺，这类细胞被统称为摄取胺前体脱羧细胞（APUD细胞）。

随着对APUD细胞的深入研究发现，许多APUD细胞不但可产生胺类物质，还可产生肽类激素，有的细胞则只产生肽。研究还发现，许多神经元也能合成和分泌与APUD细胞分泌物相同的胺和（或）肽类物质。因此，人们将这些具有分泌功能的神经元（如下丘脑室旁核和室上核的神经内分泌细胞）和APUD细胞（如消化管、呼吸道的内分泌细胞）统称为弥散神经内分泌系统（diffuse neuroendocrine system，DNES）。DNES的提出，将神经系统和内分泌系统两大调节系统整合为一个统一的整体，共同调节和控制机体的生理活动。

（胡　哲）

第11章 消化系统

学习目标

掌握：消化管壁的一般结构，胃和小肠的组织结构和功能，胰腺和肝的结构和功能。
熟悉：食管的组织结构特点；消化管的结构与消化功能之间的关系。
了解：消化管各段对食物消化的作用，消化腺分泌的消化液对食物成分的作用。

消化系统（digestive system）由消化管与消化腺组成，主要功能是消化食物、吸收营养和排出食物残渣，还具有内分泌和免疫等功能。消化管（digestive tract）是一条长而迂曲的管道，依次为口腔、咽、食管、胃、小肠、大肠和肛门。临床上把十二指肠以上的消化管称为上消化道，把空肠以下的消化管称为下消化道。消化腺（digestive gland）有大消化腺和小消化腺。大消化腺是独立器官的消化腺（如口腔三对大唾液腺、胰腺和肝脏），大消化腺位于消化管壁之外，通过导管将分泌物排入消化管；小消化腺在消化管壁内（如小唾液腺、食管腺、胃腺和肠腺等）。

一、消化管

（一）消化管壁的一般结构

消化管各段具有相似的结构，但因功能不同，结构上又各有其特点。除口腔与咽外，消化管壁自内向外均分为黏膜、黏膜下层、肌层和外膜四层（图11-1）。

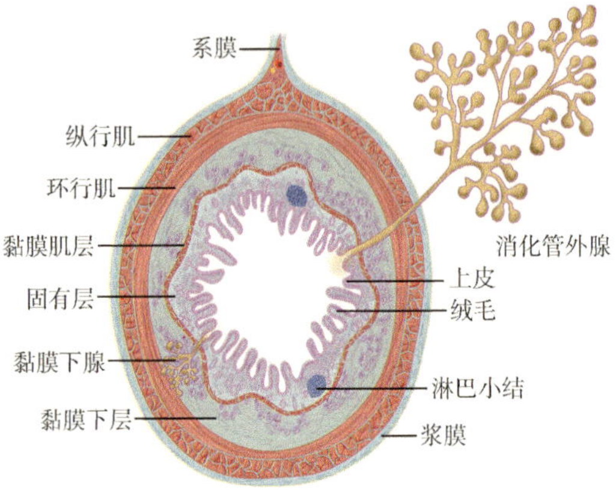

图11-1　消化管的一般结构（以小肠为例）

1. 黏膜（mucosa）　由上皮、固有层和黏膜肌层组成，是消化管各段中结构差异最大、功能最重要的部分，是消化管完成消化、吸收功能的重要结构。

（1）上皮　消化管内表面的上皮有两种类型：位于消化管两端（口腔、咽、食管及肛门）的是复层扁平上皮，能适应摩擦，起保护功能；中段（胃肠）为单层柱状上皮，能分泌黏液和多种消化酶，主要负责消化和吸收功能。上皮与管壁内的腺体相连续。上皮细胞间隙有散在分布的淋巴细胞，尤以在小肠上皮中多见。

（2）固有层　为疏松结缔组织，细胞成分较多，内含丰富的毛细血管和毛细淋巴管。胃肠固有层内还富含腺体和淋巴组织，与消化管吸收功能密切相关。

（3）黏膜肌层　为薄层平滑肌，其收缩可促进固有层内血液、淋巴液的运行，以及腺体分泌物的排出，利于物质的吸收和转运。

2. 黏膜下层（submucosa）　由细胞成分少和纤维多且粗的较致密结缔组织组成，内含小血管、淋巴管和黏膜下神经丛。黏膜下神经丛由多极神经元与无髓神经纤维构成，可调节黏膜肌层平滑肌的收缩和腺体的分泌。在食管和十二指肠的黏膜下层内分别有食管腺与十二指肠腺。在食管、胃、小肠和结肠等部位的黏膜与黏膜下层共同向管腔内突起，形成纵行或环行的皱襞，使消化管的内表面积增大。

3. 肌层（muscularis）　肌层较厚，消化管的两端（口腔、咽、食管上段、肛门处）为骨骼肌，其余大部分为平滑肌。肌层一般为内环行、外纵行两层排列，其间存在肌间神经丛，其结构与黏膜下神经丛相似，可调节肌层的运动。肌层的收缩和舒张有利于消化管食物与消化液的充分混合及下行。

4. **外膜**（adventitia） 仅由薄层疏松结缔组织构成者称纤维膜，与周围组织无明显界限，主要见于食管和大肠末段；外膜由薄层结缔组织与外表面覆盖的间皮共同构成者称浆膜，见于腹膜内位的胃、大部分小肠与大肠，其表面光滑，可减少器官运动的摩擦，有利于胃肠的蠕动。

（二）口腔与咽

口腔为消化管的起始部位，具有磨碎食物、进行初步消化和感受味觉等功能。

1. 口腔黏膜的一般结构 口腔黏膜由上皮和固有层组成，无黏膜肌层。上皮为复层扁平上皮，仅在硬腭部出现角化。固有层结缔组织突向上皮形成乳头，其内富含毛细血管和感觉神经末梢。口腔底部的上皮菲薄，血管丰富，通透性高，有利于某些化学物质的吸收，临床上在心血管疾病急救时，一般采用舌下含服的方式，如含服用于治疗心绞痛的硝酸甘油等。固有层中尚有小唾液腺。固有层下连骨骼肌（唇、颊等处）或骨膜（硬腭处）。

2. 舌 由表面的黏膜和深部的舌肌组成，无黏膜下层。舌肌由纵行、横行及垂直走行的骨骼肌纤维束交织构成。黏膜由复层扁平上皮与固有层组成。舌根部黏膜内有许多淋巴小结，构成舌扁桃体。舌背部黏膜形成许多乳头状隆起，称舌乳头（lingual papillae），主要有三种。

（1）丝状乳头 数量最多，呈丝绒状，遍布于舌背，以舌尖较多。乳头呈圆锥形，尖端略向咽部倾斜，浅层上皮细胞角化，外观白色，称舌苔。舌苔的色泽、分布、厚薄等变化反映了全身健康状况，常作为中医辨证论治的依据。

（2）菌状乳头 数量较少，多位于舌尖与舌缘，散在于丝状乳头之间。乳头呈蘑菇状，上皮为轻度角化或不角化的复层扁平上皮，内有少量味蕾。固有层富含毛细血管，故呈红色。当多个菌状乳头增生、充血肿胀时，舌表面酷似草莓，称为草莓舌。

（3）轮廓乳头 有十余个，位于舌界沟前方，形体较大，为体积最大的舌乳头。顶部平坦，乳头周围的黏膜凹陷形成环沟，沟两侧的上皮内有较多味蕾。固有层有浆液性胃腺，导管开于沟底。味腺分泌的稀薄液体可不断冲洗味蕾表面的食物残渣，从而有利于感受新鲜的味觉刺激。

味蕾为卵圆形小体，成人约有3000个，主要分布于菌状乳头和轮廓乳头，少数散在于软腭、会厌及咽等部位的上皮内。在HE染色切片上可见味蕾由三种细胞构成，分别为长梭形的暗细胞、明细胞，以及味蕾深部锥形的基细胞（图11-2），前两种细胞基底面与味觉神经末梢形成突触。而基细胞属于未分化细胞，可分化为暗细胞和明细胞。味蕾是味觉感受器。所有味蕾都能感受甜、酸、咸、苦4种基本味觉，但舌不同部位的味蕾对这4种味觉的敏感性不相同，舌尖对甜味敏感，舌侧缘对酸味敏感，舌尖和舌侧缘对咸味敏感，舌根对苦味敏感。

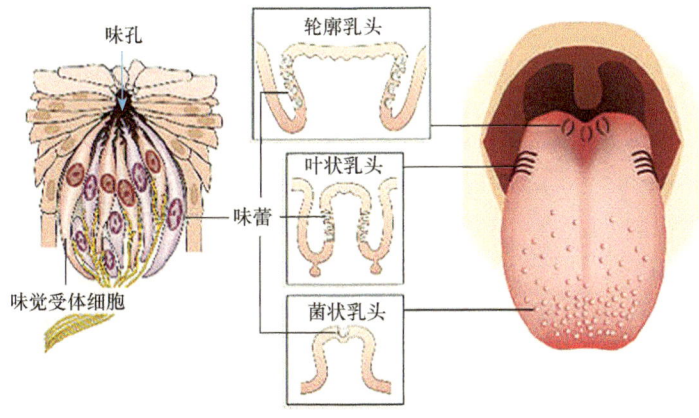

图11-2 舌乳头分布及味蕾结构图

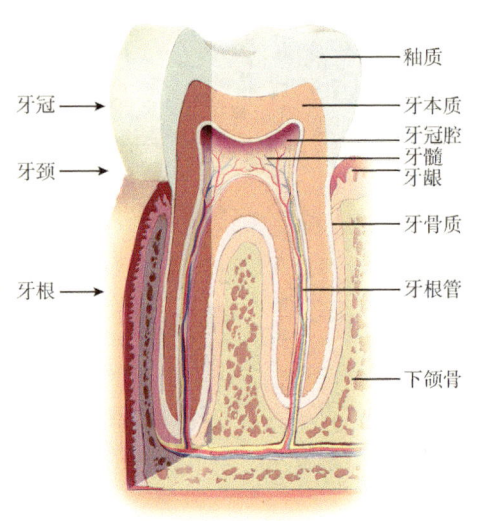

图 11-3　牙结构图

3. 牙　分三部分，露在外面的为牙冠，埋在牙槽内的为牙根，两者交界部为牙颈。牙中央有牙髓腔，开口于牙根底部的牙根孔。牙由牙本质、釉质、牙骨质三种钙化的硬组织和牙髓软组织构成。牙根周围的牙周膜、牙槽骨骨膜及牙龈则称牙周组织（图 11-3）。

（1）牙本质（dentin）　构成牙的主体，包绕着牙髓腔。无机物占70%～80%，有机物和水占20%～30%。牙本质主要由牙本质小管与间质构成。牙本质小管从牙髓腔面向周围呈放射状走行，越向周边越细。牙本质小管之间为间质，由胶原原纤维与钙化的基质构成。牙本质对冷、酸和机械刺激极其敏感，可引起酸、痛的感觉。

（2）釉质（enamel）　是包在牙冠部的牙本质表面高度钙化的硬组织，由成釉细胞分泌的基质钙化而成，其中无机物约占96%，有机物很少，是人体内最坚硬的结构。釉质由釉柱和极少量的间质构成。釉柱呈棱柱状，主要成分为羟基磷灰石结晶。釉柱从与牙本质交界处向牙冠表面呈放射状紧密排列。间质是釉柱之间钙化的粘连物质。

（3）牙骨质（cementum）　包在牙根部的牙本质外面，其组成及结构与骨组织相似，由细胞和钙化的细胞外基质构成，但不形成骨单位。近牙颈部的牙骨质较薄，无骨细胞。

（4）牙髓（dental pulp）　为疏松结缔组织，内含自牙根孔进入的血管、淋巴管和神经纤维，所以牙髓感觉敏锐，在发炎时易引起剧烈疼痛。牙髓对牙本质和釉质具有营养作用。

（5）牙周膜（peridental membrane）　是位于牙根和牙槽骨间的致密结缔组织，内含较粗的胶原纤维束，其一端埋入牙骨质，另一端伸入牙槽骨，将两者牢固连接。老年人的牙周膜常萎缩，易引起牙松动或脱落。

（6）牙龈（gingiva）　是包绕牙颈部的口腔黏膜，是由复层扁平上皮及固有层组成的黏膜，具有保护牙齿、牙槽骨和牙周膜的作用。牙龈包绕着牙颈，其内富含血管。随着年龄增长，牙龈逐渐萎缩，导致牙颈外露。

4. 咽　分为口咽、鼻咽和喉咽三部分。咽壁的结构有以下3层。

（1）黏膜　由上皮和固有层组成。口咽表面覆以未角化的复层扁平上皮，鼻咽和喉咽主要为假复层纤毛柱状上皮。固有层的结缔组织内有丰富的淋巴组织及黏液腺和混合性腺。

（2）肌层　由内纵行与外斜行或环行的骨骼肌组成，其间可有黏液腺。

（3）外膜　为纤维膜。

（三）食管

食管（esophagus）是将食物从口腔运输到胃的管道，腔面有纵行皱襞，当食物通过时，皱襞消失，管腔扩大。食管壁可分为典型的四层结构（图 11-4）。

1. 黏膜　表面为未角化的复层扁平上皮，食管下端与胃贲门部交界处，复层扁平上皮骤然移行为单层柱状上皮，是食管癌的易发部位。固有层为细密的结缔组织，形成乳头状突向上皮。黏膜肌层由纵行平滑肌束组成。

2. 黏膜下层　由疏松结缔组织构成，含有较多的黏液性食管腺。其导管穿过黏膜开口于食管腔。

3. 肌层　分内环行与外纵行两层。食管上段的肌层为骨骼肌，中段由骨骼肌和平滑肌混合组成，下段为平

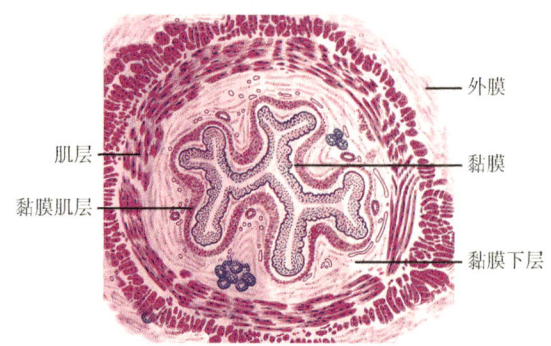

图 11-4　食管（横切）模式图

滑肌。食管两端的内环行肌稍厚，分别形成食管上、下括约肌。

4. 外膜　为纤维膜，由疏松结缔组织构成。

（四）胃

胃（stomach）可贮存食物，具有初步消化蛋白质，吸收部分水、无机盐和醇类的功能。胃壁分为四层，其中黏膜层的结构较为复杂。

1. 黏膜　胃空虚时腔面可见许多纵行皱襞，充盈时皱襞几乎消失。黏膜表面可见许多不规则的小孔，称胃小凹。每个胃小凹底部与3~5条胃腺连通（图11-5~图11-7）。

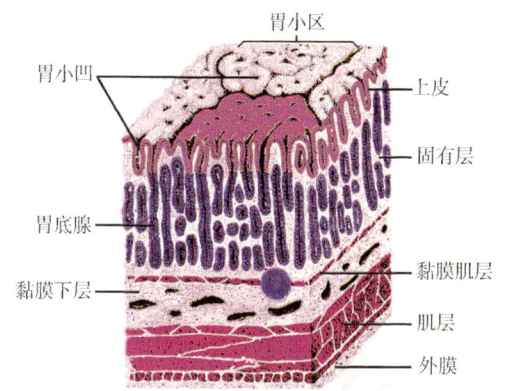

图11-5　胃底与胃体部结构模式图

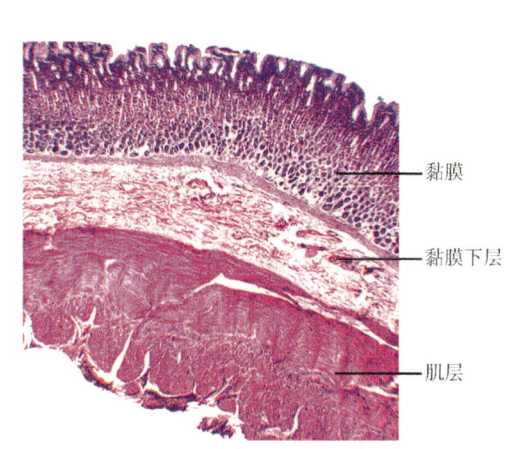

图11-6　胃底部（HE染色，10×10倍）

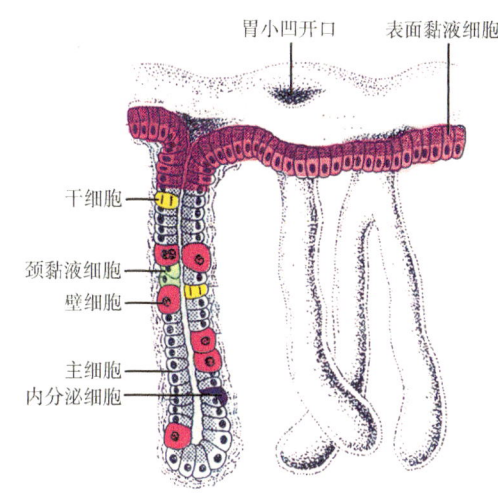

图11-7　胃上皮和胃底腺立体模式图

（1）上皮　为单层柱状上皮，无杯状细胞，主要由表面黏液细胞组成。上皮向固有层内下陷形成胃小凹。

表面黏液细胞的椭圆形核位于细胞基部；顶部胞质充满黏原颗粒，在HE染色切片中着色浅淡以至透明，细胞间存在紧密连接。此细胞可分泌不溶性碱性黏液覆盖于上皮表面，与紧密连接共同构成胃黏膜屏障，可防止胃酸和胃蛋白酶对黏膜的自身消化。表面黏液细胞会不断脱落，由胃小凹底部的干细胞增殖补充，3~5天更新一次。正常胃上皮和腺体内没有杯状细胞，如果出现杯状细胞，称为肠上皮化生，通常被认为是早期胃癌表现。

（2）固有层　含有大量紧密排列的胃腺，腺体开口于胃小凹的底部。胃腺之间及胃小凹之间有少量结缔组织，其细胞成分中除成纤维细胞外，还有较多淋巴细胞及一些浆细胞、肥大细胞、嗜酸性粒细胞，以及散在的平滑肌细胞等。

根据所在部位与结构的不同，胃腺可分为胃底腺、贲门腺和幽门腺。

1）胃底腺（fundic gland）：分布于胃底和胃体部，是数量最多、功能最重要的胃腺。胃底腺呈分支管状，可分为颈、体、底三部，颈部与胃小凹衔接，体部较长，底部略膨大，靠近黏膜肌层。胃底腺由主细胞、壁细胞、颈黏液细胞、干细胞及内分泌细胞组成（图11-7，图11-8）。

A. 主细胞（chief cell）：又称胃酶细胞。数量最多，主要分布于胃底腺的体、底部。细胞呈柱状，核圆形，位于基部；胞质基部呈强嗜碱性，顶部充满粗大酶原颗粒，但在HE染色的标本中，此颗粒多溶解而呈泡沫状（图11-8）。电镜下主细胞具有典型的蛋白质分泌细胞的超微结构特点，核周有大量粗面内质网和发达的高尔基复合体，顶部有较多圆形或椭圆形的酶原颗粒。

主细胞可分泌胃蛋白酶原，经盐酸激活后转化为胃蛋白酶，可分解蛋白质。

B. 壁细胞（parietal cell）：又称泌酸细胞。在腺的颈、体部分布较多。细胞体积较大，多呈锥体形或三角形；核圆形而着色深，居中，可有双核；胞质呈强嗜酸性（图11-8）。电镜下，壁细胞胞质中有迂曲分支的细胞内分泌小管，管壁与细胞顶面质膜相连，且两者都富含微绒毛，从而增加表面积。分泌小管周围有表面光滑的小管和小泡，称为微管泡系统，其膜结构与细胞顶面及分泌小管的膜结构相同（图11-9）。壁细胞还含有大量线粒体，其他细胞器则较少。

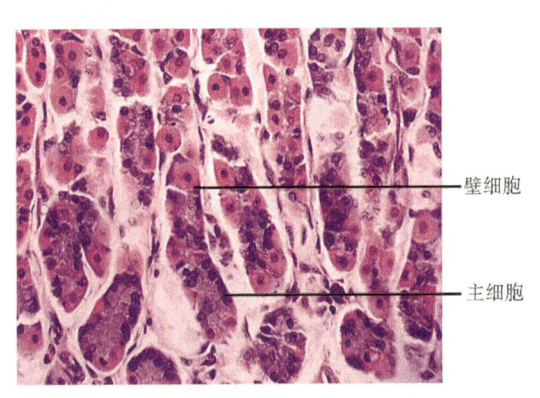

图11-8　胃底腺（HE染色，10×40倍）

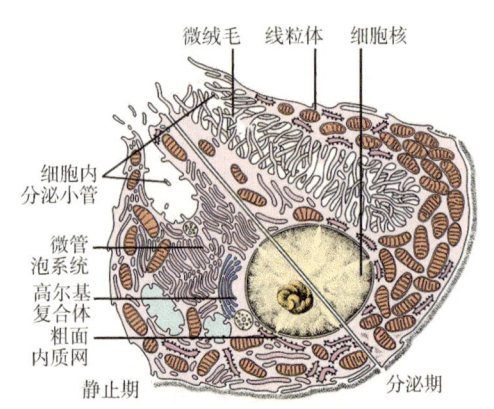

图11-9　壁细胞超微结构模式图

壁细胞的主要功能是合成与分泌盐酸和内因子。盐酸除能激活胃蛋白酶原外，还有杀菌作用。内因子是一种糖蛋白，在胃腔内与食物中的维生素B_{12}结合成复合物，使维生素B_{12}在肠道内不被酶分解，促进回肠对维生素B_{12}的吸收，供红细胞生成所需。若内因子缺乏，维生素B_{12}吸收障碍，可导致恶性贫血。

C. 颈黏液细胞：位于腺的颈部，数量较少，多呈楔形夹于其他细胞间。核扁平，位于细胞基底，核上区有很多黏原颗粒，HE染色浅淡，故常不易与主细胞区分。其分泌物为含酸性黏多糖的可溶性黏液，参与胃上皮表面黏液层的形成。

D. 干细胞：位于胃腺颈部至胃小凹深部一带，HE染色不易辨认。该细胞具有分裂增殖能力，可分化为表面黏液细胞及胃底腺的其他细胞。

E. 内分泌细胞（后述）。

2）贲门腺：位于贲门部，为黏液腺，可分泌黏液和溶菌酶。

3）幽门腺：位于幽门部，此区胃小凹较深，主要由黏液细胞组成，可存在少量壁细胞，还存在较多内分泌细胞。

（3）黏膜肌层　由内环行与外纵行两薄层平滑肌组成。

2. 黏膜下层　为较致密结缔组织，内含较粗的血管、淋巴管和神经，还可见成群的脂肪细胞。

3. 肌层　较厚，由平滑肌构成，可分内斜行、中环行及外纵行三层，环行肌在贲门和幽门部增厚，分别形成贲门括约肌和幽门括约肌。

4. 外膜　为浆膜，由间皮和少量的疏松结缔组织构成。

> **链接**
>
> **为什么胃大部切除术患者容易患贫血？**
>
> 胃是消化系统的重要器官，可容纳和消化食物。临床上胃的形态大致分为四种类型：牛角形、鱼钩形、长形、瀑布形。胃容易因饮食不当、受凉、情绪波动、精神紧张及药物等因素而引发疾病。

胃大部切除术的患者因为患病部位的胃被切除，而切除的这部分胃有很多的胃底腺。胃底腺的构成细胞之一壁细胞可以分泌一种糖蛋白——内因子。内因子在胃腔内与食物中的维生素 B_{12} 结合成复合物，使维生素 B_{12} 在肠道内不被酶分解，并能促使回肠上皮细胞对维生素 B_{12} 的吸收，供红细胞生成使用。胃大部切除术的患者剩余的胃底腺减少，因此容易导致机体内因子匮乏，继而导致维生素 B_{12} 吸收障碍，使红细胞生成作用减弱，进而导致巨幼细胞贫血。

（五）小肠

小肠（small intestine）是消化和吸收的主要部位，包括十二指肠、空肠和回肠。小肠腔面的肠绒毛是小肠的重要形态特征，也是小肠完成消化和吸收功能的重要结构基础。

1. 黏膜 小肠黏膜也由上皮、固有层和黏膜肌层构成。小肠腔面有环行皱襞，黏膜表面有许多细小的肠绒毛（intestinal villus）（图11-10），上皮中吸收细胞的游离面有大量的微绒毛（图11-11），环状皱襞、肠绒毛和微绒毛三者使小肠腔面的表面积扩大约600倍，总面积可达200～400m²。

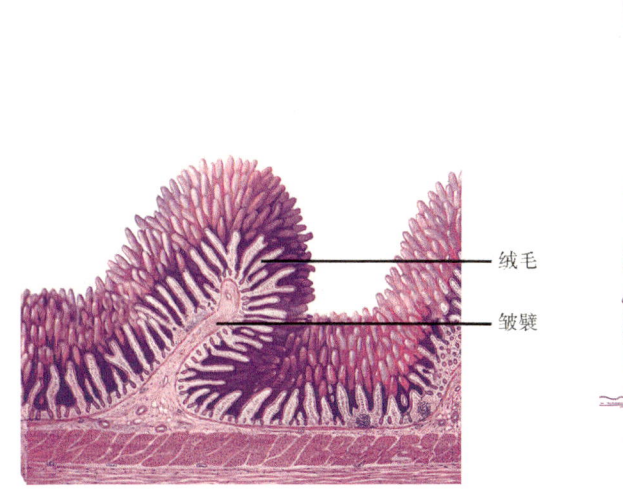

图11-10 小肠皱襞和肠绒毛结构模式图

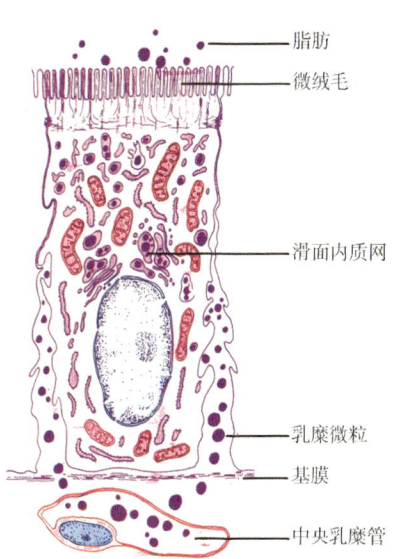

图11-11 小肠吸收细胞超微结构模式图

肠绒毛由上皮和固有层向肠腔突起形成，故其表面覆盖单层柱状上皮，中轴为固有层的结缔组织。肠绒毛长0.5～1.5mm，以十二指肠和空肠头段最发达。肠绒毛形状不一，在十二指肠呈宽大的叶状（图11-12），在空肠呈长指状（图11-13），在回肠则为短锥形。肠绒毛根部的上皮下陷至固有层，形成管状的小肠腺（small intestinal gland），直接开口于肠腔。小肠腺上皮与绒毛上皮相延续。

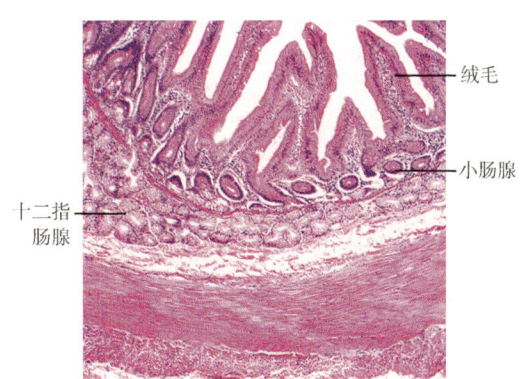

图11-12 十二指肠横切面（HE染色，10×10倍）

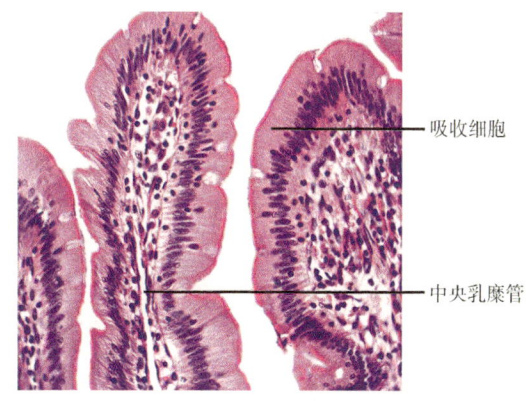

图11-13 肠绒毛（空肠）（HE染色，10×40倍）

（1）上皮　为单层柱状上皮，绒毛部上皮由吸收细胞、杯状细胞和少量内分泌细胞组成。小肠腺上皮除上述三种细胞外，还有潘氏细胞和干细胞。

1）吸收细胞：数量最多，呈高柱状，核椭圆形，位于细胞基部。光镜下细胞游离面可见明显的纹状缘。电镜下观察到纹状缘是由密集而规则排列的微绒毛构成（图11-11）。每个吸收细胞有2000～3000根微绒毛，可使细胞游离面面积扩大约30倍。微绒毛表面有较厚的细胞衣，内有参与消化糖类和蛋白质的双糖酶和肽酶，并吸附有胰蛋白酶、胰淀粉酶等，故细胞衣是消化吸收的重要部位。细胞内有丰富的滑面内质网和高尔基复合体，可将细胞吸收的脂类物质结合形成乳糜微粒，并在细胞侧面释放出，这是脂肪吸收和转运的方式。细胞侧面顶部有紧密连接，可阻止肠腔内物质由细胞间隙进入组织，保证选择性吸收的进行。

2）杯状细胞：散在于吸收细胞间，可分泌黏液，有润滑和保护作用。从十二指肠至回肠末端杯状细胞逐渐增多。

3）内分泌细胞：种类很多（后述）。

4）潘氏细胞：是小肠腺的特征性细胞，常三五成群分布于小肠腺的底部，尤以回肠为多。细胞呈锥体形，细胞核上方的胞质顶部充满粗大嗜酸性颗粒，内含防御素和溶菌酶等，对肠道微生物有杀灭作用（图11-14）。

5）干细胞：位于小肠腺下半部，散在于其他细胞之间。胞体较小，呈柱状，HE染色不易分辨。细胞不断增殖、分化、向上迁移，以补充绒毛顶端脱落的吸收细胞和杯状细胞。绒毛上皮细胞的更新周期为3～6天。干细胞也可分化为内分泌细胞和潘氏细胞。

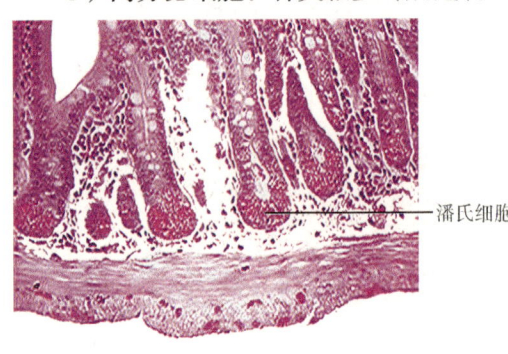

图11-14　小肠腺（HE染色，10×40倍）

（2）固有层　在细密的结缔组织中除有大量的小肠腺外，还有较多的淋巴细胞、浆细胞、巨噬细胞、嗜酸性粒细胞和肥大细胞等。绒毛中轴的固有层内，有1～2条纵行毛细淋巴管，以盲端起始于绒毛顶部，称中央乳糜管（图11-13）。其管壁仅为一层内皮，内皮细胞间隙宽，无基膜，通透性大，乳糜微粒易通过其转运出去。中央乳糜管周围有丰富的有孔毛细血管网，肠上皮吸收的氨基酸、单糖等水溶性物质主要经此入血。绒毛内还有少量平滑肌纤维，可使绒毛收缩，有利于淋巴与血液运行。

固有层中还有大量淋巴组织，在十二指肠和空肠多为孤立淋巴小结，在回肠多为集合淋巴小结，它们可穿过黏膜肌抵达黏膜下层（图11-15）。

（3）黏膜肌层　由内环行和外纵行两层平滑肌组成。

2. 黏膜下层　为疏松结缔组织，含较多血管、淋巴管和神经。十二指肠的黏膜下层内还有大量十二指肠腺，为黏液腺，其导管穿过黏膜肌开口于小肠腺底部（图11-12）。此腺可分泌黏稠的碱性黏液，保护十二指肠黏膜免受胃液的侵蚀。

3. 肌层　由内环行和外纵行两层平滑肌组成。

4. 外膜　除部分十二指肠后壁为纤维膜外，其余均为浆膜。

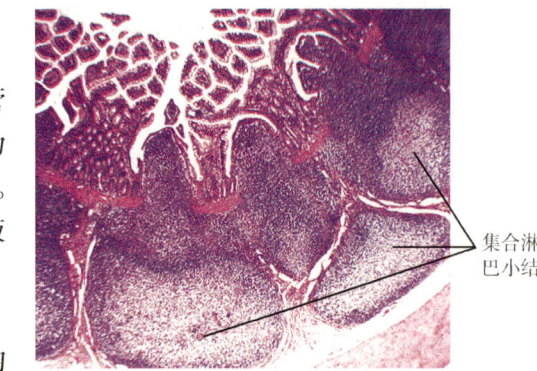

图11-15　回肠（HE染色，10×20倍）

（六）大肠

大肠包括盲肠、阑尾、结肠、直肠和肛管，主要功能是吸收食物残渣中的水分和电解质，将食物残渣转化为粪便。

1. 盲肠、结肠和直肠　这三部分肠管的组织结构基本相同。黏膜表面光滑，无环行皱襞和绒毛，在结肠袋之间的横沟处有半月形皱襞。上皮为单层柱状，由吸收细胞和杯状细胞组成。固有层内有大量密集整齐排列的大肠腺（图11-16），腺上皮中含有大量的杯状细胞。大肠腺分泌的大量黏液，可润滑粪便以利于排出。结肠肌层的外纵肌局部增厚形成三条结肠带。

2. 阑尾 管腔小而不规则，大肠腺短而少。固有层内有极丰富的淋巴组织，形成许多淋巴小结，并突入黏膜下层，致使黏膜肌层很不完整。肌层很薄，外覆浆膜（图11-17）。

3. 肛管 在齿状线以上的肛管黏膜结构与直肠相似。在齿状线处，单层柱状上皮骤变为未角化的复层扁平上皮，且大肠腺与黏膜肌消失。近肛门处有顶泌汗腺，称环肛腺。黏膜下层的结缔组织中有丰富的静脉丛，如静脉淤血扩张则形成痔。肌层为平滑肌，其内环行肌在直肠下段的肛管处增厚形成肛门内括约肌；近肛门处，外纵行肌外周有骨骼肌形成肛门外括约肌。

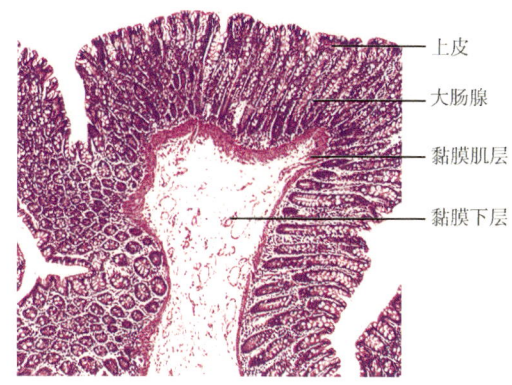

图11-16 结肠黏膜和黏膜下层（HE染色，10×20倍）

（七）胃肠的内分泌细胞

目前已发现在胃肠的上皮及腺体中散布着40多种内分泌细胞。由于胃肠道黏膜的面积巨大，其细胞总数超过所有内分泌腺腺细胞的总和。它们所分泌的多种激素，统称胃肠激素，主要协调胃肠道自身的消化吸收功能，也参与调节其他器官的生理活动。

大多数胃肠内分泌细胞单个分布于其他上皮细胞之间，呈不规则的圆锥形。细胞最显著的形态特点是底部胞质中含大量分泌颗粒，故又称基底颗粒细胞。分泌颗粒含肽和（或）胺类激素。

绝大多数胃肠内分泌细胞具有面向管腔的游离面，称开放型。这些游离面有微绒毛伸入腔内，能够感受管腔内食物和pH变化等化学信息的刺激，从而分泌激素。少数细胞的顶部被相邻细胞覆盖而未露出腔面，称封闭型，主要受胃肠运动的机械刺激或其他激素的调节而释放激素（图11-18）。在HE染色标本中，胃肠内分泌细胞不易辨认；目前主要用免疫组织化学方法显示这些细胞。

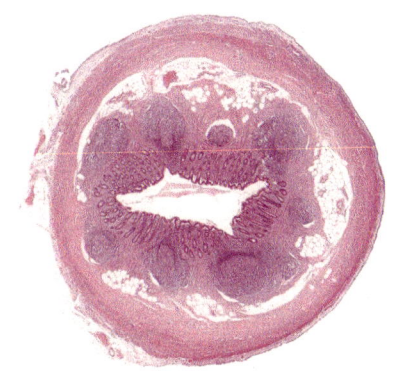

图11-17 阑尾横切面（HE染色，10×10倍）

（八）消化管的淋巴组织及其免疫功能

消化管与机体外环境相通，各种细菌、病毒、寄生虫卵等有害抗原物质会随饮食进入机体。这些物质大多被胃酸、消化酶及潘氏细胞分泌的防御素和溶菌酶所破坏，其余部分或以原形排出体外，或被消化管淋巴组织免疫抵御。

消化管的淋巴组织包括黏膜淋巴小结（尤以咽、回肠与阑尾处发达），固有层中弥散分布的淋巴细胞、浆细胞、巨噬细胞及上皮内的淋巴细胞等成分。消化管的淋巴组织能接受消化管内的抗原刺激，并主要通过产生和向消化管腔分泌免疫球蛋白作为应答。

在肠上皮内有散在分布的微皱褶细胞（microfold cell，M细胞），因其游离面有一些微皱褶而得名。此细胞基底面质膜内陷形成一较大的穹隆状凹腔，内含有一至多个淋巴细胞。M细胞可摄取肠腔内的抗原物质，并将其传递给下方的淋巴细胞。后者进入黏膜淋巴小结与肠系膜淋巴结转化增殖，然后经淋巴细胞再循环途径大部分返回肠黏膜，并转变为浆细胞。浆

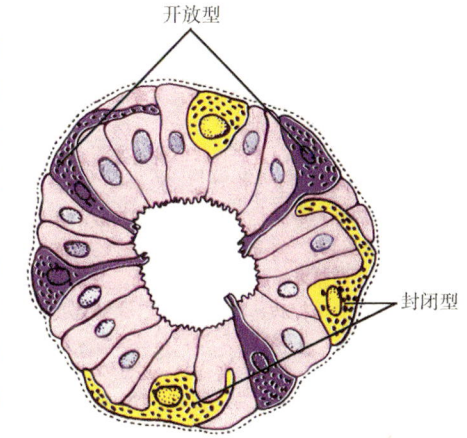

图11-18 消化管内分泌细胞模式图

细胞除产生少量免疫球蛋白G(IgG)进入循环系统外,主要产生免疫球蛋白A(IgA)。IgA能与吸收细胞基底面和侧面膜中的分泌片相结合,形成分泌性IgA(sIgA)。sIgA被吸收细胞内吞进入胞质,继而释放到肠腔。sIgA可特异性地与抗原结合,从而抑制细菌增殖,中和病毒,降低抗原物质与上皮细胞的黏着和进入,起保护机体免受感染的作用。

> **链接**
>
> **肠黏膜屏障**
>
> 肠黏膜屏障由机械屏障、化学屏障、生物屏障及免疫屏障等组成。
>
> 1. 机械屏障 主要由黏液凝胶层(杯状细胞分泌的黏液糖蛋白被覆在肠黏膜表面形成)、黏膜上皮细胞、细胞间紧密连接和上皮组织与结缔组织之间的基膜等构成,是肠黏膜屏障最重要的组成部分。
>
> 2. 化学屏障 由消化腺运输到肠道内的分泌物(如胆汁、各种消化酶)及肠道自身的分泌物(胃酸、溶菌酶、黏液等)构成。
>
> 3. 生物屏障 肠道微生物相互依赖、相互作用形成了微生态系统,这种微生态平衡构成了肠道的生物屏障。
>
> 4. 免疫屏障 由肠黏膜固有层浆细胞分泌的sIgA、黏膜淋巴小结和固有层中弥散分布的各类免疫细胞共同构成。
>
> 黏膜屏障的主要作用是有效地阻止肠道内细菌和毒素等有害物质进入机体内环境,以维持机体内环境稳定。一旦肠黏膜屏障损伤,肠道中的微生物和毒素便可突破肠黏膜,诱发多种疾病。

二、消 化 腺

消化腺(digestive gland)分两类,一类为分布于消化管壁内的许多小消化腺,如口腔黏膜内的小唾液腺、胃腺、肠腺等;另一类为构成独立器官的大消化腺,如大唾液腺、胰腺和肝脏。消化腺的分泌物通过导管排入消化管腔,其内含有的各种消化酶,能分别分解食物中的蛋白质、脂肪和糖类等物质。此外,胰腺还有内分泌功能。

(一)大唾液腺

大唾液腺(major salivary gland)有腮腺、下颌下腺、舌下腺三对,它们的导管开口于口腔。它们的分泌物混合成为唾液,可湿润口腔,初步消化淀粉;唾液中的溶菌酶、干扰素和sIgA还具有免疫防御功能。

大唾液腺为复管泡状腺,腺实质由分支的导管及其末端的腺泡组成。薄层结缔组织形成腺的被膜,并伸入腺内将腺实质分隔为许多小叶。

1. 腺泡(acinus) 呈泡状或管泡状,由单层立方形或锥形腺细胞组成,为腺的分泌部。腺细胞与基膜之间,以及部分导管上皮与基膜之间有肌上皮细胞。肌上皮细胞的收缩有助于腺泡内分泌物的排出。腺泡分为浆液性、黏液性和混合性三种类型(图11-19)。

(1)浆液腺泡(serous acinus) 由浆液腺细胞组成。腺细胞呈锥体形,核圆且靠近细胞基部,胞质染色较深,基部胞质嗜碱性较强,顶部胞质内富含较多嗜酸性分泌颗粒。浆液腺泡分泌物较稀薄,含唾液淀粉酶。

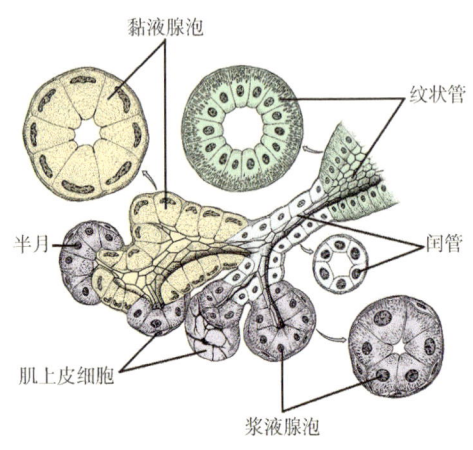

图11-19 唾液腺腺泡和导管模式图

（2）黏液腺泡（mucous acinus） 由黏液腺细胞组成。腺细胞也呈锥体形，核扁圆形，居细胞底部。在HE染色切片中，胞质着色较浅，分泌颗粒不能显示。黏液腺泡的分泌物较黏稠，主要为黏液（即糖蛋白）。

（3）混合腺泡（mixed acinus） 由浆液腺细胞和黏液腺细胞共同组成。大多数混合腺泡主要由黏液腺细胞组成，几个浆液腺细胞位于腺泡的一侧，在切片中呈半月形排列，称半月。半月的分泌物可经黏液腺细胞间的小管释放入腺泡腔内。

2. 导管 是反复分支的上皮性管道，是腺的排泄部，末端与腺泡相连。

（1）闰管（intercalated duct） 直接与腺泡相连，管径细，管壁为单层立方或单层扁平上皮。

（2）纹状管（striated duct） 或称分泌管（secretory duct），位于小叶内，与闰管相连接，管径粗，管壁为单层高柱状上皮，核居细胞近顶部，胞质嗜酸性，细胞基部可见纵纹。有转运水和吸钠排钾的功能，可调节唾液量及其电解质含量。

（3）小叶间导管和总导管 纹状管汇合形成小叶间导管，行于小叶间结缔组织内，初为单层柱状上皮，以后随管径增大，移行为假复层柱状上皮。小叶间导管逐级汇合并逐渐增粗，最终形成一条或几条总导管，开口于口腔，导管近口腔开口处逐渐变为复层扁平上皮，与口腔上皮相连续。

3. 三种唾液腺的结构特点

（1）腮腺 为纯浆液腺。闰管长，纹状管较短。分泌物含唾液淀粉酶多，黏液少。

（2）下颌下腺 为混合腺。浆液腺泡多，黏液性和混合性腺泡少。闰管短，纹状管发达。分泌物含唾液淀粉酶较少，黏液较多（图11-20）。

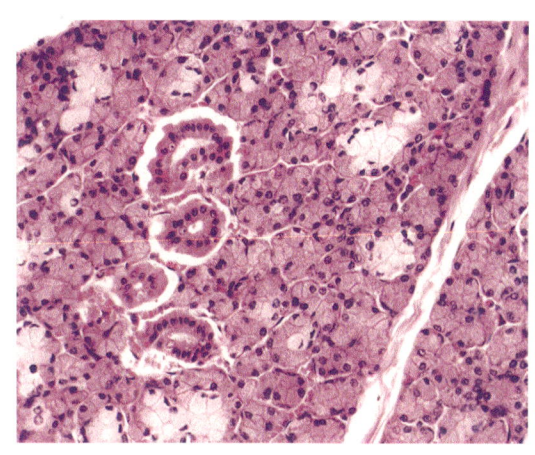

图11-20 下颌下腺（HE染色，10×20倍）

（3）舌下腺 也为混合腺。以黏液性和混合性腺泡为主，半月较多，无闰管，纹状管也较短。分泌物以黏液为主。

（二）胰腺

胰腺（pancreas）表面包以薄层结缔组织被膜，结缔组织伸入腺内将实质分隔为许多小叶。腺实质由外分泌部和内分泌部组成。外分泌部占腺体的大部分，属于消化腺，分泌胰液，内含多种消化酶，经导管排入十二指肠，在食物消化中起重要的化学性消化作用。内分泌部（又称胰岛）是散在分布于外分泌部之间的细胞团，分泌的激素进入血液或淋巴，主要参与糖类代谢的调节（图11-21）。

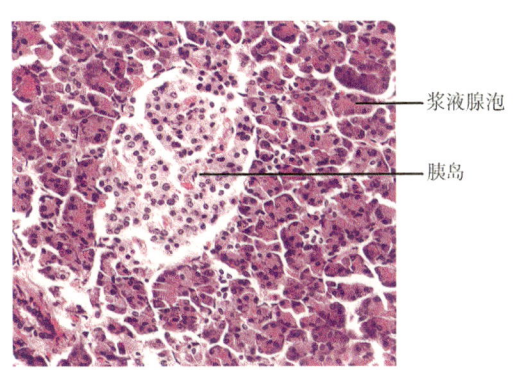

图11-21 胰腺（HE染色，10×20倍）

1. 外分泌部 为纯浆液性复管泡状腺，由腺泡和导管组成。

（1）腺泡 由浆液腺细胞组成。细胞呈锥形，核圆，位于近基底部，胞质嗜碱性，顶部胞质富含嗜酸性分泌颗粒（即酶原颗粒）。电镜下胞质内含有丰富的粗面内质网和核糖体。腺泡腔内可见一些体积较小、胞质染色较浅的扁平或立方形细胞，称泡心细胞，为延伸入腺泡腔内的闰管起始部上皮细胞（图11-22）。

（2）导管 胰腺的闰管长，为单层扁平或立方上

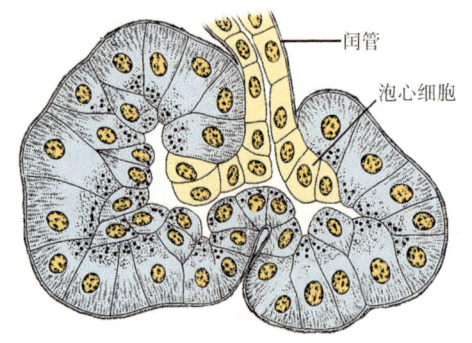

图 11-22 胰腺腺泡模式图

皮，无纹状管，闰管逐渐汇合形成小叶内导管。小叶内导管在小叶间结缔组织内汇合成小叶间导管，后者再汇合成一条主导管，贯穿胰腺全长，在胰头部与胆总管汇合，开口于十二指肠乳头。

成人每天分泌1000~2000ml胰液。胰液为碱性液体，含多种消化酶，如胰蛋白酶、胰糜蛋白酶、胰淀粉酶和胰脂肪酶等，它们参与消化食物中的各种营养成分。

2. 内分泌部 又称胰岛（pancreas islet），是散在分布于外分泌部腺泡之间大小不等的内分泌细胞团。在HE染色中，胰岛细胞着色浅，易于辨认。成人胰腺约有100万个胰岛，胰尾部较多。胰岛大小不等，直径75~500mm，胰岛细胞呈团索状分布，细胞间有丰富的有孔毛细血管。人胰岛主要有A、B、D和PP四种细胞。在HE染色标本中不易区分，用免疫组织化学方法或电镜可进行鉴别（图11-23）。

（1）A细胞　约占胰岛细胞总数的20%，细胞体积较大，多分布在胰岛周边部。A细胞分泌的胰高血糖素（glucagon），能促进肝细胞内的糖原分解为葡萄糖，并抑制糖原合成，故使血糖浓度升高。

（2）B细胞　数量较多，约占胰岛细胞总数的70%，主要位于胰岛的中央部。B细胞分泌的胰岛素（insulin），能促进肝细胞、脂肪细胞等细胞吸收血液内的葡萄糖，合成糖原或转化为脂肪，从而使血糖降低。

胰岛素与胰高血糖素的协同作用，使血糖浓度保持相对稳定。若胰岛发生病变，B细胞退化，胰岛素分泌不足，可致血糖升高，并从尿中排出，即为

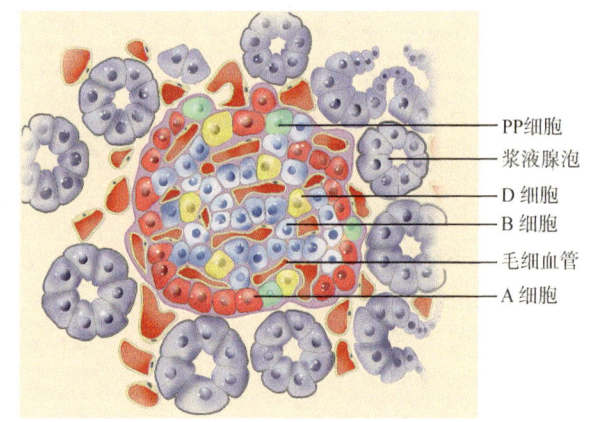

图 11-23 胰岛各种细胞模式图

糖尿病。胰岛B细胞肿瘤或细胞功能亢进时，胰岛素分泌过多，则可导致低血糖症。

（3）D细胞　数量少，约占胰岛细胞总数的5%。D细胞分泌的生长抑素（somatostatin）以旁分泌方式或经缝隙连接直接作用于邻近的A、B和PP等细胞，抑制它们的分泌活动。

（4）PP细胞　数量很少。PP细胞分泌的胰多肽（pancreatic polypeptide），有抑制胰液分泌、胃肠运动及胆囊收缩的作用。

（三）肝

肝（liver）是人体最大的腺体，具有多种重要的生理生化功能。肝细胞分泌的胆汁作为消化液参与脂类的消化和吸收；肝细胞还参与糖、脂类、激素、药物等的代谢；肝细胞能合成多种蛋白质，直接分泌入血；肝还能清除从胃肠道进入血液的微生物等有害物质。

肝表面被覆有致密结缔组织被膜，被膜大部分为浆膜。肝门处的结缔组织随门静脉、肝动脉和肝管的分支伸入肝实质，将实质分隔成许多肝小叶。相邻肝小叶之间各种管道密集的部位为门管区。

1. 肝小叶（hepatic lobule） 为肝的基本结构单位，呈多角棱柱体，长约2mm，宽约1mm。成人肝有肝小叶50万~100万个。肝小叶之间被少量结缔组织分隔，有的动物（如猪）的肝小叶分界明显，而人的肝小叶间结缔组织很少，分界不清（图11-24，图11-25）。肝小叶中央有一条沿其长轴走行的中央静脉（central vein），其周围是大致呈放射状排列的肝索和肝血窦（图11-26，图11-27）。

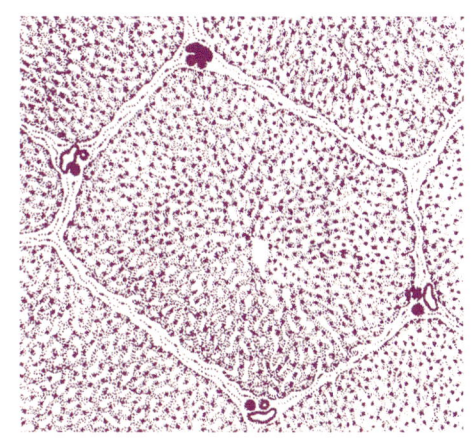
图11-24 猪肝小叶横切面模式图

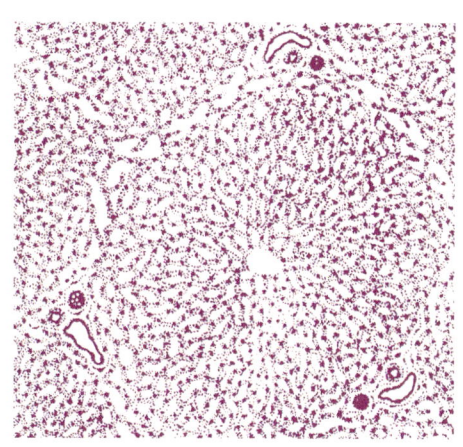
图11-25 人肝小叶横切面模式图

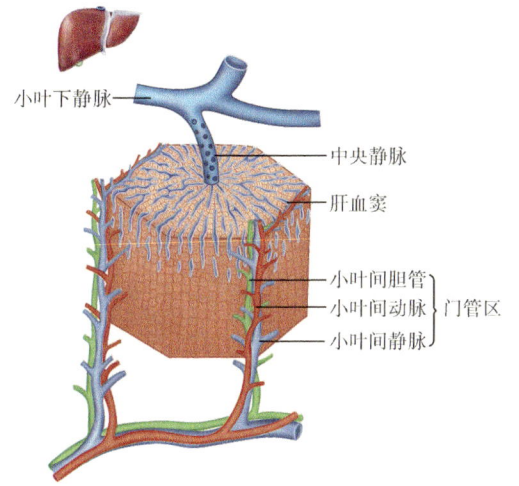
图11-26 肝小叶立体模式图

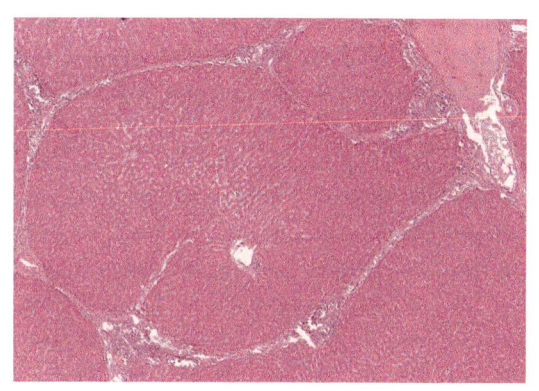
图11-27 肝小叶（HE染色，10×4倍）

肝细胞以中央静脉为中心，单行排列成凹凸不平的板状结构，称为肝板（hepatic plate）。相邻肝板吻合连接，形成迷路样结构，在切片上其断面呈条索状，故又称肝索（hepatic cord）。肝板之间不规则的腔隙为肝血窦，血窦经肝板上的孔互相连通，形成网状管道。肝细胞相邻面的质膜局部凹陷，形成微细的胆小管，在肝板内胆小管相互连接成网（图11-28）。

（1）肝细胞（hepatocyte） 是构成肝小叶的主要成分。肝细胞体积较大，呈多面体形。肝细胞有三种不同的功能面：血窦面、细胞连接面和胆小管面。电镜模式图下可见血窦面和胆小管面有发达的微绒毛，使细胞表面积增大（图11-29）。相邻肝细胞之间的连接面有紧密连接、桥粒和缝隙连接等结构。肝细胞核大而圆，居中，常染色质丰富而着色浅，核仁一至数个。双核细胞较多见，该细胞功能较活跃。肝细胞胞质呈嗜酸性，内含散在的嗜碱性物质。电镜模式图下观察其胞质内有丰富的各种细胞器。

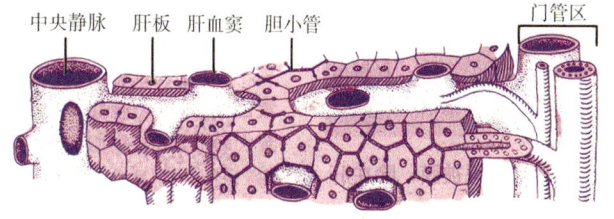
图11-28 肝板、肝血窦与胆小管关系模式图

1）粗面内质网：成群分布于胞质内，是肝细胞合成多种蛋白质的基地，如血浆中的白蛋白、纤维蛋白原、凝血酶原、脂蛋白、补体等。

2）滑面内质网：广泛分布于胞质内，其膜上分布有多种酶系。肝细胞摄取的各种有机物可在滑面内质网内进行连续的合成、分解、结合和转化等反应，包括胆汁合成、脂类代谢、糖代谢、激素代谢等，以及从肠道吸收的有害物质（药物、腐败产物等）的生物转化。

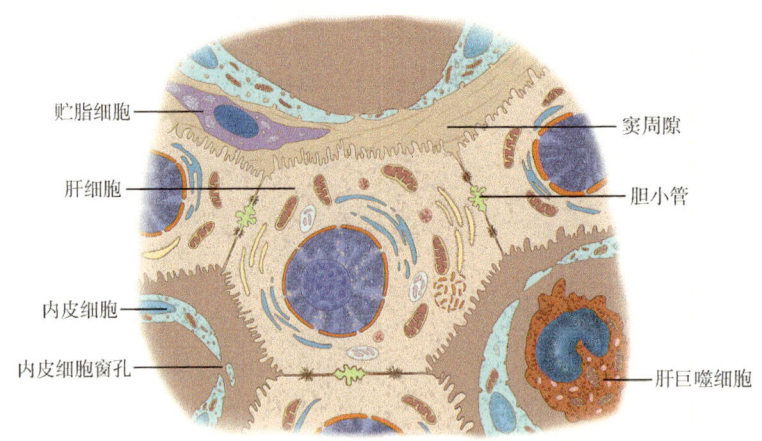

图11-29　肝板、肝血窦、窦周隙及胆小管的关系模式图

3）高尔基复合体：粗面内质网合成的部分蛋白质转移到高尔基复合体上进行加工，然后经分泌小泡由血窦面排出。近胆小管处则与胆汁的排泌有关。

肝细胞胞质富含线粒体、溶酶体、过氧化物酶体等。

肝细胞内还有糖原、脂滴等内含物，进食后糖原增多，饥饿时糖原减少；正常肝细胞内脂滴少，某些肝病时肝细胞内脂滴可增多。

（2）肝血窦（hepatic sinusoid）　位于肝板之间，腔大而不规则，互相吻合成网状管道。血窦壁由内皮细胞组成，窦腔内有定居的肝巨噬细胞和大颗粒淋巴细胞。血液从肝小叶的周边经血窦流向中央，汇入中央静脉。

1）内皮细胞：有许多大小不等的窗孔，孔上无隔膜。内皮细胞相互连接松散，常有较宽的间隙。内皮细胞外无基膜，仅见散在的网状纤维。因此，肝血窦壁的通透性大，除血细胞和乳糜微粒外，血浆各种成分均可自由通过，有利于肝细胞摄取血浆中的物质和排出其分泌产物。

2）肝巨噬细胞（hepatic macrophage）：又称库普弗细胞（Kupffer cell），是定居于肝内的巨噬细胞（图11-29）。细胞形态不规则，常伸出伪足附于内皮细胞上，或穿过内皮窗孔和细胞间隙伸入窦周隙。肝巨噬细胞具有活跃的吞饮与吞噬能力，构成机体一道重要防线，尤其在吞噬清除从胃肠道进入门静脉的细菌、病毒和异物方面起关键作用。此外，它还有清除衰老的血细胞、监视肿瘤及参与调节机体免疫应答等作用。

3）肝内大颗粒淋巴细胞：为NK细胞，较牢固地附着在内皮细胞或库普弗细胞表面。它对肿瘤细胞和病毒感染的肝细胞有直接杀伤作用，是构成肝防御屏障的重要组成部分。

（3）窦周隙（perisinusoidal space）　为血窦内皮细胞与肝细胞之间宽约0.4mm的狭小间隙，是肝细胞与血液之间进行物质交换的场所（图11-29）。由于血窦内皮通透性大，故窦周隙内充满血浆，肝细胞血窦面的大量微绒毛伸入窦周隙，浸于血浆之中，可以和血浆进行高效的物质交换。

窦周隙内有散在的网状纤维，还有一种形态不规则的贮脂细胞（fat-storing cell）。此细胞在HE染色切片中不易辨认，主要特征是胞质内含有许多大小不一的脂滴。贮脂细胞的功能是贮存维生素A，在机体需要时释放入血。贮脂细胞还能产生网状纤维和基质。在慢性肝炎或慢性酒精中毒的肝病，贮脂细胞异常增殖，肝内纤维增多，导致肝硬化。

（4）胆小管（bile canaliculus）　是相邻两个肝细胞之间胞膜局部凹陷形成的微细管道，在肝板内连接成网（图11-30）。电镜下，胆小管腔面有肝细胞形成的微绒毛突入腔内，而胆小管周围的肝细胞膜形成紧密连接、桥粒等连接复合体，封闭胆小管周围的细胞间隙。正常情况下，肝细胞分泌的胆汁排入胆小管，胆汁不会从胆小管溢出至窦周隙；当肝细胞发生变性坏死或胆道堵塞内压增大时，胆小管的正常结构被破坏，胆汁才会溢入窦周隙而进入血窦，导致黄疸。

2. 肝门管区　相邻肝小叶之间呈三角形或椭圆形的区域，结缔组织较多，称门管区（portal area），每个肝小叶周围有3～4个门管区，其中可见三种伴行的管道，即小叶间静脉、小叶间动脉和小叶间胆管（图11-31）。小叶间静脉为门静脉的分支，管腔较大而不规则，管壁薄；小叶间动脉为肝动脉的分支，管腔小，管壁相对较厚；小叶间胆管管壁为单层立方上皮。

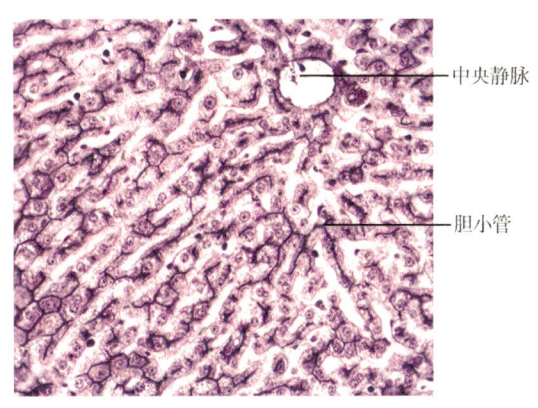

图11-30　胆小管（HE染色，10×40倍）

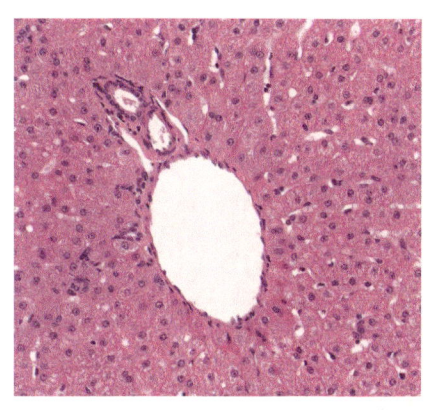

图11-31　肝门管区（HE染色，10×20倍）

3. 肝的血液循环　肝由门静脉和肝动脉双重供血。门静脉是肝的功能性血管，将胃肠道吸收的物质输入肝内进行代谢和转化。门静脉入肝后逐级分支，在肝小叶间形成小叶间静脉。小叶间静脉反复分支，其终末与血窦相连，将门静脉血输入肝血窦内。肝动脉是肝的营养性血管，肝动脉分支形成小叶间动脉，最后也通入肝血窦。肝血窦的血液从小叶周边流向中央，汇入中央静脉。若干中央静脉汇合成小叶下静脉，单独走行于小叶间结缔组织内，管径大，壁较厚。小叶下静脉进而汇集成2～3支肝静脉，出肝后入下腔静脉。

（四）胆囊与胆管

1. 胆囊　胆囊壁由黏膜、肌层和外膜组成（图11-32）。黏膜有发达的皱襞，胆囊收缩排空时皱襞高大明显，充盈扩张时皱襞大部分消失。黏膜由上皮和固有层构成，上皮为单层柱状，皱襞间的上皮常向固有层内凹陷形成隐窝，称黏膜窦。上皮有一定的分泌功能，但以吸收功能为主。肌层厚薄不一，平滑肌纤维呈螺旋形排列。外膜较厚，大部分为浆膜。

胆囊具有贮存和浓缩胆汁的功能。从肝排出的胆汁流入胆囊内贮存，胆囊上皮细胞能主动吸收胆汁中的水和无机盐，使胆汁浓缩。

2. 胆管　由肝分泌的胆汁经左右肝管、肝总管、胆囊管进入胆囊贮存，胆囊中贮存的浓缩胆汁经胆囊管排入十二指肠。

肝外胆管管壁也由黏膜、肌层和外膜组成。黏膜有纵行皱襞。胆总管黏膜上皮为单层柱状，夹有杯状细胞，固有层内有黏液腺。胆管和胆总管的上1/3段肌层薄，平滑肌分散；胆总管中1/3段肌层渐厚，纵行平滑肌增多；胆总管下1/3段的肌层分内环行、外纵行两层。外膜为较厚的纤维膜。纵行平滑肌收缩可使胆管缩短，管腔扩大，有利于胆汁通过。

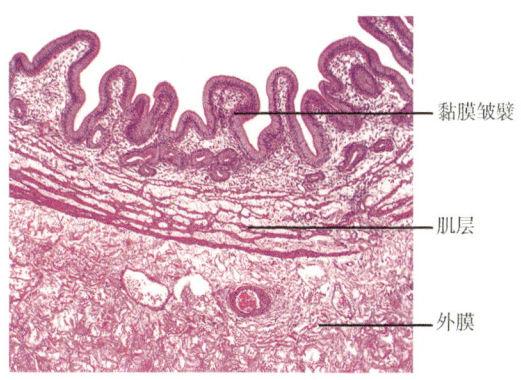

图11-32　胆囊（HE染色，10×10倍）

（蒙兆年）

第 12 章 呼吸系统

学习目标

掌握：气管和主支气管的一般结构；肺呼吸部的结构与功能。
熟悉：肺导气部的组成、结构及变化规律。
了解：鼻、喉的组织结构。

案例 12-1

患者，女，65 岁，咳嗽、胸痛 1 周入院。胸部 CT 提示右肺上叶实性结节，血液检查未见明显异常，痰抗酸染色阴性，痰分枝杆菌测序阴性，经抗感染治疗 3 周后复查胸部 CT，病灶与之前相仿，行经皮肺穿刺活检术，病理回报：右肺上叶炎细胞浸润，上皮样肉芽肿形成，彻底的凝固性坏死，间质纤维增生伴机化，抗酸染色（+），PAS 染色（-），考虑结核。

问题：1. 简述肺导气部的结构特点。
      2. 简述肺呼吸部的形态结构。

呼吸系统（respiratory system）是机体与外界进行气体交换的一套反复分支的管道系统，由呼吸道和肺两部分组成。呼吸道包括鼻、咽、喉、气管及主支气管。从鼻腔至肺内终末细支气管称为导气部，是传送气体的管道；从肺内呼吸性细支气管至末端的肺泡称为呼吸部，是进行气体交换的部位。此外，鼻是嗅觉器官，喉兼有发音功能。

一、鼻

鼻是呼吸和嗅觉器官。鼻外表面皮肤较厚，富含皮脂腺和汗腺。鼻腔的内表面为黏膜，由上皮和固有层构成。黏膜的下方为软骨膜、骨膜或骨骼肌。根据部位、结构和功能的不同，鼻黏膜分为前庭部、呼吸部和嗅部三部分（图 12-1）。

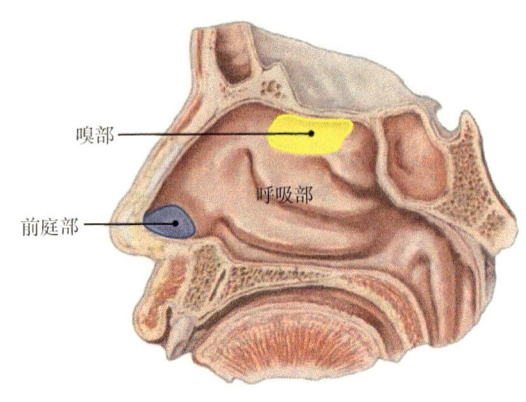

图 12-1 鼻黏膜分部

（一）前庭部

前庭部（vestibular region）指邻近鼻孔的部分。黏膜表面是未角化的复层扁平上皮，近外鼻孔处上皮与皮肤相移行，出现角化，并有鼻毛和皮脂腺等。鼻毛有阻挡空气中较大尘粒吸入的作用，是过滤吸入空气的第一道屏障。固有层为细密结缔组织，内有毛囊、皮脂腺和汗腺等。

（二）呼吸部

呼吸部（respiratory region）位于下鼻甲、鼻道和鼻中隔的中下份，占鼻黏膜的大部分。表面覆以假复层纤毛柱状上皮，杯状细胞多（图 12-2）。纤毛向咽部的定向摆动，可将黏着的尘粒推向咽部而咳出。固有层含有丰富的腺体、静脉丛和淋巴组织，能够对吸入的空气起加温、加湿及免疫防御的作用。患鼻炎时，静脉丛异常充血，黏膜水肿，分泌物增多，鼻道变窄，导致通气困难。

（三）嗅部

嗅部（olfactory region）位于鼻中隔的上份、鼻腔顶部，黏膜面积较小，总面积约2cm^2，由嗅上皮和固有层构成。嗅上皮为假复层柱状上皮，无杯状细胞，含嗅细胞、支持细胞和基细胞。

1. 嗅细胞（olfactory cell） 位于支持细胞之间，为双极神经元。胞体细长，呈梭形，约占嗅上皮的2/3，细胞顶部呈细棒状的树突伸向上皮表面，其末端形成的小球状膨大，称为嗅泡（olfactory vesicle）。从嗅泡发出10～30根纤毛，称嗅毛（olfactory cilium）。嗅

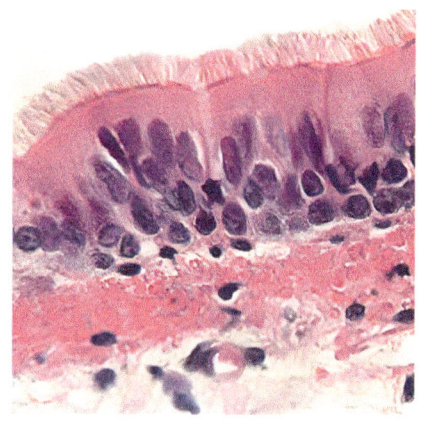

图12-2 （鼻腔）假复层纤毛柱状上皮（HE染色，10×40倍）

毛能感受不同化学物质的刺激。嗅细胞基部伸出细长轴突，穿过上皮基膜被施万细胞所包绕，形成无髓神经纤维，在固有层内形成嗅丝，嗅丝穿过筛孔进入中枢神经系统的嗅球。

2. 支持细胞（sustentacular cell） 数量最多，呈高柱状，顶部宽大，基部较细。游离面有许多微绒毛。核圆形，位于细胞上部，胞质内含有较多线粒体，常见脂褐素颗粒。这种细胞起着分隔嗅细胞和支持作用。

3. 基细胞（basal cell） 呈锥形或圆形的矮小细胞，位于其他两种上皮细胞之间。相当于干细胞，可增殖分化为支持细胞和嗅细胞。

嗅部的固有层为较薄的结缔组织，富含血管和神经，还有许多嗅腺，深部和骨膜相连。嗅腺产生的浆液性分泌物排到上皮表面，嗅毛便浸埋于其中。空气中有气味的化学物质，被嗅腺产生的分泌物溶解，进而刺激嗅毛，引起嗅觉。浆液的持续分泌，可不断清洗上皮表面，使嗅细胞对气味刺激保持高度的敏感性。慢性鼻炎患者嗅腺黏液性化生，分泌浆液的功能下降，因此出现嗅觉障碍。

二、喉

喉既是呼吸器官，也是发音器官，连接咽与气管。喉以软骨为支架，软骨之间连以韧带、肌肉或关节，内衬黏膜。

会厌舌面及喉面上份的黏膜上皮为复层扁平上皮，有味蕾；喉面基部为假复层纤毛柱状上皮。固有层为疏松结缔组织，弹性纤维较丰富，并有混合腺和淋巴组织。固有层深部与会厌软骨的软骨膜相连。

喉侧壁黏膜形成上、下两对皱襞，分别为室襞和声襞。上、下皱襞之间为喉室。室襞黏膜表面为假复层纤毛柱状上皮，有杯状细胞，固有层和黏膜下层为疏松结缔组织，内有丰富的混合腺和淋巴组织。喉室的黏膜与黏膜下层的结构和室襞相似。声襞又称声带，其游离缘为膜部，较薄，基部为软骨部。膜部黏膜表面为复层扁平上皮，固有层较厚，其浅部为疏松结缔组织，炎症时易发生水肿；深部为致密结缔组织，富含与表面平行排列的弹性纤维，构成声韧带。固有层内无腺体，血管也较少，其下方的骨骼肌纤维构成声带肌。膜部是声带振动的主要部位，也是声带小结、息肉和水肿的好发部位。

黏膜下层和外膜均为疏松结缔组织，黏膜下层（除声襞）有混合腺，外膜内有软骨和骨骼肌。

三、气管和主支气管

气管和主支气管是肺外气体通道，其管壁结构相似，以软骨作支架，黏膜上皮为假复层纤毛柱状上皮，由内向外依次为黏膜层、黏膜下层和外膜（图12-3）。

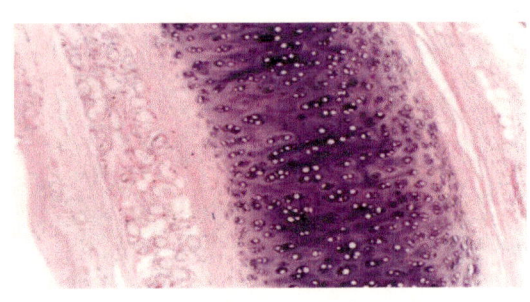

图 12-3 气管（HE 染色，10×10 倍）

（一）气管

1. 黏膜层 由上皮和固有层构成。其中，上皮为假复层纤毛柱状上皮，由纤毛柱状细胞、杯状细胞、刷细胞、小颗粒细胞和基细胞构成。

（1）纤毛柱状细胞 数量最多，呈柱状。游离面有密集的纤毛，纤毛向咽部快速定向摆动，可清除黏液及其黏附的尘埃、细菌等，保持呼吸道的清洁。

（2）杯状细胞 较多，其分泌物形成管腔的黏液屏障，黏附空气中的灰尘、细菌等异物颗粒。

（3）刷细胞 呈柱状，游离面有排列整齐的微绒毛，形如刷状，具有感受刺激的功能。

（4）小颗粒细胞 即内分泌细胞，数量少，呈锥形，胞质内有许多含 5-羟色胺的分泌颗粒，可调节呼吸道平滑肌的收缩和腺体的分泌。

（5）基细胞 为干细胞，呈锥形，可增殖分化为上皮中的其他各类细胞。

固有层结缔组织有较多的弹性纤维，还常见淋巴组织和分散的浆细胞存在。

2. 黏膜下层 为疏松结缔组织，与固有层和外膜之间无明显的分界。黏膜下层内含有血管、淋巴管、神经和许多混合腺，又称气管腺。其分泌物经导管排入管腔，并与上皮内杯状细胞分泌的黏液一起在管腔表面形成较厚的黏液层，黏附异物和细菌等，腺体的分泌物含有溶菌酶。因此，气管和支气管在导气过程中还具有免疫性防御功能。

3. 外膜 较厚，为疏松结缔组织，主要由 16～20 个 "C" 字形透明软骨环构成管壁的支架，软骨环之间以弹性纤维组成膜状韧带连接，使管腔保持通畅并具有一定的弹性。在气管，软骨环的缺口朝向后壁，缺口处有膜状韧带与平滑肌束连接。咳嗽时平滑肌收缩，使管腔缩小，呼出气流加速，有助于清除痰液。

（二）主支气管

主支气管的管壁结构与气管相似，随着分支，管径逐渐变小，管壁也逐渐变薄，三层分界不明显。透明软骨环逐渐变为不规则软骨片；同时平滑肌逐渐增多，螺旋状排列，肌肉收缩有利于分泌物排出。

四、肺

肺（lung）表面有一层光滑的浆膜，即胸膜脏层。肺组织分为实质和间质两部分。肺实质即是肺内各级支气管分支及终末的大量肺泡，间质为结缔组织，含血管、淋巴管和神经等。主支气管从肺门入肺后反复分支呈树状，称为支气管树。

肺实质按其功能可分为导气部和呼吸部。从肺内的叶支气管、段支气管、小支气管、细支气管到终末细支气管，称为肺导气部，导气部没有气体交换功能。终末细支气管以下的分支为肺呼吸部，包括呼吸性细支气管、肺泡管、肺泡囊和肺泡（图 12-4）。

每一个细支气管连同其各级分支和肺泡构成一个肺小叶（pulmonary lobule）。肺小叶呈锥形，尖端朝向肺门，底部朝向肺表面，小叶之间有结缔组织间隔。每一侧肺叶有 50～80 个肺小叶，肺小叶是肺的结构和功能单位。

（一）肺导气部

肺导气部的结构与主支气管相似，但随着支气管进

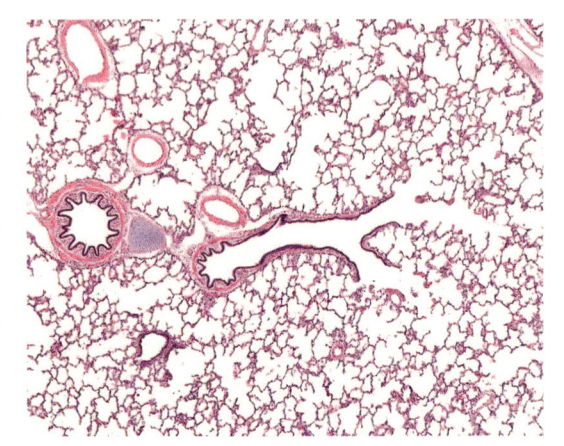

图 12-4 肺（HE 染色，10×10 倍）

入肺内后不断分支,其管径逐渐变细,管壁逐渐变薄,结构越来越简单。管壁结构的变化呈现"三少一多"的规律,即黏膜上皮的杯状细胞、黏膜下层的腺体和外膜的软骨成分逐渐减少,而平滑肌成分相对逐渐增多。

1. 叶支气管至小支气管 管壁结构与主支气管基本相似,但管径变小,管壁的三层结构逐渐变薄而分界不明显。上皮仍为假复层纤毛柱状上皮,但杯状细胞、腺体和软骨逐渐减少,平滑肌逐渐增多为不成层的环行平滑肌束。

2. 细支气管 管径约为1.0mm,上皮由假复层纤毛柱状上皮逐渐变为单层纤毛柱状上皮。杯状细胞、腺体和软骨片逐渐减少或消失,而环行平滑肌明显,黏膜常形成皱襞。

3. 终末细支气管 管径约为0.5mm,上皮为单层柱状,杯状细胞、腺体和软骨片全部消失,有完整的环行平滑肌,黏膜皱襞也明显。

肺导气部的细支气管和终末细支气管管壁平滑肌在自主神经支配下收缩或舒张,可调节进入肺小叶的气流量(图12-5)。当终末细支气管受到过敏性介质刺激时,发生痉挛性收缩,可导致呼吸困难。

(二)肺呼吸部

肺呼吸部延续自肺导气部的终末细支气管的分支,其管壁开始已有肺泡开口,是能够进行气体交换的部分(图12-6)。

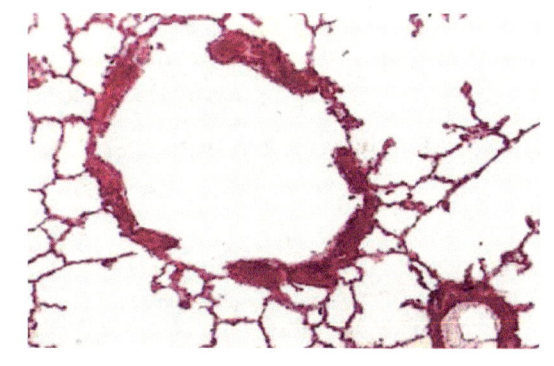

图12-5 肺导气部(HE染色,10×40倍)

1. 呼吸性细支气管 光镜下,上皮为单层立方上皮,有少量肺泡开口在管壁上,具有换气功能;上皮外有薄层结缔组织和少量环行平滑肌,肺泡开口处为单层扁平上皮。

2. 肺泡管(alveolar duct) 每个肺泡管的管壁上有大量的肺泡开口。光镜下,管壁自身的结构很少,单层立方或单层扁平上皮的下方有薄层结缔组织和少量的平滑肌,且平滑肌纤维环形围绕在肺泡的开口处,故在切片中可见相邻肺泡间的结节状膨大。

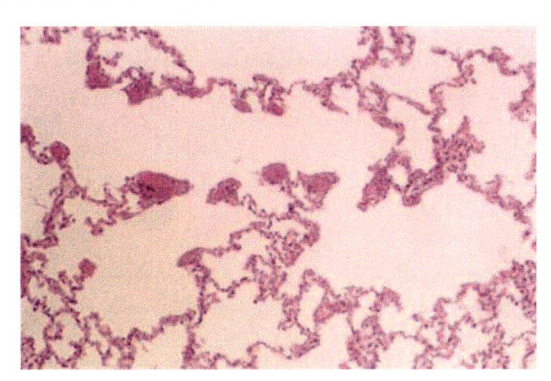

图12-6 肺呼吸部(HE染色,10×20倍)

3. 肺泡囊(alveolar sac) 与肺泡管相连续,其管壁由若干肺泡围成,相邻肺泡之间仅有少量的结缔组织而没有环行平滑肌。因此在切片中无结节状的膨大。

4. 肺泡(pulmonary alveoli) 是支气管树的终末部分,是肺进行气体交换的主要场所。每个肺含有肺泡3亿~4亿个,吸气时两侧总表面积可达140m²。肺泡为半球形的小囊,直径约200μm,开口于肺泡囊、肺泡管或呼吸性细支气管。其管壁很薄,由肺泡上皮和基膜构成,相邻肺泡之间以薄层结缔组织相连,称肺泡隔。肺泡上皮包括Ⅰ型肺泡细胞和Ⅱ型肺泡细胞(图12-7)。

(1)Ⅰ**型肺泡细胞(type Ⅰ alveolar cell)** 光镜下,细胞扁平,含细胞核部分略厚,其余部分很薄。细胞覆盖肺泡表面积的95%左右,是气体交换的主要细胞。电镜下,Ⅰ型肺泡细胞内细胞器少,胞质内有

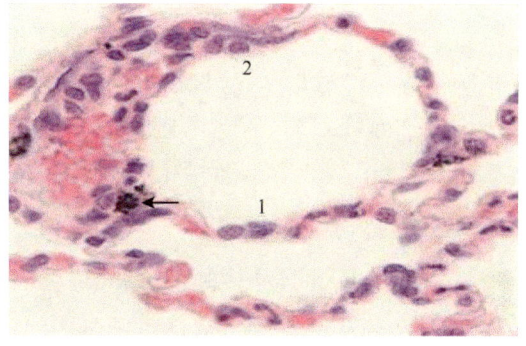

图12-7 肺泡上皮(HE染色,10×40倍)

1.Ⅰ型肺泡细胞;2.Ⅱ型肺泡细胞 ←尘细胞

大量吞饮小泡，小泡内含有表面活性物质和微小的颗粒。细胞可将这些物质转运到细胞外的间质内，以便清除。Ⅰ型肺泡细胞无分裂增生能力，损伤后由Ⅱ型肺泡上皮细胞补充。

（2）Ⅱ型肺泡细胞（type Ⅱ alveolar cell） 光镜下，细胞呈立方形或圆形，镶嵌于Ⅰ型肺泡细胞之间。细胞核圆形，居中，胞质着色浅，呈泡沫状。Ⅱ型肺泡细胞数量较Ⅰ型肺泡细胞多，但覆盖面积却只有肺泡表面积的5%左右。电镜下，细胞游离面有短小的微绒毛，胞质内除一般细胞器外，细胞核上方有较多的高电子密度分泌颗粒，颗粒内含有同心圆或平行排列的板层样结构，称为嗜锇性板层小体，其中含有磷脂、糖胺聚糖和蛋白质等。

Ⅱ型肺泡细胞是一种分泌细胞，其将分泌物排入肺泡腔，在肺泡表面铺展成一层薄膜，称表面活性物质（surfactant）。该物质与肺泡气体之间形成一个界面，具有降低肺泡表面张力和稳定肺泡直径的作用。吸气时，肺泡扩展，表面活性物质分布稀薄，肺泡的表面张力增大，即肺泡的回缩力增强，可以防止肺泡过度膨大；呼气终末时，肺泡缩小，表面活性物质相对浓厚，降低了肺泡的表面张力，使肺泡的回缩力减小，可防止肺泡萎缩塌陷，因此起到稳定肺泡形态的重要作用。Ⅱ型肺泡细胞虽不直接参与气体交换，但其正常作用的发挥保证了气体交换的正常进行。某些早产儿会因为Ⅱ型肺泡细胞发育不良，不能产生表面活性物质，出生后肺泡不能有效扩张，而出现呼吸困难，导致死亡。此外，Ⅱ型肺泡细胞有分裂、增殖并分化为Ⅰ型肺泡细胞上皮的能力。

5. 肺泡隔（alveolar septum） 为相邻肺泡之间的薄层结缔组织，内含丰富的毛细血管、大量的弹性纤维及肺巨噬细胞等（图12-8）。其中毛细血管有利于血液与肺泡进行气体交换。弹性纤维使肺泡具有良好的回缩能力，有助于肺泡扩张后的回缩。若弹性纤维退化或发生炎症等病变时，肺泡的弹性会减弱，导致肺泡逐渐扩大，肺的换气功能降低。例如，老年人的弹性纤维退化，导致肺泡回缩能力较差，吸烟则可加速这一退化进程，导致肺泡扩大，形成肺气肿，最终影响呼吸功能。肺巨噬细胞来源于血液单核细胞，可游走进入肺泡腔，具有活跃的吞噬功能，能吞噬进入肺泡腔和肺间质的灰尘、细菌或异物等，发挥重要的防御作用。吞噬了进入肺内的尘埃颗粒的肺巨噬细胞，即为尘细胞。

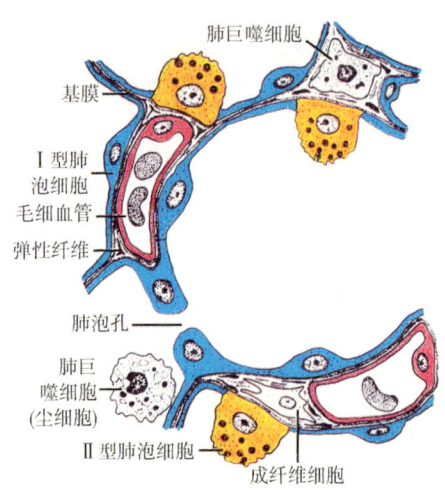

图 12-8 肺泡、肺泡孔和肺泡隔模式图

6. 肺泡孔（alveolar pore） 是相邻肺泡之间气体流通的小孔，直径在10～15μm，可均衡肺泡间气体的含量和压力。当终末细支气管或呼吸性细支气管阻塞时，可通过肺泡孔建立侧支通气，防止肺泡塌陷；当肺部感染时，病菌同样可以经肺泡孔扩散，使炎症得以蔓延。

7. 气-血屏障（blood-air-barrier） 肺泡与血液间进行气体交换所通过的结构，称为气-血屏障，又称呼吸膜。其相当薄，总厚度0.2～0.5μm，有利于气体迅速交换（图12-9）。气-血屏障是由肺泡表面液体层、Ⅰ型肺泡上皮细胞及其基膜、薄层结缔组织、毛细血管基膜与内皮构成。在有的部位，上皮与内皮之间无结缔组织，两层基膜直接相贴而融合。

（三）肺间质

肺内的结缔组织及其血管、淋巴管和神经等构成肺间质。结缔组织主要分布在支气管各级分支的周围。随着管道变细，结缔组织逐渐减少，至肺泡周围时仅剩少量结缔组织，这些结缔组织构成肺泡隔。肺间质的组成与一般结缔组织相比，弹性纤维更发达，巨噬细胞更多。

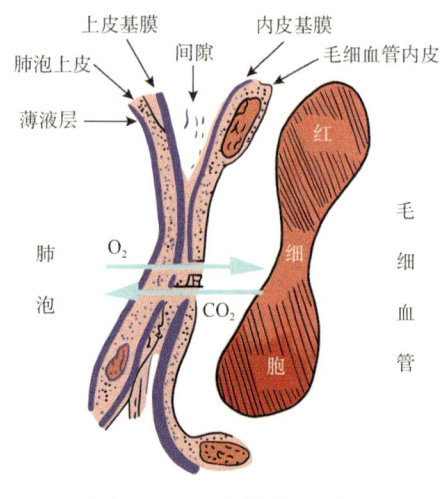

图 12-9 气-血屏障模式图

（四）肺的血管

肺有两组血液循环管道，即肺循环和支气管循环。

1. 肺循环 是肺的功能性血管，从肺门入肺后不断分支，与支气管各级分支伴行，至肺泡隔内形成毛细血管网。在肺泡处进行气体交换以后，毛细血管汇集成小静脉，不与肺动脉的分支伴行。到汇集成较大的静脉以后，才与支气管分支及肺动脉伴行，最后汇合为两条肺静脉出肺门。

2. 支气管循环 是肺的营养性血管。支气管动脉与支气管伴行入肺，其分支在支气管各级分支的管壁内形成毛细血管，为管壁提供营养。管壁的毛细血管一部分汇入肺静脉，另一部分形成支气管静脉，与支气管伴行，经肺门出肺。支气管动脉分支还供应肺门淋巴结、浆膜、肺间质和血管壁。

（五）肺的非呼吸性功能

近年来研究发现，肺除了具有气体交换的功能外，还有重要的非呼吸性的功能。例如，上述支气管上皮中的Club细胞，其分泌物中含有蛋白水解酶及氧化酶系，可分解管腔内的黏液，并对吸收的毒物和药物进行生物转化和解毒。肺支气管上皮内有丰富的神经内分泌细胞。肺血管的内皮细胞含有各种酶类，并能分泌多种生物活性物质。此外肺还是体内产生和降解前列腺素的重要器官。

链接

世界呼吸日

"世界呼吸日"（World Breath Day），始于2013年，是一个旨在促进人类关注呼吸健康，倡导环境保护的全球性公益活动。大爱清尘倡导通过呼吸挑战、徒步、跑步等多种形式，体验呼吸的重要性，关注呼吸困难的尘肺病患者，关注呼吸健康，提高呼吸质量。

世界呼吸日定为每年6月15日，当天呼吁人们屏气30秒，以体验呼吸健康对生命的重要性。首届世界呼吸日的口号是："世界呼吸日：为爱，为生命！"

近年来，工业污染、汽车尾气、雾霾等环境问题，正在威胁每个人的呼吸健康。世界呼吸日从倡导呼吸健康的角度出发，借助时下流行的健身方式，呼吁更多人关注呼吸健康。

（方安宁）

第13章 泌尿系统

> **学习目标**
>
> **掌握**：肾的一般结构；肾单位的组成；肾小体的结构及滤过膜；肾小管的结构及功能；致密斑和球旁细胞的结构和功能。
>
> **熟悉**：集合小管系的结构和功能；球内系膜细胞的功能；肾间质细胞的功能；肾的血液循环途径和特点。
>
> **了解**：输尿管和膀胱的结构和功能。

泌尿系统由肾、输尿管、膀胱和尿道组成，其主要功能是排出机体在新陈代谢过程中产生的废物，调节机体内的水、电解质平衡，维持机体内环境的相对稳定。肾过滤血液，产生尿液；尿液经输尿管输送到膀胱，暂时存贮；当膀胱充盈到一定程度时，尿液经尿道排出体外。此外，肾还可分泌多种生物活性物质，参与调节血压、促进造血等功能。

一、肾

肾（kidney）外形似蚕豆，外缘隆起，内缘中部凹陷称为肾门。肾门是输尿管、血管、神经和淋巴管出入肾的部位。

（一）肾的一般结构

肾表面包有薄层致密结缔组织构成的被膜，称纤维囊。肾分为肾实质和肾间质。肾间质是结缔组织在肾门处伸入肾内，与血管、神经、淋巴管等一起形成的。肾实质包括肾皮质和肾髓质。在新鲜肾的冠状剖面上，浅层颜色深称肾皮质，用放大镜观察，可见密集的红色点状细小颗粒；深层颜色较浅，称肾髓质。肾髓质由15～20个呈圆锥形的肾锥体构成。肾锥体的底朝向肾皮质，尖朝向肾窦，有许多呈放射状的条纹。肾锥体尖端钝圆，突入肾小盏内，称肾乳头，肾乳头顶端有许多小孔称乳头孔，尿液由此排至肾小盏内。肾锥体底与肾皮质相邻，伸入肾皮质的放射状条纹称髓放线，位于髓放线之间的肾皮质称皮质迷路。每个髓放线及两边各1/2皮质迷路组成一个肾小叶。一个肾锥体及其相连的肾皮质组成肾叶。肾锥体之间的肾皮质部分，称肾柱（图13-1，图13-2）。

肾实质主要由大量肾单位（nephron）和与其相连的集合小管系组成。每个肾单位包括一个肾小体（renal corpuscle）和一条与它相连的肾小管（renal tubule）。肾小管汇入集合小管系，它们均是单层上皮构成的管道，合称泌尿小管（uriniferous tubule）。肾小体位于皮质迷路和肾柱内。肾小管由近端小管、细段和远端小管组成。近端小管的起始部（近端小管曲部）与肾小体相连，在其周围盘曲走行，继而直行（近端小管直部）经髓放线下行至髓质，随后管径突然变细（细段），之后折返上行，管径又突然增粗（远端小管直部），经髓质和髓放线，进入皮质迷路后又盘曲走行在原肾小体周围（远端小管曲部）。最后

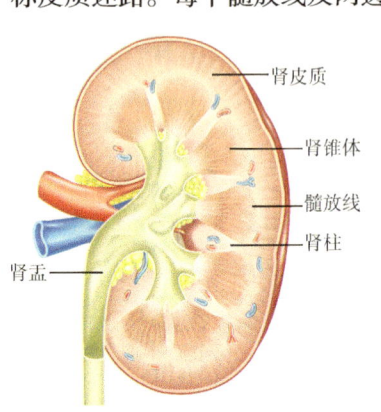

图13-1 肾冠状剖面模式图

汇入集合小管系。在髓质或髓放线中，近端小管直部、细段和远端小管直部三者构成"U"形的髓袢（loop of Henle）。

（二）肾单位

肾单位（nephron）是肾的结构和功能单位，由肾小体和肾小管组成（图13-3，图13-4）。每侧肾有100万～200万个肾单位，肾单位与集合小管系共同过滤血液，经过重吸收、分泌，产生尿液并运出肾脏。根据肾小体在肾皮质中深浅位置不同，可将肾单位分为浅表肾单位和髓旁肾单位2种。浅表肾单位分布在肾皮质的浅表层，数量较多，体积较小，髓袢较短，在尿液形成中起重要作用。髓旁肾单位于肾皮质深层靠近肾锥体处，胚胎发生较早，数量较少，体积较大，髓袢较长，对尿液浓缩有重要意义。2种肾单位基本结构相同。

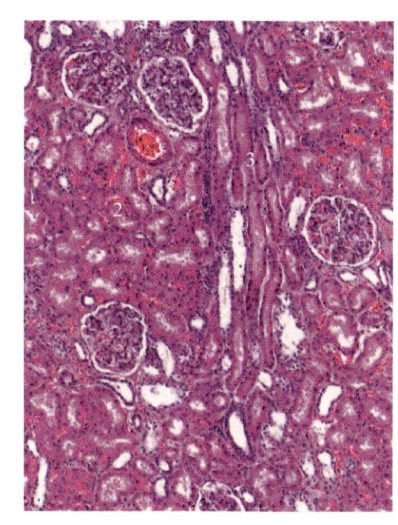

图13-2　肾皮质（HE染色，10×40倍）
1. 肾小体；2. 皮质迷路；3. 髓放线

1. 肾小体（renal corpuscle）　是肾脏对流经其内的血液进行滤过的重要结构。肾小体似球形，故又称肾小球，由血管球（glomerulus）和肾小囊（renal capsule）构成，平均直径约200μm。肾小体分布在皮质迷路和肾柱。肾小体有两极，微动脉出入的一端称血管极，另一端与近端小管相连称尿极。

（1）血管球（glomerulus）　是入球微动脉与出球微动脉之间的一团蜷曲的毛细血管，呈球形或椭圆形，周围被肾小囊包裹。血管球周围的间隙为肾小囊腔。一条入球微动脉从血管极进入肾小囊内，随即分成4～8支初级毛细血管，继而每支再分支，形成相互吻合的网状毛细血管袢，每个血管袢之间有血管系膜提供支持并连接毛细血管，毛细血管再汇聚成一条出球微动脉，经血管极出肾小体。因此，血管球是一种动脉性毛细血管网。由于入球微动脉管径较出球微动脉粗，故管内血压较高，当血液流经血管球时，大量水和其他小分子物质被挤（滤过）出管壁，进入肾小囊腔内（图13-5）。

电镜观察显示，血管球毛细血管内皮为胞质较薄的扁平细胞，细胞含核部分的胞质凸入管腔，扁平胞质部分可见许多规律排列的小孔，孔径为50～100nm，故血管球的毛细血管属有孔毛细血管，且大部分孔没有隔膜。内皮细胞的腔面有一层带负电荷的糖蛋白，对血液成分的滤过可起一定的选择性作用。毛细血管内皮细胞外包有较厚的基膜。

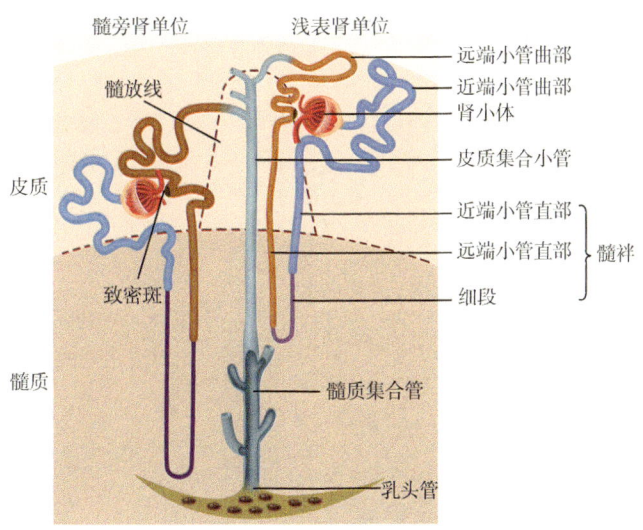

图13-3　肾单位和集合小管系模式图

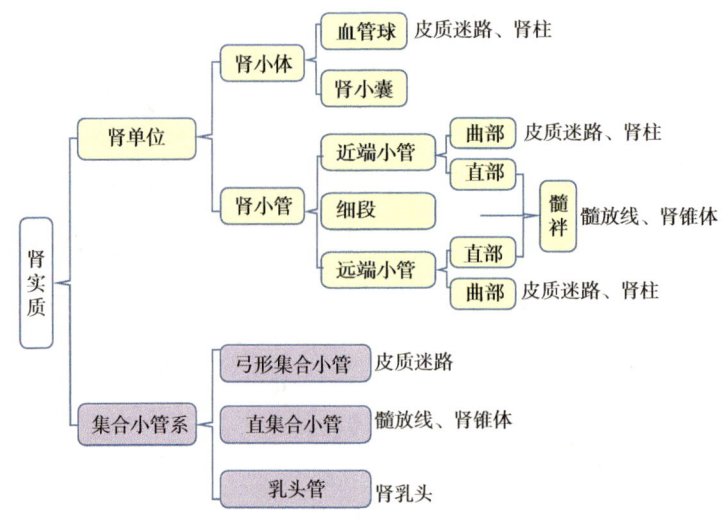

图13-4 肾实质的组成和泌尿小管各段的位置

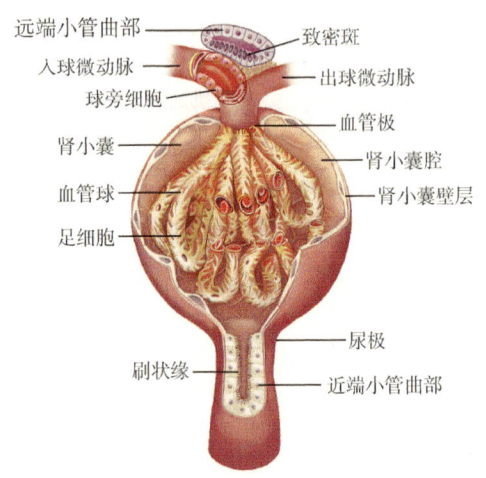

图13-5 肾小体与球旁复合体立体模式图

（2）血管系膜（mesangium） 又称球内系膜（intraglomerular mesangium），由球内系膜细胞和细胞外基质组成，位于血管球的毛细血管袢之间。球内系膜细胞又称系膜细胞，它形态不规则，多突起，胞核和胞质着色较深，细胞长突起可伸入内皮细胞与基膜之间。该细胞的胞质内含肌丝蛋白。电镜观察，胞质内可见发达的细胞器。球内系膜细胞的功能是多方面的，它们可吞噬和降解沉积在基膜和足细胞突起间的蛋白质及其他生物大分子残片，以维持基膜的通透性，保证血管球的正常滤过功能；胞质内的肌丝蛋白收缩可参与调节毛细血管管径的大小，进而可调控滤过量；该细胞发出的突起可与致密斑接触，球内系膜细胞能感受尿液中的离子浓度变化，并合成和分泌多种生物活性物质。此外，球内系膜细胞还能合成基膜和系膜基质的成分，起修复基膜的作用。

（3）肾小囊（renal capsule） 是肾小管起始处的盲端膨大凹陷而形成的杯状双层囊。其外层称壁层，内层为脏层，脏层贴附在血管球的毛细血管外表面。两层之间的狭窄间隙为肾小囊腔，囊内为血管球。

肾小囊壁层为单层扁平上皮，在肾小体尿极处与近端小管曲部上皮相接。肾小囊脏层上皮细胞形态特殊，有许多大小不等的突起，称足细胞（podocyte）。足细胞体积较大，胞体突向肾小囊腔，细胞核位于细胞中部，胞质内细胞器丰富。在扫描电镜下，可见由胞体发出的几个较大突起称初级突起，初级突起再发出许多指状的次级突起。相邻的次级突起呈栅栏状相互穿插，包绕于血管球的毛细血管外面（图13-6）。这些突起与毛细血管基膜相接触，相邻的次级突起之间有宽约25nm的裂隙，称裂孔，孔上覆一层厚4~6nm的薄膜，称裂孔膜（slit membrane）。

（4）滤过膜（filtration membrane） 又称滤过屏障（filtration barrier），是毛细血管内皮与肾小囊足细胞共同构成的肾小体滤过结构。电镜观察，滤过膜由

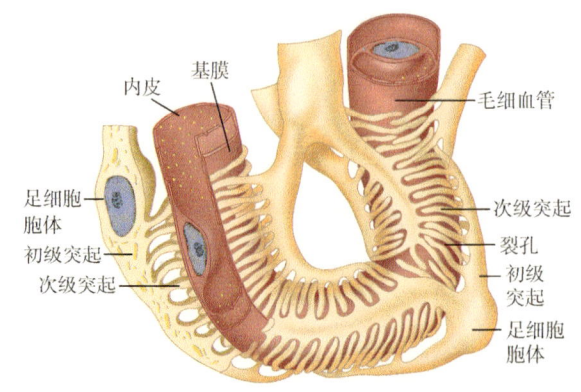

图13-6 肾小体足细胞与毛细血管电镜结构模式图

有孔毛细血管内皮、基膜和足细胞裂孔膜三层结构组成（图13-7，图13-8）。

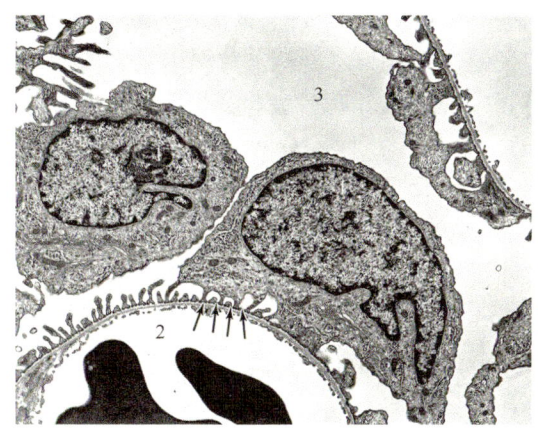

图13-7 肾小体毛细血管与足细胞透射电镜图
1. 足细胞；2. 血管球毛细血管；3. 肾小囊囊腔；↑滤过膜

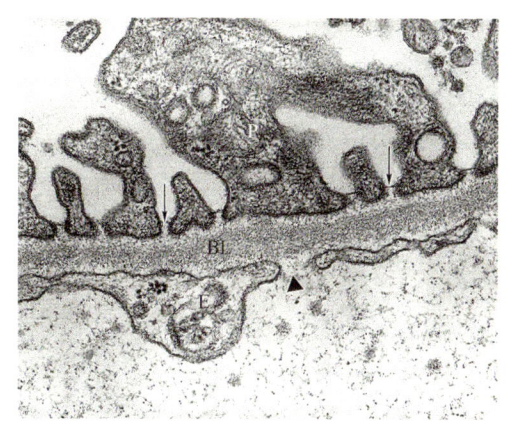

图13-8 肾小体的滤过膜电镜结构
▲有孔毛细血管内皮细胞；↓裂孔；BL：基膜；P：足细胞；E：内皮细胞

肾小体犹如滤过器，当循环血液流经肾小球毛细血管时，除血液中的血细胞和血浆中的大分子蛋白质不能通过滤过膜外，其他血浆成分均可通过滤过膜滤入肾小囊腔内，形成肾小球滤液，又称原尿。成人每昼夜生成的原尿量可达180L。滤过膜的三层结构对血浆成分具有选择性通透作用。一般情况下，分子质量70kDa以下、直径4nm以下的物质可通过滤过膜，这取决于被通透物质分子的大小、电荷性质等因素。有孔毛细血管内皮细胞上有窗孔结构，其孔径为50～100nm，所以认为内皮细胞对血浆蛋白的滤过可能不起阻留作用，而主要起超滤作用的可能是基膜。基膜上的微纤维网的网孔直径只有4～8nm，因此，大分子物质不能通过基膜。最后要经过足细胞的裂孔膜，裂孔膜上有大小不等的小孔，大的孔相当于白蛋白分子大小，裂孔膜是滤过膜对大分子物质通过的最后一道屏障。滤过膜除有以上机械屏障作用外，滤过膜的3层结构上均覆盖着一层带负电荷的唾液酸糖蛋白，所以，带正电荷的小分子物质如多肽、葡萄糖、尿素、电解质及水等，容易通过滤过屏障，可限制血浆内带负电荷的物质滤过。在病理情况下，如滤过膜遭到损坏，轻则蛋白质可以滤过，重则红细胞也能漏出，形成蛋白尿或血尿。

2. 肾小管 管壁由单层上皮细胞围成，外有基膜和少量结缔组织。肾小管分为近端小管、细段、远端小管三段，有重吸收和分泌等作用。

（1）近端小管 是肾小管的起始段，也是最长最粗的一段，约占肾小管总长的一半。近端小管分为曲部和直部两部分。

近端小管曲部又称近曲小管（proximal convoluted tubule），起自肾小体的尿极。小管管壁上皮细胞呈立方形或锥体形，细胞较大，细胞界限不清，核圆形，位于基底部，胞质呈嗜酸性，上皮细胞的腔面有紧密排列的毛刷状结构（又称刷状缘）（图13-9），基底部有纵纹。电镜观察，刷状缘由大量紧密排列的微绒毛组成，扩大了腔面的表面积，有利于重吸收。在微绒毛基部，细胞膜内陷形成许多吞饮小泡和小管，滤过液中一些分子量较大的物质（如蛋白质等）通过吞饮方式被重新吸收。细胞侧面有许多侧突，相邻细胞的侧突相互嵌合，故光镜下细胞分界不清。基底纵纹为发达的质膜内褶，增大了基部与细胞外基质之间的物质交换面积。在细胞基部的质膜上有丰富的Na^+-K^+-ATP酶，与离子转运有关。

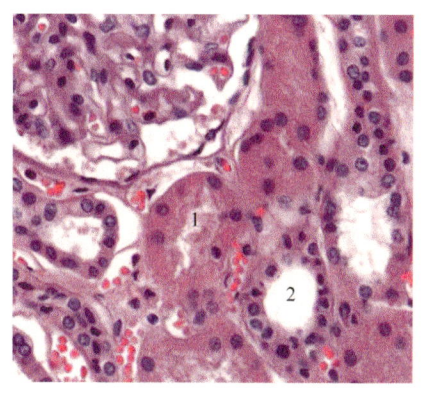

图13-9 近曲小管和远曲小管（HE染色，10×40倍）
1. 近曲小管；2. 远曲小管

近端小管直部分布在髓放线和肾锥体，是曲部的延续，其结构与曲部相似，但上皮细胞稍小，刷状缘不明显，管腔较近曲小管大，细胞内的细胞器、胞质侧突和质膜内褶均不显著。

近端小管是对原尿中有用成分进行重吸收的主要部位，原尿中几乎全部的葡萄糖、氨基酸和小分子蛋白质，以及大部分的水、无机盐和尿素都在此处被重吸收回血液。近端小管上皮细胞基膜上的离子泵可主动吸收Na^+，Na^+重吸收与氨基酸、葡萄糖、HCO_3^-重吸收，以及H^+分泌相偶联。正常情况下，进入滤液中的微量蛋白则通过肾小管上皮细胞的吞饮作用被重吸收。此外，近端小管还向管腔内分泌H^+、NH_3、肌酐和马尿酸等代谢产物。临床上如发生近端小管的损害可影响肾的正常排泄功能。

（2）细段 位于髓放线和肾锥体内。细段管径细，为10～15μm，管壁由单层扁平上皮构成。浅表肾单位的细段较短，髓旁肾单位的细段较长。细段上皮细胞核卵圆形，突入管腔，胞质着色较浅，腔面无刷状缘。电镜观察，腔面有少许微绒毛，基底面有少量的胞质内褶（图13-10）。由于细段上皮很薄，有利于水及电解质透过。

（3）远端小管 连接于细段和集合小管系之间，可分为远端小管直部和远端小管曲部两部分。

远端小管直部是髓袢升支的重要组成部分，管壁为单层立方上皮。上皮细胞体积较小，游离面无刷状缘，故此段小管管腔大。细胞界线较近端小管清楚，胞质染色浅（图13-9），核圆，位于中央，基底纵纹明显。电镜观察，远端小管直部细胞表面微绒毛细小稀少，基部质膜内褶较发达，长的内褶可至细胞顶部，质膜内褶间的线粒体数量多，质膜上有丰富的钠泵，能主动向间质转运Na^+，有利于水的重吸收。细胞表面覆盖一层不通透水的酸性糖蛋白，可阻止小管内的水进入肾间质，有助于保持肾间质内的渗透压梯度，利于尿液的浓缩。

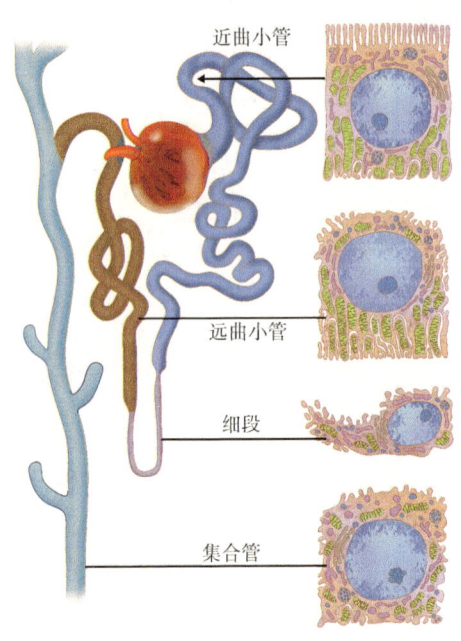

图13-10 泌尿小管各段上皮结构模式图

远端小管曲部又称远曲小管（distal convoluted tubule），主要分布在皮质迷路，行程较短，断面数量较少。远曲小管形态结构与直部相似，电镜下质膜内褶和线粒体不如远端小管直部发达。远曲小管是离子交换的重要部位，有重吸收水、钠和排出分泌钾、氢、氨等作用，对维持体液的酸碱平衡起重要作用。此功能活动受醛固酮和抗利尿激素的调控，可通过吸收Na^+、排出K^+和促进对水的重吸收，使尿液浓缩，尿量减少。若上述激素分泌不足，使水分不能很好地被重吸收，可造成尿崩症。

（三）集合小管系

集合小管系（collecting tubule system）可分为弓形集合小管、直集合小管和乳头管三段。弓形集合小管较短，与远曲小管的末段相接，呈弓形走行在皮质迷路，随后进入髓放线和肾锥体并直行，称直集合小管。直集合小管在髓放线和肾锥体内下行至肾乳头，称乳头管，开口于肾小盏。集合小管系管腔由细逐渐变粗，管腔上皮从单层立方上皮逐渐增高为单层柱状上皮，至乳头管处成为高柱状上皮。上皮细胞胞质染色较浅，细胞界线清楚，细胞核圆形，位于细胞中央（图13-11）。集合小管系进一步重吸收水和钠，排出钾，使尿液进一步浓缩，与远曲小管相似，此功能也受醛固酮和抗利尿激素的调节。

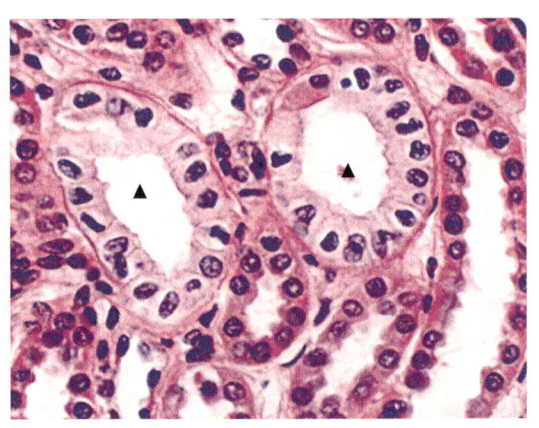

图13-11 集合小管系（HE染色，10×40倍）
▲示直集合小管

综上所述，肾小体滤过形成的原尿，经肾小管及各段集合小管后，原尿的量及质均发生很大的变化。其中有用的成分和99%的水分均被重吸收回血液，最终形成终尿经乳头管排入肾小盏，其总量为每天1～2L，约为原尿的1%。

（四）球旁复合体

球旁复合体（juxtaglomerular complex）也称肾小球旁器（juxtaglomerular apparatus），是肾血管与肾小管共同形成的一个复杂的尿液调节的组织结构，包括球旁细胞、致密斑和球外系膜细胞（图13-12）。位于肾小体血管极处一个近三角形区域内。

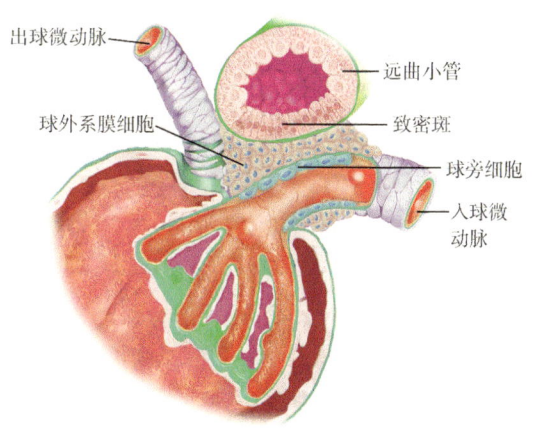

图13-12　球旁复合体模式图

1. 球旁细胞（juxtaglomerular cell）　是入球微动脉走行至肾小体血管极处，其管壁内的平滑肌细胞，特化成的上皮样细胞。细胞体积较大，呈立方形，细胞核大而圆，胞质内含丰富的分泌颗粒。研究证实，细胞分泌颗粒内含肾素（renin）。肾素是一种蛋白水解酶，能将血浆中的血管紧张素原转变成血管紧张素Ⅰ，后者在血管内皮细胞分泌的转换酶作用下转变为血管紧张素Ⅱ。两者均可使血管平滑肌收缩，血压升高，导致原尿滤过量增加。此外肾素还能促进肾上腺皮质释放醛固酮，醛固酮作用于远端小管和集合小管系，调节水和钠的重吸收。

2. 致密斑（macula densa）　远曲小管起始部靠近血管极一侧的管壁上皮细胞增高、变窄，形成一个椭圆形斑状结构，称致密斑。细胞呈高柱状，排列紧密，细胞染色浅，细胞核偏向游离面，高尔基复合体位于细胞基部。致密斑是离子感受器，能敏锐地感受流经远曲小管内的滤液的Na^+浓度变化。当滤液内Na^+浓度下降时，致密斑将信息传递给球旁细胞，使球旁细胞分泌肾素增多；反之，则肾素分泌减少。

3. 球外系膜细胞（extraglomerular mesangial cell）　又称极垫细胞（polar cushion cell），是填充于血管极处入球微动脉、出球微动脉和致密斑之间三角区内的细胞群。细胞形态结构与球内系膜细胞类似，并与球内系膜相延续。球外系膜细胞与球旁细胞、球内系膜细胞之间有缝隙连接，因而认为它在球旁复合体功能活动中，可能起"信息"传递的作用。

（五）肾间质

肾间质包括肾内的少量结缔组织、血管、神经等。肾间质分布不均匀，从肾皮质到髓质的肾乳头，呈逐渐增多的趋势。髓质中的成纤维细胞因形态和功能较特殊，被称为间质细胞（interstitial cell）。细胞呈不规则形或星形，其长轴与肾小管或集合小管系垂直，细胞质内除有较多细胞器外，还有较多脂滴。间质细胞具有形成间质内纤维和基质的功能；可合成前列腺素，前列腺素有舒张血管作用；间质细胞还可合成髓脂Ⅰ，髓脂Ⅰ进入血液后，可在肝脏转化为髓脂Ⅱ，其作用包括舒张血管，促进周围血管内的血液流动，加快重吸收水分的运转等，从而促进尿液浓缩。此外，肾小管周围的血管内皮细胞能产生促红细胞生成素，其可刺激骨髓造血组织生成红细胞。

（六）肾的血液循环

肾动脉直接起于腹主动脉，经肾门进入肾后随即分为数支叶间动脉，在肾柱内上行，至髓质和皮质交界处，弯曲形成弓形动脉。弓形动脉沿肾锥体底部走行，并向肾皮质发出多支辐射状或垂直的小叶间动脉供应皮质迷路。这些小叶间动脉在向肾皮质浅层走行过程中，沿途发出许多直而短的入球微动脉，进入肾小体分支形成血管球。血管球再汇合成出球微动脉，出球微动脉再次分支形成球后毛细血管网，包绕在肾小管周围。而直抵肾被膜的动脉形成被膜毛细血管网，与球后毛细血管网一起汇聚成小叶间静脉，再依次汇入弓形静脉和叶间静脉，与相应动脉伴行，最后形成肾静脉出肾（图13-13）。

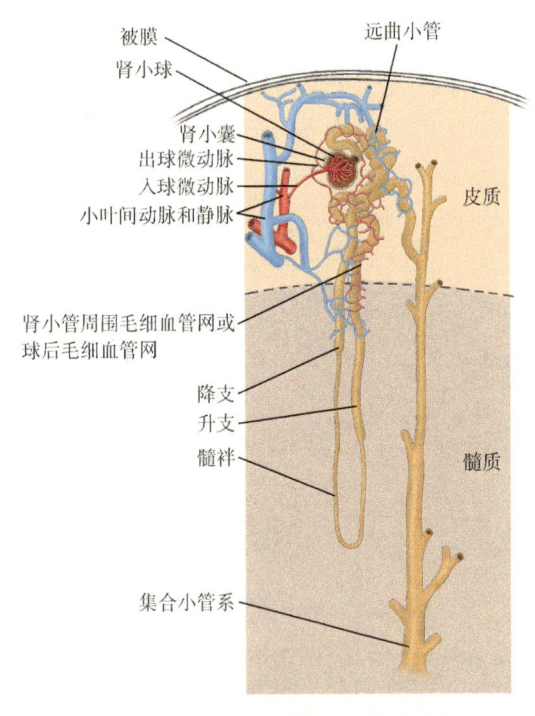

图13-13　肾的血液循环通路模式图

血液流经血管球后有不同的走向：在皮质肾单位中，出球微动脉离开肾小体后，在肾小管周围形成球后毛细血管网，还向髓质发出垂直走行的直小动脉，与髓袢伴行构成"U"形直小血管袢，在下行过程中折返上升成为直小静脉，供应髓质营养。

肾血液循环具有以下特点。①血流量大，肾动脉直接来自腹主动脉，短而粗，血流量约占心输出量的1/4，所以4～5分钟人体内的全部血液即可流经肾内一次而被过滤。②肾内血液分布不均，肾皮质血流量大，流速快，进入肾脏的血液约90%供应肾皮质，经肾小体滤过后生成原尿。肾髓质血流量小，仅占肾血流量的10%，流速也慢。③入球微动脉管径比出球微动脉粗，故血管球内血流量大，压力高，有利于滤过。④两次形成毛细血管网，即血管球和球后毛细血管网。由于血液流经血管球时大量水分等被滤过，因此球后毛细血管网内血液胶体渗透压较高，有利于肾小管的重吸收。⑤髓质内直小血管袢与髓袢伴行，有利于肾小管和集合小管系重吸收水和尿液浓缩。

二、排尿管道

肾产生的终尿经输尿管、膀胱和尿道等排尿管道排出体外。它们的结构基本相似，由内向外分为3层：黏膜层、肌层和外膜。

1. 输尿管（ureter） 管壁的黏膜层包括变移上皮和固有层。邻近肾盂部位的上皮细胞有2～3层，至膀胱时可达5～6层。其基膜不明显，固有层为薄层结缔组织。输尿管的肌层排列较松散，肌纤维的排列方向为内纵、外环。外膜为纤维膜。

2. 膀胱（bladder） 膀胱壁的结构与输尿管下段相似。膀胱黏膜层的变移上皮厚度可随膀胱的充盈程度而改变。变移上皮浅层具有抗尿液渗透作用。膀胱上皮的基膜完整，上皮基底细胞有较多的半桥粒附着在基膜上。膀胱的肌层较厚，平滑肌的排列方向大致分为内纵、中环和外纵三层，肌纤维束之间充填的疏松结缔组织较多，有利于膀胱的被动性扩张（尿液充盈）。外膜除膀胱顶部为浆膜外，其余为纤维膜。

（吴　宝）

第14章 男性生殖系统

> **学习目标**
>
> **掌握**：睾丸生精小管中各级生精细胞及支持细胞、睾丸间质细胞的结构及功能。
> **熟悉**：血-睾屏障的结构与功能，前列腺的结构。
> **了解**：附睾的结构。

男性生殖系统（male reproductive system）由睾丸、排精管道、附属腺和外生殖器组成。睾丸是产生精子和分泌雄激素（主要是睾酮）的器官。排精管道包括附睾、输精管、射精管和部分男性尿道，是运输精子的生殖管道，附睾还具有贮存、营养、促进精子成熟等作用。附属腺包括精囊腺、前列腺和尿道球腺，它们的分泌物构成精浆的主要成分，可以营养精子和增强精子的活动能力。外生殖器由阴囊和阴茎构成，阴囊为精子发生提供适宜的温度，阴茎有勃起功能。

一、睾 丸

睾丸（testis）位于阴囊中，表面覆以浆膜（即鞘膜脏层），深部是致密结缔组织构成的白膜（tunica albuginea）。白膜在睾丸后缘增厚形成睾丸纵隔（mediastinum testis）。纵隔的结缔组织呈放射状伸入睾丸实质，将睾丸实质分为约250个锥体形小叶，每个小叶内有1～4条细长且高度弯曲的生精小管（seminiferous tubule），生精小管是产生精子的场所。生精小管在近睾丸纵隔处变成短而直的直精小管（tubulus rectus）。直精小管进入睾丸纵隔相互吻合形成睾丸网。睾丸小叶内生精小管之间的疏松结缔组织即为睾丸间质（图14-1）。

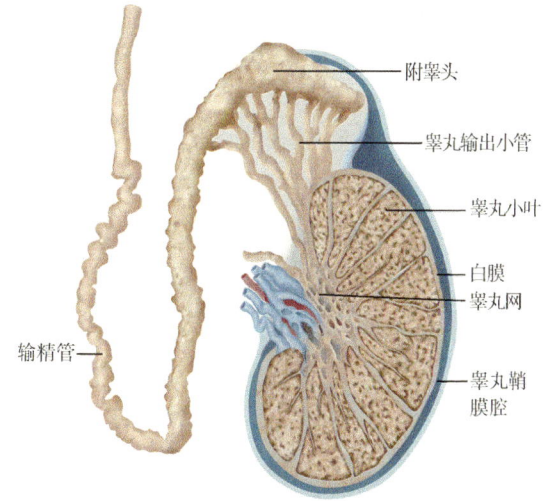

图14-1 睾丸与附睾模式图

（一）生精小管

成人的生精小管（seminiferous tubule）为高度盘曲的细长管道，是睾丸小叶内上皮性管道。生精小管长30～70cm，直径150～250μm，管壁厚60～80μm，由特殊的复层上皮构成，参与精子的发生，称为生精上皮（spermatogenic epithelium）。生精上皮主要由5～8层生精细胞（spermatogenic cell）和单层排列的支持细胞（sustentacular cell）构成。生精小管的基膜明显，外侧有胶原纤维和肌上皮细胞环绕（图14-2），肌上皮细胞收缩有助于精子的排出。

1. 生精细胞和精子的发生 生精上皮自基底部至腔面，依次排列着精原细胞、初级精母细胞、次级精母细胞、精子细胞和精子。从精原细胞到精子形成的过程称为精子发生（spermatogenesis），在人类，精子发生需（64±4.5）天（图14-3，图14-4）。青春期前生精小管中仅有支持细胞和精原细胞。从青春期开始，在垂体分泌促性腺激素的作用下，生精细胞不断增殖、分化，形成精子，上皮内可见不同发育阶段的生精细胞。

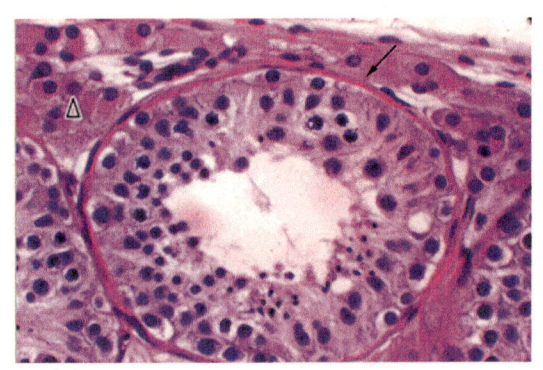

图14-2 睾丸生精小管（HE染色，10×20倍）
△间质细胞，↑肌上皮细胞

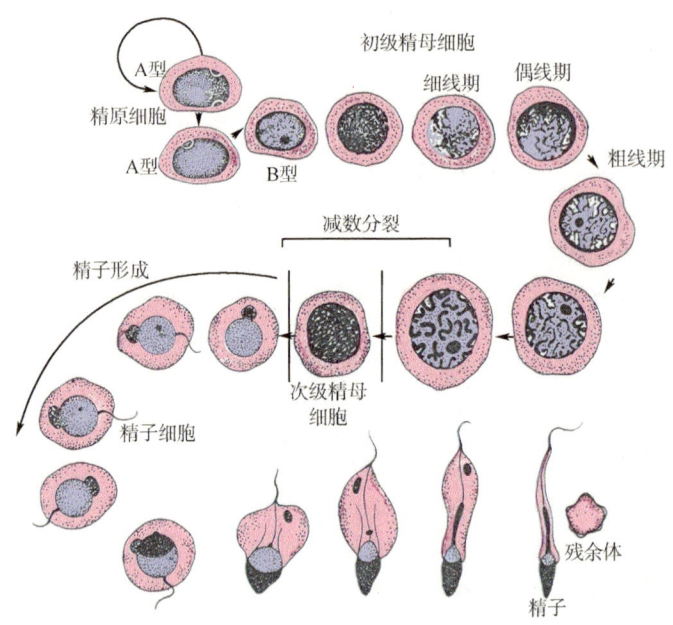

图14-3 精子发生示意图

（1）精原细胞（spermatogonium） 紧贴生精上皮的基膜，体积小，圆形或卵圆形，直径约为12μm，细胞器不发达，是最幼稚的生精细胞（图14-5，图14-6）。人的精原细胞分A、B两型，A型精原细胞作为精原细胞的干细胞，经过不断地分裂增殖，其中一部分继续作为干细胞，另一部分分化为B型精原细胞，B型精原细胞经过数次分裂后分化为初级精母细胞。

（2）初级精母细胞（primary spermatocyte） 位于精原细胞近腔侧，体积较大，圆形，直径约为18μm（图14-5，图14-6），染色体核型为46，XY，经过DNA复制后（4n DNA），进行第一次成熟分裂（减数分裂），同源染色体分离，产生两个次级精母细胞。第一次成熟分裂的分裂前期历时较长，在生精小管的切面中，常可见到处于不同分裂阶段的初级精母细胞。

经两次细胞分裂后，生殖细胞染色体数目减半，由原来的二倍体细胞变成单倍体，故生殖细胞形成过程中的细胞分裂称为减数分裂（meiosis）。当完成减数分裂的两性单倍体的生殖细胞（精子和卵子）结合成受精卵时，就能获得与亲

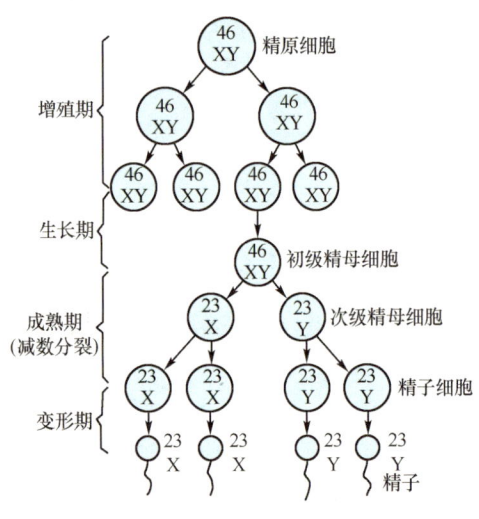

图14-4 精子形成示意图

代细胞相同的染色体数目，保证了物种染色体数恒定，也保证物种的遗传构成不变，因而得以繁衍。

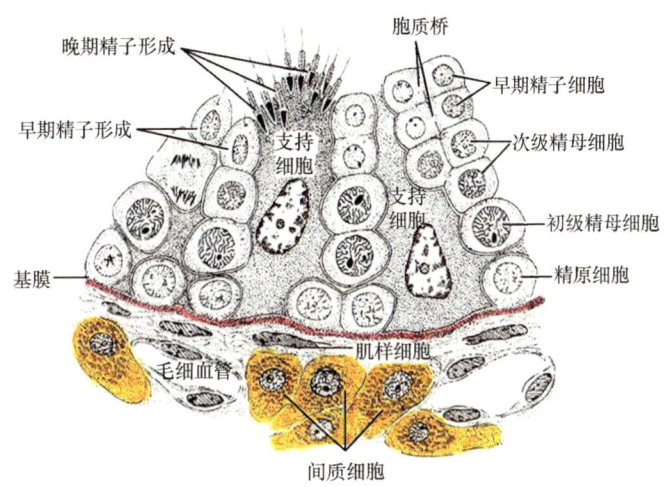

图 14-5　支持细胞与生精细胞关系模式图

（3）次级精母细胞（secondary spermatocyte）　位置更靠近管腔，直径约12μm，染色体核型为23，X或23，Y（2n DNA）（图14-4，图14-5）。次级精母细胞不进行DNA的复制，迅速进入第二次成熟分裂，染色单体分离移向细胞两极，产生两个精子细胞。由于次级精母细胞存在时间很短（6～8小时），一般在生精小管切面中不易见到。

（4）精子细胞（spermatid）　位于管腔面，直径约8μm，核圆，染色质细密，其染色体核型为23，X或23，Y（n DNA）（图14-5，图14-6）。精子细胞不再分裂，经历复杂的形态结构变化过程，从圆形细胞逐渐转变为蝌蚪状的精子，这一过程称为精子形成（spermiogenesis）。其形成过程包括：①核染色质高度浓缩，细胞核变长移向细胞一侧，构成精子头部的主要结构；②高尔基复合体形成顶体，顶体内含水解酶，如顶体蛋白酶、透明质酸酶和酸性磷酸酶等。受精时，精子释放顶体酶，溶解卵子外的放射冠与透明带后进入卵细胞内；③中心体移动至细胞核的另一端，其中一个中心粒的微管延长，形成轴丝构成精子尾部；④线粒体汇聚于轴丝近端周围，构成线粒体鞘；⑤多余细胞质汇聚于尾侧，形成残余体，脱落后被支持细胞吞噬。

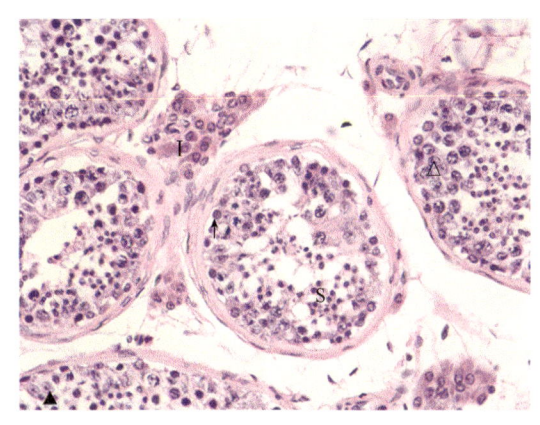

图 14-6　睾丸间质（HE染色，10×20倍）
I 间质细胞，↑精原细胞，△初级精母细胞，S 精子细胞，▲支持细胞

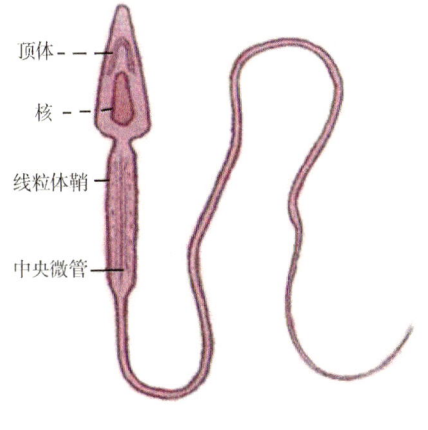

图 14-7　精子超微结构模式图

（5）精子（spermatozoon）　人的精子为蝌蚪形，长约60μm，分头和尾两部分。头部长4～5μm，内含染色质高度浓缩的细胞核，前2/3由顶体覆盖。尾部是精子的运动装置，分为颈段、中段、主段和末段共四部分。颈段短，主要是中心粒，其他3段内主要结构是9+2排列的微管，构成鞭毛中心的轴丝。中段的轴丝外侧还有9根纵行外周致密纤维，再外侧包有线粒体鞘，为鞭毛运动提供能量，保证精子向前运动的能力。主段和末段外侧则无线粒体鞘，主段的轴丝外侧只有纤维鞘，末段短，仅有轴丝（图14-7）。

精子发生和形成须在低于体温2～3℃的环境中进行，隐睾患者由于精子发生障碍而常导致不育。在精子发生和形成过程中，可能因不同原因出现畸形精子，如顶体异常精子、双核精子、大头精子、小头精子、无尾精子、双尾精子等，正常男子精液中，畸形精子可占20%～40%。

2. 支持细胞（sustentacular cell） 生精小管中支持细胞为不规则长锥体形，核椭圆形或不规则形，染色浅，核仁明显，细胞基部附着于基膜，顶部伸至生精小管腔面，侧面镶嵌着发育中的各级生精细胞，每个生精小管横切面上有8～11个支持细胞（图14-5）。支持细胞的功能主要有：①支持、保护和营养各级生精细胞；②吞噬和消化精子形成过程脱落的残余体；③分泌雄激素结合蛋白（androgen binding protein，ABP），ABP可与雄激素结合以保持生精小管内激素水平，有利于精子发生；④相邻的支持细胞紧密连接，可阻止生精小管外结缔组织及血管内的某些物质进入生精小管，还能防止精子抗原物质外溢引发自身免疫反应。

血睾屏障（blood-testis barrier），为血液与生精小管之间的结构成分，包括血管内皮及其基膜、结缔组织、生精上皮基膜和支持细胞间的紧密连接；血-睾屏障的存在，有利于保护和稳定精子发生的微环境，还可防止精子抗原物质逸出到生精上皮小管外引发自体免疫反应。

（二）睾丸间质

睾丸间质是生精小管间的疏松结缔组织，含较丰富的血管和淋巴管。睾丸间质内有一种内分泌细胞，呈单个散在或成群分布，称睾丸间质细胞（testicular interstitial cell）（图14-6）。睾丸间质细胞呈圆形或椭圆形，有1～2个核仁，胞质呈嗜酸性。睾丸间质细胞具有类固醇激素分泌细胞的超微结构特征，能够分泌雄激素（androgen），包括睾酮、雄烯二酮、双氢睾酮等。雄激素局部作用于生精小管，还可通过血液作用于身体其他部位的靶细胞，促进男性生殖器官发育、精子形成，以及维持男性第二性征和性功能。

（三）直精小管和睾丸网

直精小管（tubulus rectus）是生精小管近睾丸纵隔处短而直的管道，管壁由单层立方上皮细胞或矮柱状上皮细胞组成，无生精细胞。直精小管进入睾丸纵隔内，分支互相吻合成网状的管道，为睾丸网（rete testis），管腔大而不规则，管壁由单层立方上皮组成。精子经直精小管和睾丸网进入附睾。

（四）睾丸功能的内分泌调节

睾丸的功能受腺垂体远侧部分泌的促性腺激素的直接调节。卵泡刺激素（FSH）在男性可促进支持细胞合成雄激素结合蛋白（ABP）；黄体生成素（LH）在男性可刺激睾丸间质细胞合成和分泌雄激素。雄激素与ABP结合，维持生精小管内高浓度的雄激素水平，从而促进精子发育和形成。支持细胞分泌的抑制素及睾丸间质细胞分泌的雄激素，可反馈性抑制下丘脑促性腺激素释放激素（GnRH）的分泌，进而抑制腺垂体FSH和LH的分泌。

在生理状态下，各种激素的分泌相对恒定，若某种激素分泌量升高或下降，或某种激素相应受体发生改变，引起激素分泌恒定状态发生改变，则可能影响精子正常发生、第二性征改变甚至引起性功能障碍。

二、排精管道

（一）附睾

生精小管产生的精子经直精小管和睾丸网进入附睾。此时的精子虽形态已经成熟，但其功能尚未成熟，也无运动能力；精子将在附睾内停留8～17天，并经历一系列的成熟变化，获得运动能力，达到功能上的成熟。因此附睾是精子进一步发育成熟的重要场所。

附睾分头、体、尾三部分，属上皮性管道结构；头部由8～12根输出小管组成，体和尾部由附睾管组成。在切片中可见到两类不同结构的管腔，管腔之间为少量的结缔组织（图14-8）。

1. 输出小管 是与睾丸网连接的弯曲小管，构成附睾头部，远端连于附睾管。输出小管上皮由高柱状纤毛细胞和低柱状细胞相间排列，因此其管腔面上皮细胞高低不一，管腔不规则；上皮基膜外侧有薄层平滑肌围绕。上皮细胞的纤毛摆动及基膜外平滑肌收缩，有助于精子向附睾管输送。

2. 附睾管 长4～6m，极度盘曲，近端与输出小管相接，远端则连接输精管。附睾管上皮由基细胞和高柱状细胞组成，基细胞位于管腔基部，高柱状细胞表面有较粗长的微绒毛（静纤毛）伸向管腔面。管腔规则，腔内充满精子和分泌物。附睾管上皮可分泌甘油磷酸胆碱、唾液酸和肉毒碱等物质。这些物质有营养精子、促进精子成熟和增强精子运动能力等重要作用。附睾管上皮基膜外侧有薄层的平滑肌围绕，肌层收缩有助于将管腔的精子缓慢向输精管方向运送。

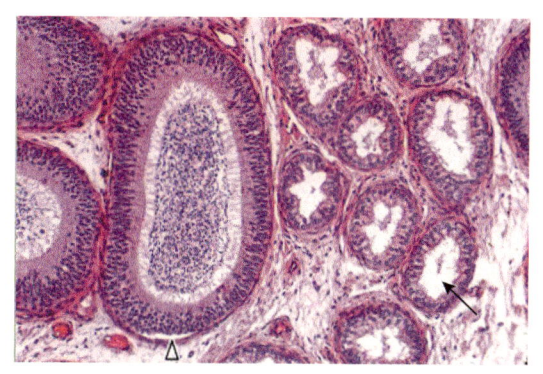

图14-8 附睾（HE染色，10×10倍）
△附睾管；↑输出小管

（二）输精管

输精管是壁厚腔小的肌性管道，管壁由黏膜、肌层和外膜三层组成（图14-9）。黏膜表面为较薄的假复层柱状上皮，固有层含丰富的弹性纤维。肌层平滑肌厚，在射精时，肌层强力收缩，将精子快速排出。

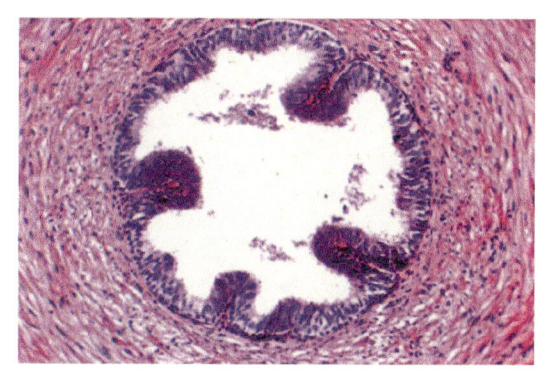

图14-9 输精管横切面（HE染色，10×10倍）

三、附属腺

附属腺包括精囊腺、前列腺和尿道球腺。附属腺和生殖管道的分泌物及精子共同组成精液（semen）。

（一）精囊腺

精囊腺为一对盘曲的囊状器官。黏膜向腔内突起形成高大的皱襞，黏膜表面为假复层柱状上皮，黏膜外有薄的平滑肌层与外膜。在雄激素的刺激下，精囊腺分泌弱碱性的淡黄色液体，约占精液的60%，主要含果糖、前列腺素、凝固因子和去能因子等。精液中的蛋白质也主要来自精囊腺；果糖为精子提供能量，果糖含量可影响精子的活力；前列腺素与男性的生育力有关，不育男子的精液中前列腺素浓度显著低于正常男子；凝固因子可使精液凝固，形成阴道栓，防止精液倒流，利于受精；去能因子是一种糖蛋白，包裹于精子的头部，与精子表面相结合，抑制顶体活动，阻止精子顶体酶系的释放，使精子处于稳定状态。

（二）前列腺

前列腺环绕于尿道起始段，呈栗形。腺实质有30～50个复管泡状腺，导管开口于尿道精阜的两侧。腺分泌部由单层立方上皮、单层柱状上皮和假复层柱状上皮共同组成，故管腔不规则。管腔内常可见分泌物浓缩形成圆形嗜酸性板层状的凝固体（图14-10），随年龄增长而增多，甚至钙化成为前列腺结石。

前列腺的腺组织排列有一定的规律，以尿道为中心，排列成内、中、外三个环形区带。内带位于尿道周围，称黏膜腺。中间带位于尿道的黏膜下层，称黏膜下腺。

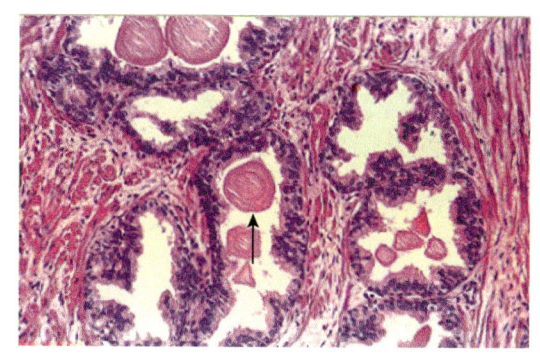

图14-10 前列腺（HE染色，10×10倍）
↑所示为分泌物浓缩形成的凝固体

黏膜腺和黏膜下腺较小，受雌激素的影响。外带是前列腺的主要组成部分，称主腺，受雄激素的控制。老年时，由于雄激素分泌减少，腺组织逐渐萎缩；但有些人的前列腺黏膜腺和黏膜下腺会出现增生肥大，压迫尿道，造成排尿困难，此时前列腺分泌物中的锌含量增多。

前列腺分泌液为稀薄的乳白色液体，呈弱酸性（pH约6.5）。从青春期开始，前列腺在雄激素刺激下分泌活动增强，分泌物富含酸性磷酸酶、纤维蛋白溶酶、柠檬酸和锌等。酸性磷酸酶的主要生理功能是水解精液中的磷酸胆碱、磷酸甘油及核苷酸等物质，与精子的活力和代谢有密切关系。当癌症发生时，癌细胞常持续分泌酸性磷酸酶，因此血清中酸性磷酸酶水平升高是诊断前列腺癌的重要依据。钙可以抑制酸性磷酸酶，而柠檬酸通过与钙离子结合形成可溶性复合物而抑制钙盐的沉淀，故柠檬酸有保护酸性磷酸酶的作用。精液中柠檬酸浓度的高低，与血液中睾酮的含量成正比，因此，测定精液中柠檬酸的含量可以间接地推断体内雄激素的分泌状况。

（三）尿道球腺

尿道球腺位于尿道膜部外侧，尿道球后上方，是一对直径为3~5mm的圆形小体，形似豌豆状。尿道球腺为复管泡状腺，其排泄管开口于尿道球部。腺体分泌的黏液于射精前排出，以润滑尿道。

四、阴　茎

阴茎主要由两个阴茎海绵体、一个尿道海绵体、白膜和皮肤构成。海绵体主要由小梁和血窦构成，阴茎深动脉的分支螺旋穿行于小梁中，与血窦相通。静脉多位于海绵体周边部的白膜下，白膜为致密结缔组织。正常情况下，流入血窦的血液很少，血窦呈裂隙状，海绵体柔软。当阴茎勃起时，大量血液流入血窦，血窦充血而胀大，白膜下的静脉受压，血液回流一时受阻，海绵体变硬。

（白生宾）

第15章 女性生殖系统

学习目标

掌握：各级卵泡、黄体、闭锁卵泡的结构和功能，子宫的一般结构。
熟悉：子宫内膜的周期性变化。
了解：卵巢的一般结构。

女性生殖系统（female reproductive system）主要由卵巢、输卵管、子宫和阴道组成。卵巢能产生卵细胞和分泌女性激素；输卵管是输送生殖细胞的管道，并且其壶腹部是受精的部位；子宫是产生月经和孕育胎儿的器官。因乳腺可产生乳汁，哺育婴儿，故也在本章叙述。

女性生殖器官有明显的年龄性变化。10岁前生殖器官生长缓慢，10岁以后生殖器官和乳腺逐渐发育。青春期（13～18岁）生殖器官迅速发育成熟，卵巢开始排卵并分泌性激素，月经来潮和第二性征出现。一般至45～55岁进入更年期，生殖器官逐渐萎缩，排卵和月经渐停，进入绝经期。

一、卵 巢

卵巢是一个实质性器官，表面覆有单层扁平或立方上皮。上皮下为一层致密结缔组织，新鲜时呈白色，称白膜。卵巢实质分为周围的皮质和中央的髓质，二者无明显分界。皮质较厚，含有不同发育阶段的卵泡（follicle）、黄体（corpus luteum）、白体和闭锁卵泡等，这些结构间的结缔组织中富含有低分化的梭形的基质细胞和网状纤维。髓质范围较小，由疏松结缔组织构成，内含许多迂曲的血管和淋巴管等。近卵巢门处的结缔组织中除有较大的血管和神经进出外，还有少量门细胞，其结构和功能类似于睾丸间质细胞，可分泌雄激素（图15-1）。

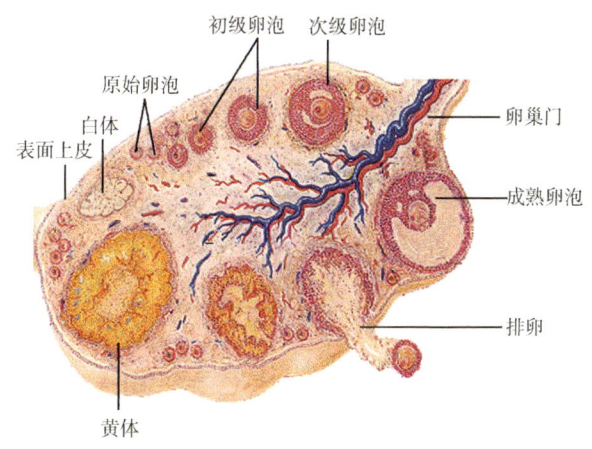

图15-1 卵巢结构模式图

（一）卵泡的发育与成熟

卵泡的发育从胚胎时期已经开始，到第5个月，胚胎的双侧卵巢有原始卵泡近700万个，以后逐渐减少，出生时尚有100万～200万个，青春期开始时剩余4万个左右，至40～50岁时仅剩几百个。从青春期至绝经期30～40年的性成熟期内，卵巢在垂体分泌的FSH和LH影响下，每个月经周期有15～20个卵泡发育，但一般只有1个卵泡发育成熟并排卵。女性一生约排400个卵，余者大部分退化为闭锁卵泡。绝经期以后，排卵停止。

卵泡是由卵母细胞（oocyte）与卵泡细胞（fillicular cell）组成的复合体。卵泡发育是一个连续不断的变化过程，其结构发生一系列变化，一般可分为原始卵泡、生长卵泡和成熟卵泡3个阶段（图15-2）。

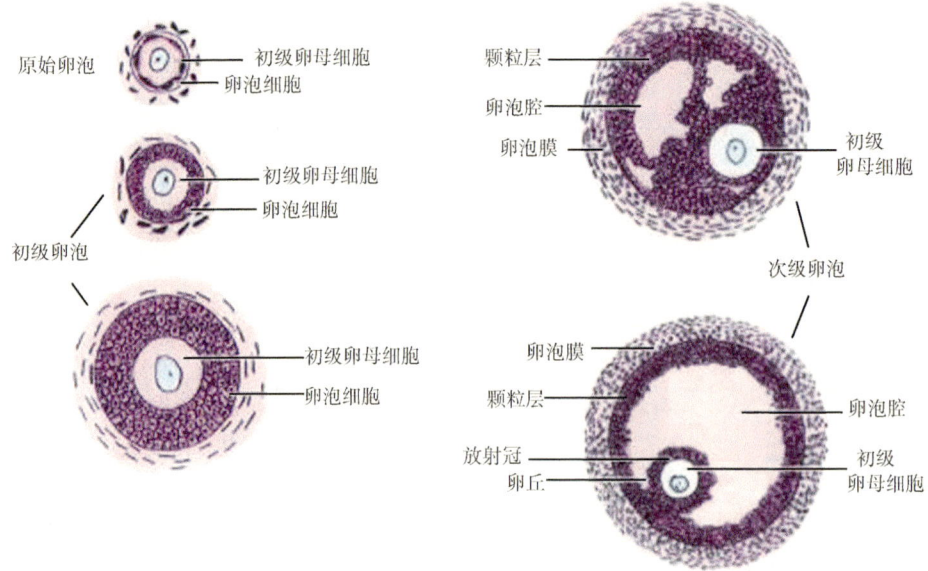

图15-2 卵泡的发育和成熟模式图

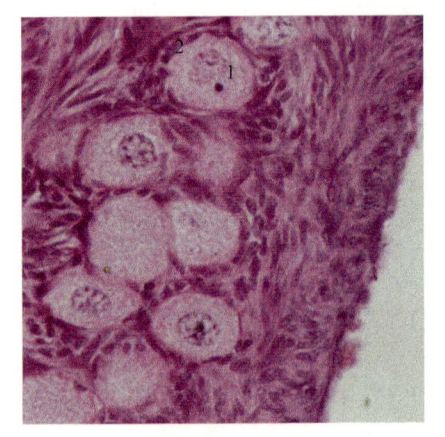

图15-3 原始卵泡（HE染色，10×40倍）
1.卵泡细胞；2.初级卵母细胞

1. 原始卵泡（primordial follicle） 位于皮质浅层，数量多，体积小，由一个大而圆的初级卵母细胞（primary oocyte）和其周围一层扁平的卵泡细胞构成（图15-3）。初级卵母细胞直径约40μm，胞质呈嗜酸性，细胞核大而圆，染色浅，核仁明显。初级卵母细胞是在胚胎时期由卵原细胞分裂分化形成，并长期（11～50年不等）停滞在第一次减数分裂前期，直至排卵前才完成第一次减数分裂。卵泡细胞较小，细胞核扁圆形，染色较深，具有支持和营养卵母细胞的作用。卵泡细胞与结缔组织间有薄层基膜。

2. 生长卵泡（growing follicle） 进入青春期后，部分原本处于静止状态的原始卵泡开始生长发育，转变为生长卵泡。原始卵泡中的卵泡细胞从扁平变为立方或柱状，这是卵泡开始生长的形态学标志。生长卵泡又可分为初级卵泡和次级卵泡两个阶段。

（1）初级卵泡（primary follicle） 卵泡开始生长到出现卵泡腔之前称为初级卵泡，亦称为早期生长卵泡（图15-4）。从原始卵泡到初级卵泡的主要变化包括：①卵泡细胞的生长，由单层扁平变为单层立方或柱状，后又增殖为多层，此时的卵泡细胞称为颗粒细胞。②初级卵母细胞体积增大，但仍然处于第一次成熟分裂前期。浅层胞质内还出现皮质颗粒，它是一种溶酶体，在受精时起着重要的作用。③在卵母细胞表面和卵泡细胞之间出现一层较厚的均匀的嗜酸性膜，即透明带（zona pellucida），它是初级卵母细胞和卵泡细胞共同分泌的物质。电镜下可见卵泡细胞的纤细突起穿入透明带，并与初级卵母细胞的微绒毛或细胞膜接触，形成缝隙连接（图15-5）。这些结构有利于卵泡细胞和卵母细胞之间营养输送、物质交换、信息沟通和功能协调等。④初级卵泡周围的结缔组织逐渐分化成卵泡膜，但与周围的结缔组织无明显分界。

由于上述变化，初级卵泡的体积逐渐增大，并向皮质深部迁移，逐渐发育为次级卵泡。

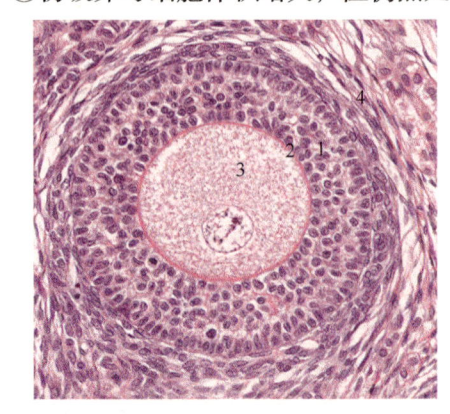

图15-4 初级卵泡（HE染色，10×20倍）
1.卵泡细胞；2.透明带；3.初级卵母细胞；4.卵泡膜

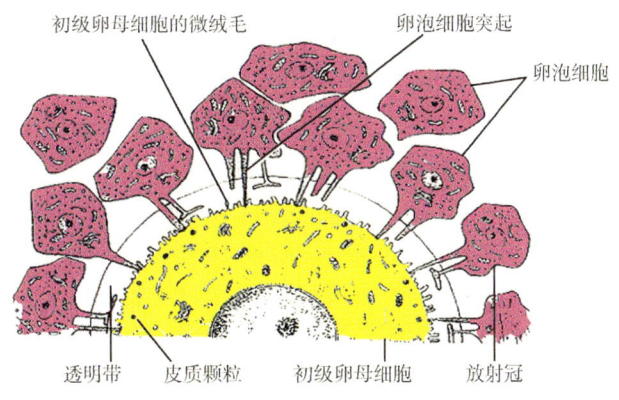

图 15-5 初级卵母细胞和卵泡细胞超微结构示意图

（2）次级卵泡（secondary follicle） 由初级卵泡继续发育形成。这时的卵泡除体积进一步增大外，还有下列结构出现。①卵泡腔的形成，卵泡细胞增至8～12层，颗粒细胞之间逐渐出现一些小的腔隙，这些小腔隙逐渐融合成一个大腔，称卵泡腔（follicular antrum）。卵泡腔内充满卵泡液，卵泡液含有营养成分、雌激素和多种生物活性物质。②颗粒层的形成，除初级卵母细胞周围的卵泡细胞外，其余的卵泡细胞密集，层数多，构成卵泡壁，称为颗粒层（stratum granulosum）。颗粒层的细胞称为颗粒细胞（granulosa cell）。③放射冠（corona radiata）的形成，紧靠透明带表面的一层颗粒细胞，增大变成柱状，呈放射状排列，这层细胞称为放射冠。④卵丘的形成，随着卵泡液不断增多，卵泡腔不断扩大，将初级卵母细胞及周围的一些颗粒细胞挤到卵泡腔的一侧，突入卵泡腔内，形成卵丘（cumulus oophorus）（图15-6）。⑤卵泡膜的进一步增厚与分化，随着卵泡的增大，其周围的结缔组织亦增多，卵泡膜更加明显，且能分出内、外两层。内层含有较多的多边形或梭形的膜细胞（theca cell）及丰富的毛细血管，膜细胞具有类固醇激素分泌细胞的结构特征。外层主要由结缔组织构成，胶原纤维较多，并含有少量平滑肌纤维。

3. 成熟卵泡（mature follicle） 是卵泡发育的最后阶段。成熟卵泡体积很大，直径1.8～2cm，并向卵巢表面隆起。此阶段卵泡腔不断增大，卵泡液急剧增多，颗粒层细胞不再分裂增多，因此卵泡壁越来越薄，其余结构与次级卵泡基本相似（图15-7）。此时的初级卵母细胞启动成熟分裂，并在排卵前36～48小时完成第一次减数分裂，形成一个次级卵母细胞和一个第一极体，后者位于次级卵母细胞与透明带之间的卵周隙中。随后次级卵母细胞迅速进入第二次减数分裂，并停滞在分裂中期。

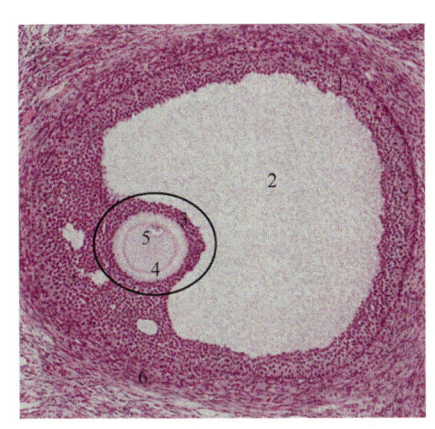

图 15-6 次级卵泡（HE染色，10×10倍）
1. 颗粒细胞；2. 卵泡腔；3. 放射冠；4. 透明带；5. 初级卵母细胞；6. 卵泡膜；圈内所示为卵丘

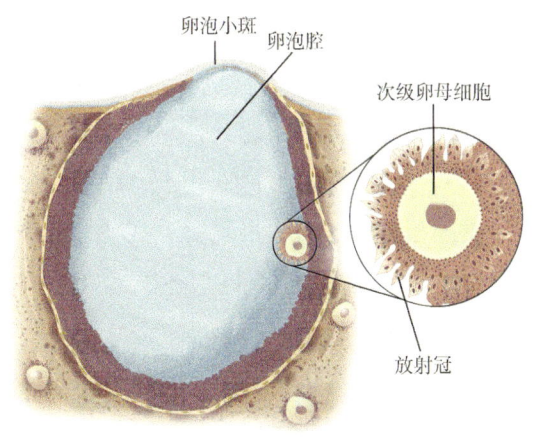

图 15-7 成熟卵泡模式图

从原始卵泡发育到成熟卵泡是一个连续的发育过程。在卵泡发育成熟过程中，在FSH的作用下，颗粒细胞和膜细胞之间通过相互协调，合成和分泌雌激素。其中膜细胞先合成雄激素，雄激素透过基

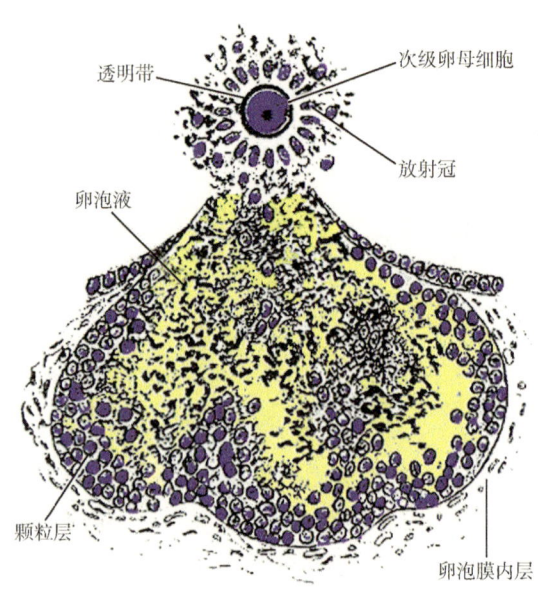

图15-8 成熟卵泡排卵模式图

膜进入颗粒细胞，在颗粒细胞内转化成雌激素。分泌的雌激素少量进入卵泡液，大部分进入血液循环，作用于子宫等靶器官。

（二）排卵

成熟卵泡内卵泡液的迅速增加，使整个卵泡向卵巢的表面隆起更甚，卵泡壁、白膜和表面上皮都变得越来越薄并紧贴在一起，局部缺血严重并形成一些圆形的透明状的卵泡小斑。在LH的影响下，卵泡膜中的平滑肌收缩，小斑处的组织被胶原酶和蛋白水解酶分解，随后卵泡破裂；卵母细胞连同它外周的透明带、放射冠等结构，随着卵泡液从卵泡腔中排出，此过程称为排卵（ovulation）（图15-8）。排卵后的卵母细胞如及时受精，则次级卵母细胞很快完成第二次成熟分裂，产生一个卵子和一个第二极体。但若排卵后24小时内不受精，次级卵母细胞便很快退化。

青春期开始后，正常情况下，卵巢28天排卵一次，排卵时间一般在月经周期的第14天。一般是左右卵巢交替排卵，每次排卵1个，偶尔亦会排出2个卵细胞。

（三）黄体

1. 黄体的形成 排卵后，残留在卵巢内的卵泡壁颗粒层及外围的卵泡膜向腔内塌陷，毛细血管也随之进入，在LH的作用下，颗粒细胞和卵泡膜细胞迅速增殖分化，逐渐演化成具有内分泌功能的细胞团，新鲜时呈黄色，故称黄体（corpus luteum）（图15-1，图15-9）。

其中，颗粒细胞分化为颗粒黄体细胞，其体积大，染色较浅，位于黄体中央，分泌孕激素。膜细胞分化为膜黄体细胞，其数量少，体积小，染色较深，主要位于黄体周边，与颗粒黄体细胞协同作用分泌雌激素。

2. 黄体的退化 黄体存在的时间长短取决于排出的卵是否受精。若卵细胞没有受精，黄体维持12～14天后

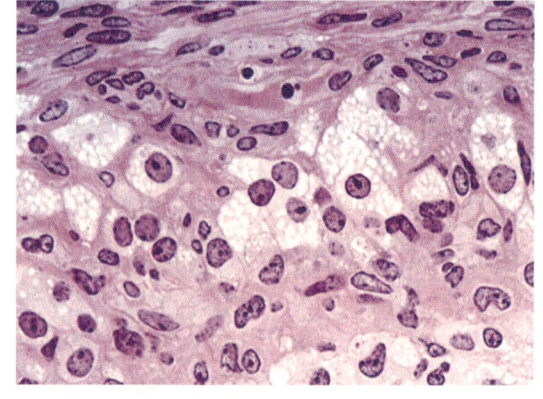

图15-9 黄体（HE染色，10×40倍）

即退化，称月经黄体。若卵细胞受精，在胎盘分泌的绒毛膜促性腺激素的刺激下，黄体可继续发育，直径可达4～5cm，维持4～6个月，称妊娠黄体。妊娠黄体除可分泌大量的孕激素和雌激素外，还可分泌一种肽类的松弛素。松弛素能使子宫平滑肌松弛，从而维持妊娠。妊娠黄体通常在妊娠6个月后退化。黄体退化后被结缔组织替代，成为瘢痕，称白体。

（四）闭锁卵泡和间质腺

女性一生总共排卵400个左右，绝大多数卵泡不能发育成熟，它们在发育的各个阶段停止生长并退化，退化的卵泡称闭锁卵泡。卵泡闭锁时，其中的初级卵母细胞自溶消失；死亡的卵泡细胞或颗粒细胞被巨噬细胞和中性粒细胞吞噬；透明带塌陷成为不规则的环状物，存留较长一段时间后也消失。次级卵泡和成熟卵泡闭锁后，膜细胞可形成不规则的细胞索团，散在于结缔组织中，称间质腺，其细胞增大呈多边形，能分泌雌激素。人卵巢的间质腺细胞很少，猫及啮齿动物的间质腺较发达。

（五）卵巢分泌的激素及其功能

1. 雌激素 由膜细胞及颗粒细胞协作产生，促进女性生殖器官发育及第二性征的形成与维持。

2. 孕酮 由颗粒黄体细胞产生，能促进子宫内膜增厚及子宫腺的分泌。

3. 松弛素 由妊娠黄体的颗粒细胞产生，可使妊娠子宫平滑肌松弛，以维持妊娠；分娩时使子宫颈平滑肌松弛，以利于胎儿娩出。

4. 雄激素 由门细胞产生。如果门细胞增生或发生肿瘤，则患者可出现男性化症状。

案例 15-1

患者，女，22岁，学生，未婚。初潮年龄16岁，患者自诉，月经不正常，一般3~4个月来一次，量少，一般仅用2~3张卫生巾，最近1~2年，有时半年来一次，2~3天干净。查体：发育正常，标准体重，女性特征，生殖器发育正常。血液检查：睾酮和雌激素水平偏高。超声波检查：双侧卵巢可见数个囊泡，其中右侧有一个直径达3cm。由于未婚，患者未做子宫检查。初步诊断：多囊卵巢综合征。

问题：卵泡的生长、发育与哪些激素有关？卵巢内囊泡是怎样形成的？

二、输卵管

输卵管分漏斗部、壶腹部、峡部和子宫部。管壁由内向外依次分为黏膜、肌层和浆膜三层。黏膜向管腔内突出形成纵行、有分支的皱襞，故管腔很不规则（图15-10）。皱襞以壶腹部最发达，高而多分支，此处为受精发生的部位。黏膜由单层柱状上皮和固有层构成。上皮由分泌细胞和纤毛细胞构成。纤毛细胞的纤毛向子宫方向摆动，使卵子移向子宫并阻止病菌进入腹膜腔。分泌细胞的分泌物构成输卵管液，可营养、辅助卵子的运行。输卵管上皮受卵巢激素的作用而出现周期性变化，两种细胞均在卵巢排卵前后最为活跃，表现为纤毛细胞变高，纤毛增多，分泌细胞分泌功能旺盛。固有层为薄层的结缔组织。肌层由内环行与外纵行的两层平滑肌构成。

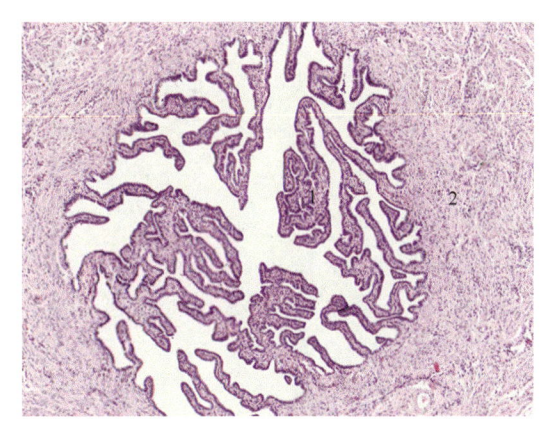

图15-10 输卵管（HE染色，10×4倍）
1. 黏膜皱襞；2. 肌层

"安全期"避孕不可靠

卵子发育过程中，卵巢可分泌雌激素，子宫内膜、宫颈内膜、宫颈、阴道和乳房均受雌激素的周期性影响。其后卵泡排卵，排卵通常发生在月经周期的第14天左右，排出的卵子约可存活2天，月经周期一般为28~30天。所以，在排卵前、后4~5天内为"能孕期"。其余的时间为"安全期"。但应注意的是，女性排卵过程可能受到情绪紧张、性生活、健康状态及外界环境等因素的影响而提前或推迟，因此，安全期避孕并不可靠。

三、子 宫

案例 15-2

患者，女，20岁，未婚，学生。患者16岁初潮，月经3~4个月一次，量少，色淡红，2天干净。近一年来，患者月经量减少，用纸5张，末次月经为2013年9月10日，量少，用纸3张，色淡红。患者形体消瘦，头昏腰酸，白带量多，肛查：子宫颈细长，子宫中位，略小。初步诊断：闭经。

问题：患者月经是否正常？正常的月经周期分期及子宫内膜变化如何？

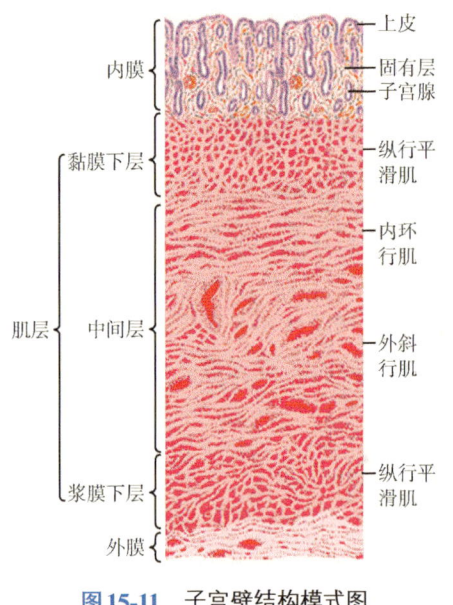

图15-11　子宫壁结构模式图

子宫为厚壁的肌性器官，分底部、体部和颈部。子宫壁由内向外分为内膜、肌层和外膜3层（图15-11）。

（一）子宫壁的组织结构

1. 子宫内膜　由单层柱状上皮和固有层构成（图15-11）。上皮由较多的分泌细胞和少量的纤毛细胞组成，在宫颈外口移行为复层扁平上皮。固有层结缔组织较厚，含大量低分化的梭形或星形细胞，称为基质细胞，还含有大量的网状纤维、血管和子宫腺（uterine gland）。子宫腺是由子宫内膜的上皮向下凹陷而形成的单管状腺，近肌层时可有分支。

子宫底部和体部的内膜可分为表浅的功能层和深部的基底层。功能层较厚，约占内膜厚度的4/5，自青春期开始，在卵巢激素的作用下，发生周期性剥脱出血，即月经。妊娠后，因胚体植入而继续生长发育为蜕膜。基底层较薄，约占内膜厚度的1/5，此层在月经和分娩时均不发生脱落，并具有增生修复功能层的作用。

子宫内膜丰富的血管来自子宫动脉的分支，通过肌层后进入子宫内膜。子宫动脉的分支在肌层与内膜交界处发出一些短而直的分支营养基底层，其主干进入功能层后螺旋走行，称螺旋动脉，螺旋动脉分支到达子宫内膜的浅层，相互吻合形成毛细血管网和血窦，然后汇合为小静脉，穿越肌层后汇入子宫静脉（图15-12）。螺旋动脉对卵巢激素很敏感，螺旋动脉的生理状态可随月经周期而变化。

2. 子宫肌层　很厚，由成束的平滑肌构成，肌束间以结缔组织分隔。可分为黏膜下层、中间层和浆膜下层，三层无明显分界（图15-11）。浆膜下层和黏膜下层主要为纵行平滑肌，较薄。中间层较厚，分为内环行肌与外斜行肌，富含血管。成年妇女子宫平滑肌纤维长约50μm。在妊娠期，平滑肌纤维受卵巢激素的作用，不仅明显增长（可达500μm），而且可分裂增殖，使肌层显著增厚。结缔组织中未分化的间充质细胞也分化为肌细胞。分娩后，肌纤维迅速恢复正常大小，部分肌纤维自溶而被吸收。

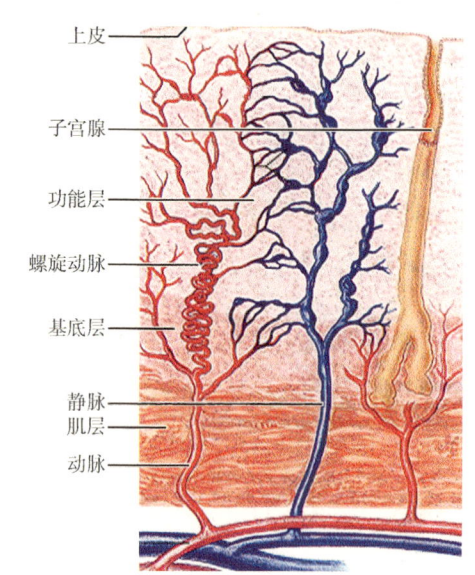

图15-12　子宫内膜血管和子宫腺结构模式图

子宫平滑肌的收缩受激素的调节，其收缩活动有助于精子向输卵管的运送、经血排出和胎儿娩出。

3. 子宫外膜　子宫底部和子宫体部的外膜为浆膜，其余部分为纤维膜。

（二）子宫内膜的周期性变化

自青春期开始，在卵巢分泌的雌激素和孕激素的周期性作用下，子宫底部和子宫体部的内膜功能层发生周期性变化，即每28天左右发生一次内膜功能层剥脱、出血、修复和增生，称月经周期。每个月经周期是从月经第1天起至下次月经来潮前1天止。子宫内膜周期性变化可分为3期，即增生期、分泌期和月经期（图15-13）。

1. 增生期（proliferative phase）　为月经周期第5～14天。一般历时8～10天。此期卵巢内有一些卵泡正在生长，在卵泡分泌的雌激素作用下，子宫内膜进入增生期，故又称卵泡期。上皮细胞与基质细胞不断分裂增生。子宫内膜增厚至2～3mm，子宫腺增多、增长，腺腔增大，螺旋动脉也增长、弯曲（图15-14）。到周期的第14天，卵巢内的卵泡成熟排卵，子宫内膜进入分泌期。

2. 分泌期（secretory phase） 为月经周期第15～28天。排卵后，卵巢内出现黄体，在黄体分泌的雌激素和孕激素作用下，子宫内膜进入分泌期，故又称黄体期。子宫内膜继续增厚至5～7mm。子宫腺极度弯曲，腺腔扩大，充满腺细胞的分泌物，内有大量糖原。固有层基质中含大量组织液而呈现水肿。基质细胞肥大，胞质内充满糖原、脂滴。螺旋动脉增长，更加弯曲（图15-15）。排出的卵若受精，子宫内膜将继续增厚，内膜组织更加疏松，营养物质更加丰富，为胚泡的植入和进一步发育提供了良好的温床。若未受精，黄体退化，雌激素和孕激素的水平下降，子宫内膜进入月经期。

3. 月经期（menstrual phase） 为月经周期第1～4天，一般历时3～5天，出血量50～100ml。此时，卵巢中的月经黄体退化，雌激素和孕激素的水平骤然下降，螺旋动脉收缩，内膜缺血，腺体分泌停止，各种组织细胞坏死。而后，螺旋动脉短暂充血扩张，血液涌入内膜功能层，内膜表层崩溃（图15-13），坏死的组织块及血液进入子宫腔，从阴道排出。在月经期末，功能层全部脱落，基底层的子宫腺细胞迅速分裂增生，向表面铺展，修复内膜上皮，转为增生期。

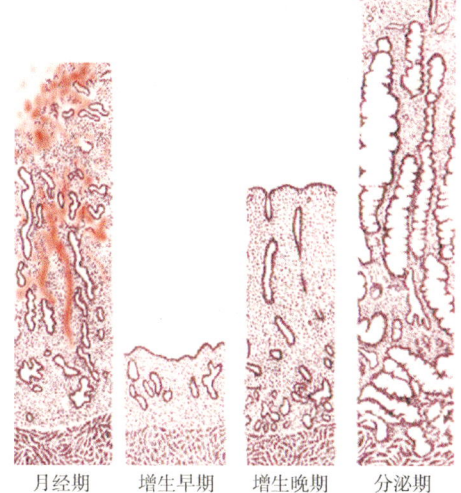

图15-13 子宫内膜的周期性变化示意图

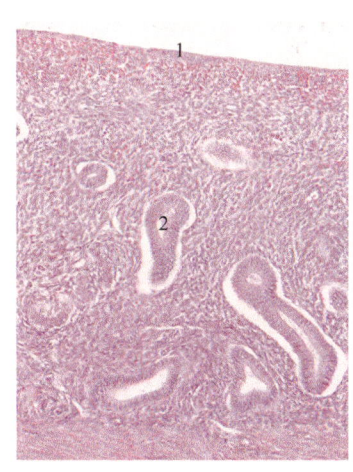 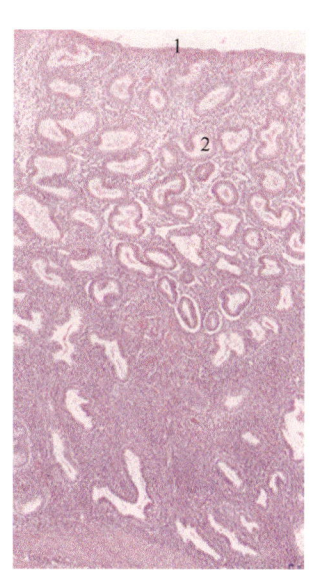

图15-14 增生期子宫内膜（HE染色，10×10倍）　图15-15 分泌期子宫内膜（HE染色，10×10倍）
1. 上皮；2. 子宫腺　　　　　　　　　　　　　　1. 上皮；2. 子宫腺

（三）子宫颈

子宫颈壁由外向内为纤维膜、肌层和黏膜。纤维膜为结缔组织。肌层平滑肌较少且分散，结缔组织较多。黏膜由上皮和固有层组成。子宫颈前后壁的黏膜分别形成一条纵襞，从纵襞下端又伸出许多斜行皱襞，纵襞之间的裂隙形成腺样隐窝。黏膜上皮为单层柱状，由分泌细胞、纤毛细胞及储备细胞组成。子宫颈黏膜无周期性脱落，但上皮细胞的活动受卵巢激素的调节。分泌细胞数量较多，胞质中充满黏原颗粒。雌激素可促使细胞分泌增多，分泌物为稀薄黏液，有利于精子通过，孕激素则使细胞分泌减少，分泌物为黏稠的凝胶状，形成阻止精子及微生物进入子宫的屏障。纤毛细胞数量较少，纤毛向阴道方向摆动，有利于分泌物排出。储备细胞较小，散在分布于柱状细胞与基膜之间，上皮受损时有增殖修复功能；子宫颈慢性炎症时，储备细胞增殖化生为复层扁平上皮，增生过程中也可以发生癌变。

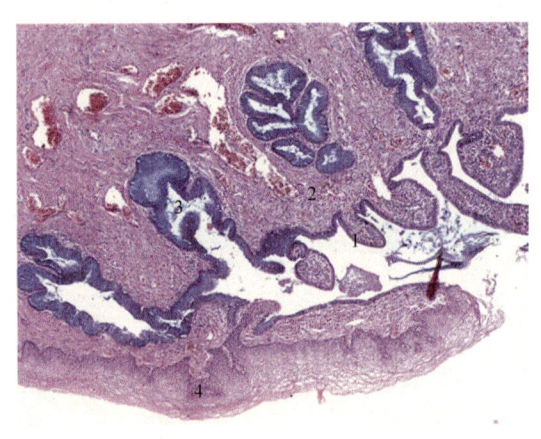

图15-16 子宫颈阴道部（HE染色，10×20倍）
1. 单层柱状上皮；2. 固有层；3. 宫颈腺；4. 复层扁平上皮

子宫颈外口处，单层柱状上皮移行为复层扁平上皮，两种上皮分界清晰（图15-16），交界处是宫颈癌的好发部位。

子宫颈阴道部的复层扁平上皮与阴道上皮相似，其细胞富含糖原，受性激素影响发生结构和功能的周期性变化。

绝经后，黏膜萎缩，腺样隐窝减少，分泌功能低下。

（四）卵巢和子宫周期性变化的神经内分泌调节

女性生殖系统的器官发育成熟及其功能作用直接受卵巢分泌的性激素调节，其中子宫内膜的周期性变化最为显著，即子宫内膜的月经周期完全受卵巢周期性活动的调控。卵巢的周期性变化又受脑垂体前叶分泌的促性腺激素，即FSH和LH的调控；FSH刺激卵泡的生长和分泌雌激素，LH的作用是协同FSH，促使卵泡成熟、排卵和黄体生成。而促性腺激素的分泌又受下丘脑神经元分泌的GnRH的调节。

进入青春期后，随着神经和内分泌器官的发育，腺垂体分泌的FSH刺激卵巢内一批卵泡生长发育，进而促使这些卵泡分泌大量雌激素。雌激素使子宫内膜进入增生期。此时，血液中高浓度的雌激素通过反馈机制作用于下丘脑和腺垂体，一方面抑制FSH的分泌，另一方面促进LH的分泌。LH通过协同FSH，促使卵泡成熟、排卵和黄体形成，黄体分泌大量的孕激素和雌激素作用于子宫内膜而发生分泌期的变化。接着血液中高水平的孕酮通过反馈机制作用于下丘脑和腺垂体，抑制LH继续分泌，导致黄体退化。黄体退化使孕激素和雌激素的水平骤然下降，引起子宫内膜发生月经期的变化；同时月经期血液中孕激素和雌激素浓度降低，可反馈作用于下丘脑和腺垂体，促进腺垂体分泌FSH，又一批卵泡开始发育（图15-17）。如此反复循环，有序地调节和维持着卵巢和子宫内膜的周期性活动。

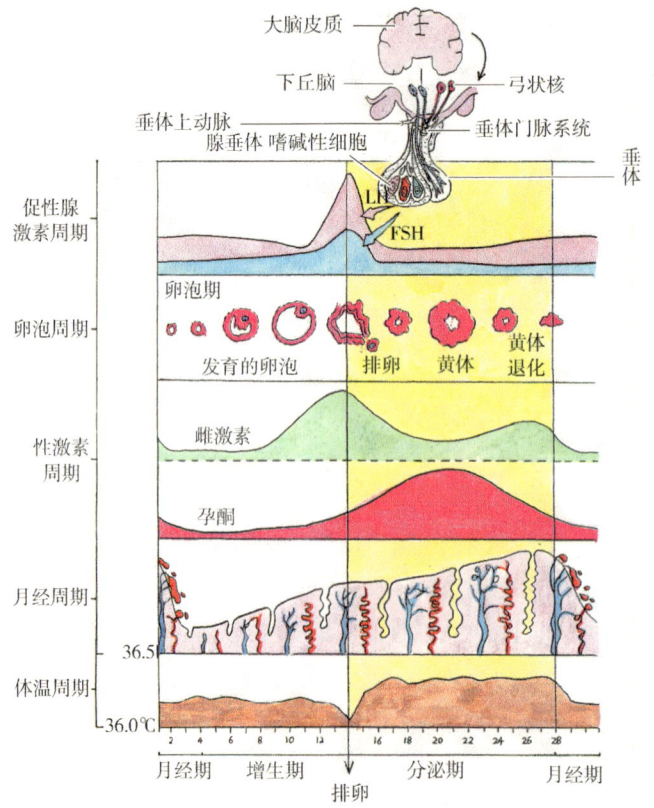

图15-17 相关激素与子宫内膜的周期性变化关系示意图

四、阴　道

阴道壁由黏膜、肌层和外膜组成。黏膜上皮为复层扁平上皮，表层的细胞内含有透明角质颗粒，但不完全角化。黏膜表面形成许多横行的皱襞。黏膜固有层的浅层结缔组织较为致密，弹性纤维和血管丰富，深部组织较为疏松。肌层为平滑肌，肌纤维相互交织成内环行和外纵行两层。在阴道口处，由骨骼肌构成阴道括约肌。阴道的外膜为富含弹性纤维的致密结缔组织。

阴道上皮不断脱落和新生，青春期以后，由于阴道上皮的形态结构变化与月经周期密切相关，因此临床上通过观察阴道涂片，根据阴道上皮脱落细胞的形态结构可推测卵巢的功能状态，也可用来协助诊断子宫颈和阴道的肿瘤等。

在雌激素的作用下，阴道的黏膜上皮能合成和聚集大量的糖原。当阴道黏膜表层上皮脱落后，糖原在阴道杆菌的作用下转变为乳酸，使阴道保持酸性，具有一定的抗菌作用。妇女绝经期以后，雌激素水平下降，阴道上皮变薄，细胞变小，糖原合成减少，脱落细胞及阴道分泌液也减少，且分泌液变为碱性后细菌易于繁殖，所以容易发生阴道感染。

五、乳　房

乳腺于青春期开始发育，其结构随年龄和生理状况而异。无泌乳功能的乳腺，称静止期乳腺；妊娠期与哺乳期乳腺称活动期乳腺。

1. 乳房的一般结构　乳房主要由腺体、导管、脂肪组织和纤维组织等构成。乳房腺体被结缔组织分隔为15～25个腺叶，每叶又分为若干小叶，每个小叶为一个复管泡状腺。腺泡上皮由单层立方或柱状细胞构成，且存在肌上皮细胞。导管包括小叶内导管、小叶间导管和总导管，它们分别由单层柱状上皮、复层柱状上皮和复层扁平上皮构成。

2. 静止期乳腺　是指性成熟未孕女性的乳腺，其结构特点是腺泡和导管均不发达，腺泡小而少，脂肪组织和结缔组织丰富（图15-18）。在每个月经周期的分泌期，腺泡和导管会略有增生，乳腺可稍增大；月经停止后这一现象会消失。

3. 活动期乳腺　妊娠期在雌激素和孕激素，以及绒毛膜促性腺激素的作用下，腺泡增大，结缔组织和脂肪组织相对减少。妊娠后期，在垂体分泌的催乳素的作用下，腺泡开始分泌，分泌物中含有脂滴、乳蛋白、乳糖和抗体等，称为初乳。哺乳期乳腺中的腺体更加发达（图15-19）。在不同的小叶内，合成与分泌活动交替进行，因此可见分泌前的腺泡上皮为高柱状，分泌后的腺泡上皮呈扁平状，腺腔内充满乳汁。停止哺乳后，催乳素水平下降，腺组织萎缩，乳腺恢复静止期。

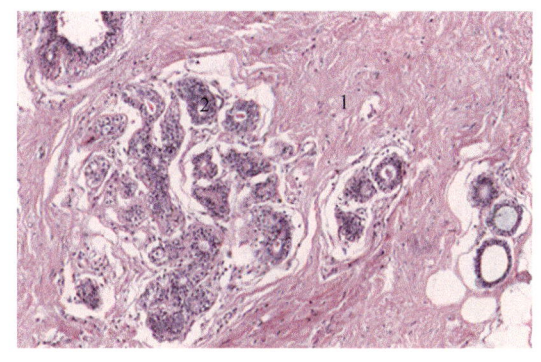

图15-18　静止期乳腺（HE染色，10×20倍）
1. 结缔组织；2. 腺泡

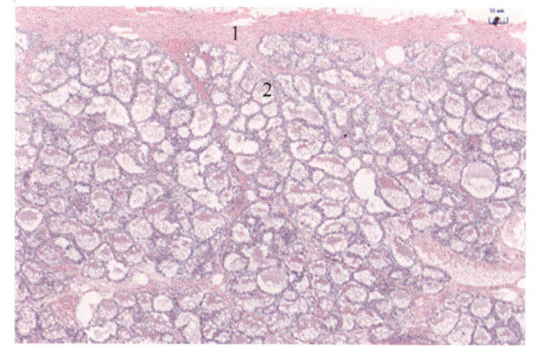

图15-19　活动期乳腺（HE染色，10×10倍）
1. 结缔组织；2. 腺泡

（崔红晶）

第16章 眼和耳

> **学习目标**
> **掌握**：眼球壁的各层结构与功能；壶腹嵴、椭圆囊斑、球囊斑和螺旋器的结构与功能。
> **熟悉**：眼球内容物的结构与功能。
> **了解**：眼睑的结构；内耳（迷路）的组成及各部的结构。

眼和耳是人体的两大感觉器官，眼为视觉器官，耳为位觉和听觉器官。

一、眼

眼由眼球和周围的附属器官组成。眼球近似球体，为眼的核心部分，由眼球壁和眼球内容物组成，具有自动聚焦、屈光成像和感光等功能；眼附属器官主要包括眼睑、结膜、泪器和眼外肌等，对眼球起支持、保护和运动等作用。

（一）眼球壁

眼球壁的结构由外向内依次分为三层。①纤维膜：主要由致密结缔组织构成，其前面约1/6为角膜，后5/6为巩膜，两者之间的过渡区域为角膜缘。②血管膜：由富含血管和色素细胞的疏松结缔组织构成。从前向后依次为虹膜基质、睫状体基质和脉络膜三部分。③视网膜：位于眼球壁最内层，分为盲部与视部，两者交界处呈锯齿状，称锯齿缘。盲部包括虹膜上皮和睫状体上皮；视部为感光的部位，即通常所称的视网膜（图16-1，图16-2）。

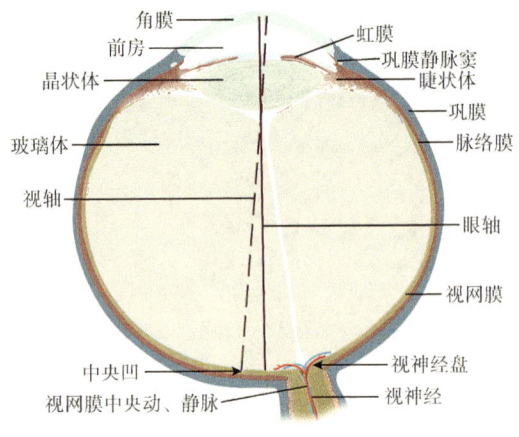

图16-1 眼球结构模式图

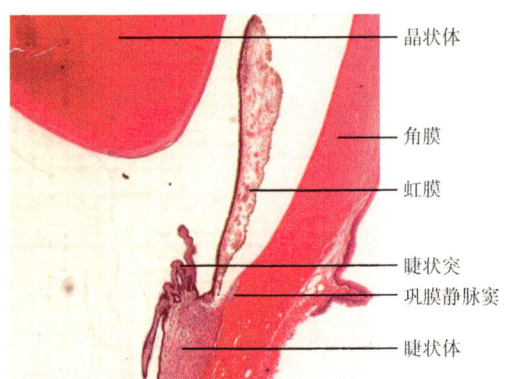

图16-2 眼球前部（HE染色，10×10倍）

1. 角膜（cornea） 为无色透明的圆盘状结构，略向前方突出。角膜边缘较厚，约1mm；中央较薄，约0.5mm。角膜内无血管和淋巴管分布，其营养由房水和角膜缘的血管以渗透方式供应。

角膜的组织结构从前向后分为5层（图16-3）。

（1）角膜上皮　为未角化的复层扁平上皮，由5～6层排列整齐的细胞构成，无黑素细胞。基部平坦，基底层为一层矮柱状细胞，具有一定的增殖能力；中间三层为多边形细胞；表面1～2层为扁平细胞，故角膜表面平整光滑。上皮内有丰富的游离神经末梢，因此角膜感觉敏锐。

（2）前界层　是由胶原原纤维和基质组成的透明均质层，不含细胞，损伤后不能再生。

（3）角膜基质　又称固有层，约占角膜全厚的9/10，含水量较高。由多层与表面平行的胶原板层组成，这些胶原板层由大量的胶原原纤维平行排列而成。板层之间有扁平的成纤维细胞，且相邻板层的胶原原纤维排列方向互相垂直（图16-4）。

（4）后界层　结构与前界层类似，但更薄。可随年龄增长而增厚。

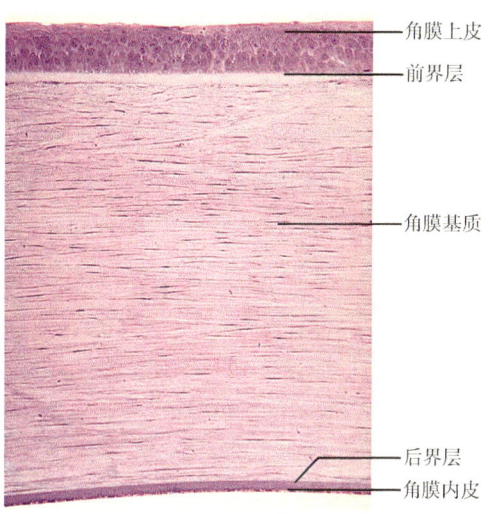

图16-3　角膜（HE染色，10×10倍）

（5）角膜内皮　为单层扁平或立方上皮。角膜内皮细胞不能再生。

角膜成分（特别是纤维）规则排列、富含水分、无血管和黑素细胞的存在，是角膜透明的主要原因。

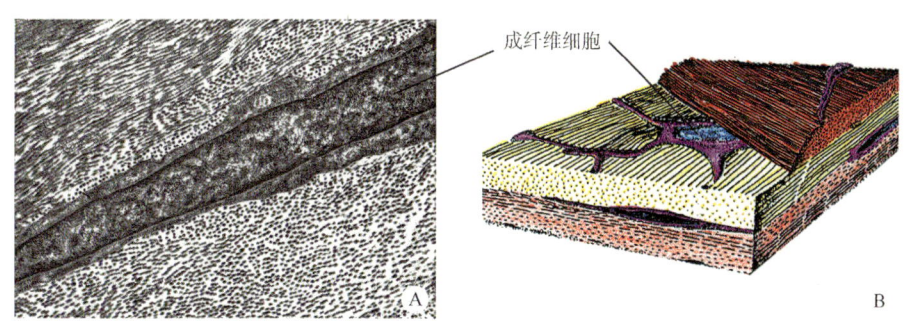

图16-4　角膜基质
A.透射电镜图；B.立体模式图

2. **巩膜**（sclera）　坚韧而不透明，成人呈瓷白色，幼儿呈蓝白色。巩膜主要由致密结缔组织组成，其中含有大量粗大的胶原纤维，以及少量的血管、色素细胞等结构，是眼球壁的重要保护支持层。与角膜交界处的内侧，巩膜向前内侧稍凸起，形成一环形嵴状突起，称巩膜距（scleral spur），它是小梁网和睫状肌的附着部位。巩膜前部的外表面覆有球结膜，球结膜由复层扁平上皮和疏松结缔组织构成。

角膜与巩膜的移行处为角膜缘，这是一个环绕角膜的带状区域，宽1～2mm。角膜缘通常是临床上眼球前部手术的入路部位。与角膜和结膜上皮不同的是，角膜缘上皮较厚，细胞通常超过10层，细胞小，核深染。基底细胞为矮柱状，排列成栅栏状。上皮内有黑素细胞，无杯状细胞。角膜缘基底层的细胞具有干细胞特征，称角膜缘干细胞，可通过不断增殖向角膜中央方向迁移，补充角膜基底细胞。因此，临床上可利用角膜缘移植术，治疗某些严重的眼表面疾病。

角膜缘内侧有环形的巩膜静脉窦，该窦腔呈较大而不规则的长条形，窦壁内衬贴内皮，腔内充满房水。巩膜静脉窦内侧为网格状的小梁网，由小梁和小梁间隙构成，小梁中央为胶原纤维，表面覆以内皮。小梁间隙与巩膜静脉窦相通，两者是房水回流的必经之路。

3. **虹膜**（iris）　位于角膜和晶状体之间的环状薄膜，周边与睫状体相连，中央为圆形的瞳孔。虹膜将眼房分隔为前房和后房，前后房内的房水借瞳孔相通。虹膜直径约为12mm，厚度约为0.5mm，近瞳孔处较厚，周边较薄。虹膜由前向后分三层，即前缘层、虹膜基质和虹膜上皮。前缘层为一层不连续的成纤维细胞和色素细胞；虹膜基质较厚，为富含血管和色素细胞的疏松结缔组织，在靠近瞳孔缘的虹膜基质中有围绕瞳孔呈环形排列的平滑肌，收缩时使瞳孔缩小，故称为瞳孔括约肌；虹膜上皮由前后两层细胞组成。前层为肌上皮细胞，以瞳孔为中心呈放射状排列，称瞳孔开大肌，收缩时使瞳孔开大。后层细胞较大，呈立方形，胞质内充满色素颗粒（图16-5）。

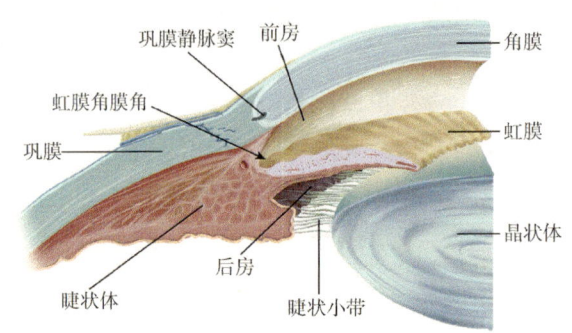

图16-5　虹膜结构及比邻示意图

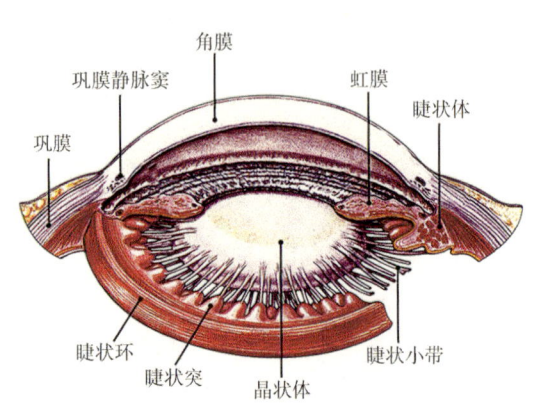

图16-6　睫状体模式图

4. 睫状体（ciliary body）　位于虹膜与脉络膜之间，为具有伸缩功能的环带状结构，在眼球矢状切面上呈三角形。前段较宽大，并向内侧增厚形成许多放射状的睫状突。后段渐平坦，终止于锯齿缘（图16-6）。睫状体由睫状肌、基质和上皮层组成。

睫状肌为平滑肌，是睫状体的主要组成成分。肌纤维有环行、放射状和纵行三种走向，环行肌纤维分布于睫状体的前部，放射状纤维和纵行肌纤维的起点为巩膜距，分别终止于睫状体内侧和脉络膜，故睫状肌收缩时使睫状体突向前方内侧。基质为富含血管和色素细胞的结缔组织。睫状体上皮由两层细胞组成，外层为立方形的色素上皮细胞，内层为立方形或矮柱状的非色素上皮细胞，可分泌房水，并产生构成睫状小带和玻璃体的生化成分。

睫状突与晶状体之间通过睫状小带相连。睫状小带呈细丝状，由许多微原纤维借蛋白多糖黏合而成，这些结构均由睫状体非色素上皮细胞产生。睫状小带一端连于睫状体，另一端插入晶状体囊内，起到悬挂固定晶状体的作用。睫状肌收缩时，睫状突移向前内侧，睫状小带松弛；反之，则紧张。总之，睫状肌通过改变晶状体的位置和曲度，从而调节焦距。如果长时间注视近物，睫状肌会持续处于收缩状态而产生疲劳感，久之则可能受损而无法完全恢复正常功能，从而导致眼的中、远距离视力减退，形成近视眼。

5. 脉络膜（choroid）　为血管膜的后2/3部分，介于巩膜和视网膜之间，为富含血管和色素细胞的疏松结缔组织，故脉络膜呈棕黑色。脉络膜的最内层为玻璃膜，这是一层由纤维和基质组成的薄层均质透明膜，牢固地附着于视网膜的色素上皮层。脉络膜的色素细胞可吸收穿过视网膜的光，以防反射。脉络膜的毛细血管供应视网膜外1/3的营养。

6. 视网膜（retina）　一般指视网膜能感光的视部，位于脉络膜内侧。视网膜为高度特化的神经组织，主要由四层细胞构成，由外向内依次是色素上皮层、视细胞层、双极细胞层和节细胞层，内三层均为神经细胞（图16-7）。

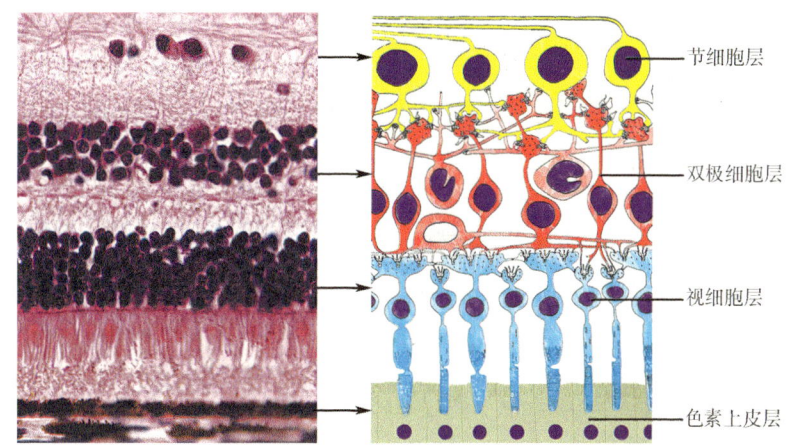

图 16-7　视网膜光镜结构（HE 染色，10×20 倍）及超微结构模式图

(1) 色素上皮层　为色素上皮细胞构成的单层立方上皮，其基底面紧贴脉络膜的玻璃膜。细胞基底部有发达的质膜内褶，顶部有大量微绒毛伸入视细胞的外节之间，但与其无牢固的连接结构，视网膜脱落常发生在两者之间。细胞侧面有紧密连接，对视网膜内环境的稳定具有重要的保护作用。色素上皮细胞胞质内含许多粗大的黑素颗粒和吞噬体。黑素颗粒可防止强光对视细胞的损害，吞噬体内通常为视杆细胞脱落的膜盘。色素上皮细胞还能储存维生素 A，参与视紫红质的形成。

(2) 视细胞层　又称感光细胞层，是感受光线的感觉神经元。细胞分为胞体、外突（即树突）和内突（即轴突）三部分。胞体是细胞核所在部位，略微膨大。外突中段有一缩窄将其分为内节和外节，内节是合成感光蛋白质的部位，含丰富的线粒体、粗面内质网和高尔基复合体；外节为感光部位，含有大量平行层叠的扁平状膜盘，它们是由外节基部一侧的胞膜向胞质内陷形成（图 16-7），膜盘中有能感光的蛋白质，为感光部位。内突末端主要与双极细胞形成突触。根据外突形态和感光性质的不同，视细胞分为视杆细胞和视锥细胞两种（图 16-7）。视锥细胞主要分布在视网膜中部，视杆细胞主要分布在视网膜周围区域。

1) 视杆细胞（rod cell）：数目多，细胞小，核小且染色深。外突呈杆状（视杆），内突末端膨大呈小球状。其膜盘与细胞表面的胞膜分离，形成独立的膜盘，并不断向外节顶端推移，顶端老化的膜盘会不断脱落，被色素上皮细胞吞噬。其感光蛋白称视紫红质，主要感知弱光。视紫红质由 11-顺视黄醛和视蛋白组成。由于维生素 A 是合成 11-顺视黄醛的原料，所以当人体维生素 A 不足时，视紫红质缺乏，导致弱光视力减退，俗称夜盲症。

2) 视锥细胞（cone cell）：数目稍少，细胞外形较视杆细胞粗大，核大且染色浅。外突呈圆锥形（视锥），内突末端膨大呈足状。视锥外节的膜盘大多与细胞膜不分离，顶端膜盘也不脱落。其感光物质称视色素，能感知强光和颜色。视色素也由 11-顺视黄醛和视蛋白组成，但视蛋白的结构与视杆细胞的不同。人和绝大多数哺乳动物有三种视锥细胞，分别含有红敏色素、绿敏色素和蓝敏色素。如果缺少对红光（或绿光）敏感的视锥细胞，个体将不能分辨红（或绿）色，称为红（或绿）色盲。

(3) 双极细胞层　双极细胞是连接视细胞和节细胞的纵向中间神经元，其树突与视细胞的内突形成突触，其轴突与节细胞的树突形成突触。多数双极细胞可与多个视细胞和节细胞形成突触，位于视网膜中央凹边缘的双极细胞只与一个视锥细胞和一个节细胞联系，这种双极细胞称为侏儒双极细胞。

此层还有三种中间神经元，即水平细胞、无长突细胞和网间细胞，它们与其他细胞之间，以及这些细胞相互之间存在广泛的突触联系，构成局部神经环路。

(4) 节细胞层　节细胞是具有长轴突的多极神经元。大多数节细胞的胞体较大，通常为单层排列，其树突可与双极细胞、无长突细胞和网间细胞形成突触。其轴突向眼球后极汇聚，形成视神经后离开眼球。大多数大胞体节细胞与多个双极细胞形成突触联系；少数小胞体的侏儒节细胞，只和一个侏儒双极细胞形成突触（图16-7）。

视网膜中的神经胶质细胞主要是放射状胶质细胞，又称米勒细胞（Müller's cell），是视网膜中特有的一种胶质细胞。细胞狭长而不规则，几乎贯穿整个视网膜神经层，从胞体及内外侧突起上发出许多细小叶片突起，包绕在神经元周围。米勒细胞具有营养、支持、绝缘和保护作用。此外，视网膜内还有少量星形胶质细胞、少突胶质细胞和小胶质细胞。

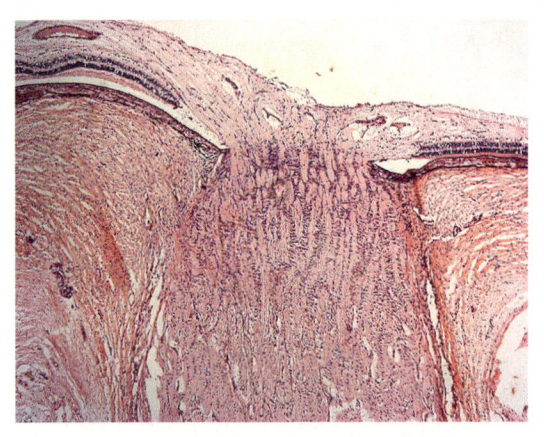

图16-8　视神经盘与视神经（HE染色，10×10倍）

在眼球后极，视神经穿出部位形成了一白色圆形隆起，称视神经乳头（papilla of optic nerve）或视神经盘（optic disc），有视网膜中央动、静脉通过。此处无感光细胞，故又称生理盲点（图16-8）。在视神经乳头颞侧稍下方有一浅黄色区域称黄斑（macula lutea），正对视轴处，直径1~3mm，其中央有一浅凹，称中央凹（central fovea）。中央凹是视网膜最薄的部分，厚度仅0.1mm，只有色素上皮细胞和视锥细胞。其视锥细胞与侏儒双极细胞、侏儒节细胞之间形成一对一的联系，能精确地传导视觉信息。此处的双极细胞和节细胞斜向外周排列，从而形成一局部凹陷，光线可直接落在视锥细胞上，因此，此处是视觉最敏锐的部位（图16-9）。

（二）眼球内容物

眼球内容物包括房水、晶状体和玻璃体，它们均为无色透明状，与角膜共同组成眼的屈光装置。能对入射光线进行调节，使光线的焦点集中在视网膜上，从而形成清晰的图像。

1. 晶状体（lens）　位于虹膜的后方，为具有弹性的双凸透明体，是眼球中最为重要的屈光装置。晶状体外包薄层晶状体囊，由基膜和胶原原纤维组成（图16-1，图16-2，图16-6）。囊内为晶状体实质，分为外周的皮质和中央的晶状体核。皮质的前表面有层立方形细胞构成的晶状体上皮。在晶状体赤道部，细胞逐渐变成长柱状，称晶状体纤维。这些纤维的纵轴与晶状体表面平行，呈环层状排列。新形成的纤维构成皮质，老的纤维被推向中心，细胞核逐渐消失，纤维的含水量逐渐减少，参与构成晶状体核（图16-10）。晶状体内无血管和神经，靠房水供给营养。老年人晶状体弹性减退，透明度降低，甚至变得混浊，从而形成老年性白内障。

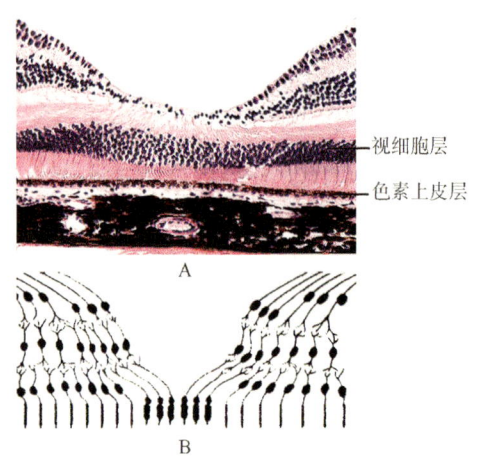

图16-9　黄斑与中央凹模式图
A. 光镜图（HE染色，10×40倍）；B. 细胞联系示意图

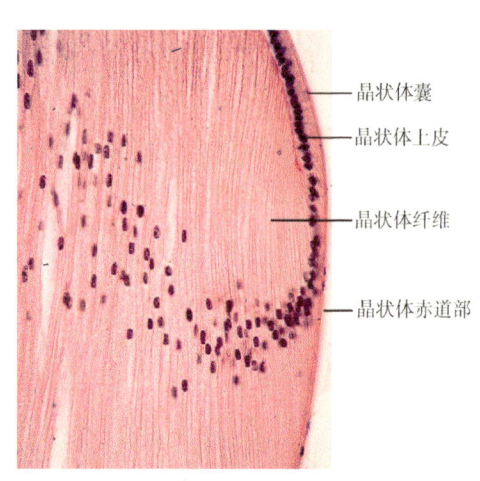

图16-10　晶状体（HE染色，10×10倍）

> **链接**
>
> ### 白内障
>
> 各种原因如老化、遗传、局部营养障碍、免疫与代谢异常、外伤、中毒、辐射等都能引起晶状体代谢紊乱,导致晶状体蛋白质变性而发生混浊,形成白内障。白内障的主要症状是视力减退、视物模糊。由于白内障的部位及程度不同,其对视力的影响也不同,若混浊发生在晶状体的周边部,视力可能不受影响;若混浊发生在晶状体的中央,轻者视力减退,重者视力可能只能感知手动或光感。此外,还可表现为近视度数加深,需要经常频繁更换眼镜;单眼复视或多视症,眼前固定性黑影或视物发暗,畏光等症状。

2. 玻璃体(vitreous body) 位于晶状体、睫状体与视网膜之间,为无色透明的胶状体。玻璃体中含水量达99%,此外含有胶原原纤维、玻璃蛋白、透明质酸和少量细胞。如果玻璃体因某些原因液化,出现飘动微粒,患者会感到有飘动的小黑点,临床称为飞蚊症。

3. 房水(aqueous humor) 为充满于眼房的透明液体,由睫状体的血液渗出和非色素上皮细胞分泌产生。房水从后房经瞳孔至前房,继而在前房角经小梁间隙进入巩膜静脉窦,最终由睫状前静脉导入血液循环。房水具有屈光作用,并可营养晶状体和角膜,以及维持眼压。房水的产生和排出保持动态平衡。若回流受阻,引起眼压增高,导致视力受损,称青光眼。

(三)眼附属器官

眼睑(eyelids)位于眼球前方,有保护眼球的作用。眼睑为薄板状结构,由前至后分为皮肤、皮下组织、肌层、睑板和睑结膜五层(图16-11)。

1. 皮肤 薄而柔软,睑缘有2~3行睫毛,睫毛根部有小的皮脂腺,称睑缘腺,又称Zeis腺。睫毛附近还有腺腔较大的汗腺,称睫腺,又称Moll腺。

2. 皮下组织 为薄层疏松结缔组织,易发生水肿和淤血。

3. 肌层 主要是骨骼肌。

4. 睑板 由致密结缔组织构成,坚硬如软骨,是眼睑的支架。睑板内有许多平行排列的分支管泡状皮脂腺,称睑板腺,导管开口于睑缘内侧,分泌物有润滑睑缘和保护角膜的作用。由于睑板腺导管阻塞,腺内发生慢性炎症,称睑板腺囊肿或霰粒肿,在眼睑皮下出现一肿粒。

5. 睑结膜 为薄而透明的黏膜,上皮为复层柱状上皮,固有层为薄层结缔组织。睑结膜在结膜穹隆处反折覆盖于巩膜表面称球结膜。

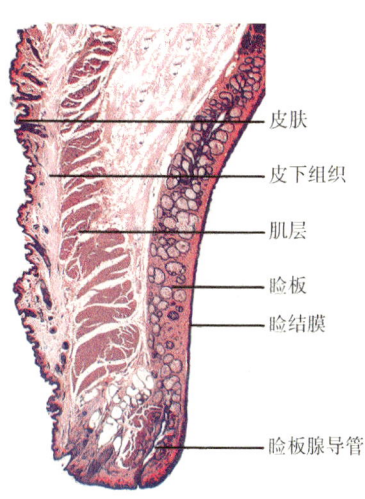

图16-11 眼睑(HE染色,10×4倍)

二、耳

耳是位觉和听觉器官,由外耳、中耳和内耳组成。外耳和中耳可以收集和传导声波,内耳有位觉感受器和听觉感受器。

(一)外耳

外耳由耳郭、外耳道和鼓膜构成(图16-12)。耳郭由弹性软骨和覆盖其表面的薄层皮肤组成。耳垂无弹性软骨,皮下有脂肪组织,结缔组织中毛细血管丰富,是临床上采血常用的部位。外耳道的外1/3段为软骨部,内2/3段为骨部,表面覆以薄层皮肤,软骨部的皮肤内有大汗腺,称耵聍腺,腺体的分泌物称耵聍。耵聍有润滑皮肤的作用,并可防止异物或昆虫进入外耳道深部。外耳道的皮下组织很少,皮肤深部与软骨或骨紧密相贴。鼓膜为半透明的薄膜,分隔外耳道与中耳鼓室。鼓膜外表面为角化的复层扁平上皮,与外耳道表皮相延续;内表面为单层立方上皮,与鼓室黏膜上皮相延续;中间是由胶原纤维束组成的薄层结缔组织,与鼓膜的振动有关,鼓膜在声波作用下发生同步振动,将外界声波传递给中耳。

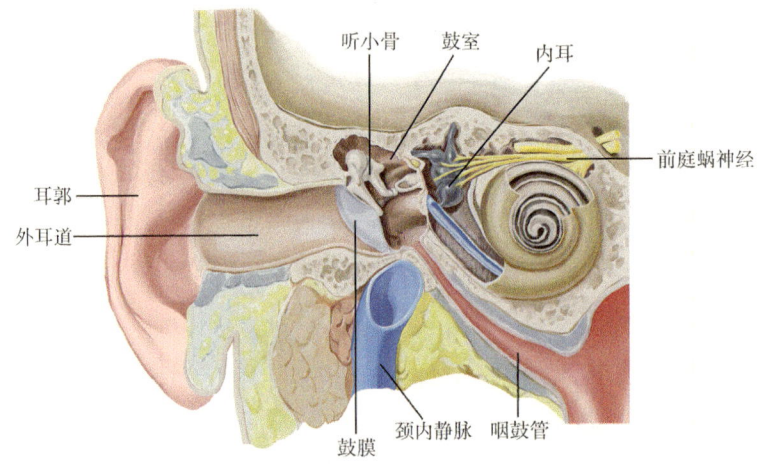

图 16-12　耳结构模式图

(二) 中耳

中耳是一不规则含空气的小室,主要由鼓室与咽鼓管构成(图16-12)。鼓室内有锤骨、砧骨和镫骨三块听小骨,鼓室腔面和听小骨表面均覆盖有薄层黏膜,由单层立方上皮和薄层结缔组织组成,鼓室充满气体。咽鼓管是连接鼓室与鼻咽部的管道,近鼓室段的黏膜上皮为单层柱状上皮;近鼻咽段为假复层纤毛柱状上皮,纤毛向咽部摆动。固有层结缔组织内含有混合腺。咽鼓管是鼓室与鼻咽部之间的空气通道,平时关闭,只有在吞咽和打呵欠时才被动开放,维持鼓室内气压与外界相平衡。

(三) 内耳

内耳位于颞骨岩部,是由两套弯曲管道套叠而成,结构复杂,形同迷宫,又称迷路。迷路分骨迷路和膜迷路两部分。

骨迷路由前至后可分为耳蜗、前庭和半规管,它们依次通连,内壁上都衬以骨膜。膜迷路是悬系在骨迷路内的膜管和囊腔,形态与骨迷路相似,由前至后也相应地分为三部分,即膜蜗管、膜前庭(椭圆囊和球囊)和膜半规管,三者也相互通连(图16-12,图16-13)。膜迷路的管壁即黏膜,是由单层扁平上皮和薄层结缔组织构成的膜性管道,某些部位黏膜增厚,上皮细胞特化形成听觉感受器或位觉感受器。膜迷路囊腔内充满内淋巴,膜迷路与骨迷路之间的腔隙充满外淋巴,内、外淋巴互不相通。淋巴有营养内耳和传递声波的作用。

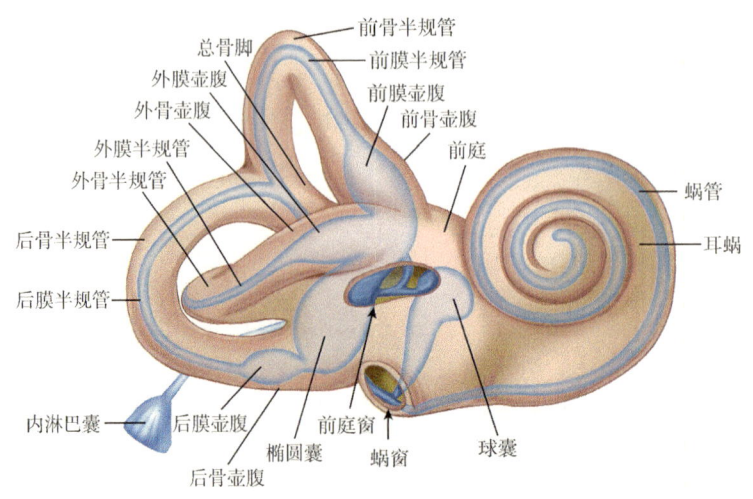

图 16-13　骨迷路与膜迷路

1. 半规管、膜半规管及壶腹嵴 半规管为三个半环形骨管，每个半规管具有两个骨脚，一个脚膨大为壶腹骨脚，脚上的膨大部分称为骨壶腹。膜半规管位于骨半规管内，在骨壶腹内的部分也相应膨大为膜壶腹。膜壶腹的一侧黏膜增厚，形成嵴状隆起，称壶腹嵴（crista ampullaris）。

壶腹嵴的表面覆以高柱状上皮，上皮由支持细胞和毛细胞组成（图16-14）。支持细胞呈高柱状，游离面有微绒毛，胞质顶部有分泌颗粒。支持细胞对毛细胞有支持作用，同时分泌糖蛋白形成圆顶状胶质膜，称壶腹帽。毛细胞呈烧瓶状，位于支持细胞之间。毛细胞顶部有数根静纤毛和一根较长的动纤毛，纤毛伸入圆顶状的壶腹帽内。前庭神经的传入纤维末梢分布于毛细胞的基部。壶腹嵴是位觉感受器，感受身体或头部的旋转变速运动。由于3个半规管互相垂直排列，所以，不管身体或头部怎样旋转，都会有半规管内淋巴流动使壶腹帽偏斜，从而刺激毛细胞产生兴奋，经前庭神经传入中枢。

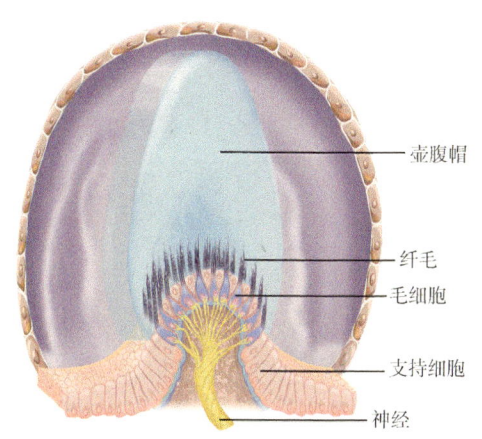

图16-14 壶腹嵴模式图

2. 前庭、膜前庭及位觉斑 前庭位于骨迷路中部，是一个不规则的腔隙，连接半规管和耳蜗。膜前庭包括椭圆囊和球囊。椭圆囊外侧壁黏膜隆起形成椭圆囊斑。球囊较小，其前壁黏膜隆起形成球囊斑。椭圆囊斑和球囊斑又称位觉斑。位觉斑的表面上皮结构与壶腹嵴相似，分泌物在位觉斑表面形成一层胶质膜，称位砂膜，内有细小的碳酸钙结晶，即位砂（图16-15）。

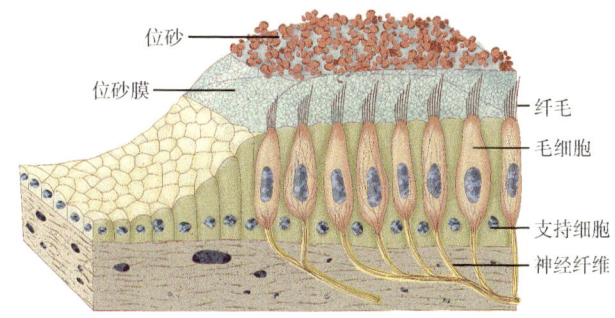

图16-15 位觉斑模式图

毛细胞纤毛较短，伸入位砂膜中。位觉斑能感受身体的直线变速运动和静止状态。由于位砂的相对密度远大于内淋巴，在重力或直线变速运动作用下，位砂膜可发生移位，从而使纤毛弯曲，毛细胞兴奋。由于椭圆囊斑与球囊斑互成直角，所以，不管身体处在何种位置，都会有毛细胞受到刺激。将感觉刺激经前庭神经的传入纤维传递到大脑。

3. 耳蜗、膜蜗管及螺旋器 耳蜗形如蜗牛壳，骨蜗管和套嵌其内的膜蜗管围绕中央锥形的蜗轴盘旋两周半（图16-16）。蜗轴由骨松质构成，内有耳蜗神经节。骨蜗管被膜蜗管分隔为上下两部分，上方为前庭阶，下方为鼓室阶，两者在蜗顶处经蜗孔相通。

膜蜗管的横切面呈三角形，可分为三壁：顶壁为菲薄的前庭膜。外侧壁为富含毛细血管的复层柱状上皮，又称血管纹，能分泌产生内淋巴。上皮下方为增厚的骨膜，称螺旋韧带。下壁由骨螺旋板和基底膜共同构成。骨螺旋板是蜗轴的骨组织向外侧延伸而成，基底膜为薄层结缔组织膜，内侧与骨螺旋板相连，外侧与螺旋韧带相连。基底膜的上皮增厚形成螺旋器（spiral organ），又称"科蒂器"。骨螺旋板起始处的骨膜增厚形成螺旋缘，螺旋缘表面上皮细胞分泌形成的胶质膜称盖膜，覆盖于螺旋器上方（图16-17）。

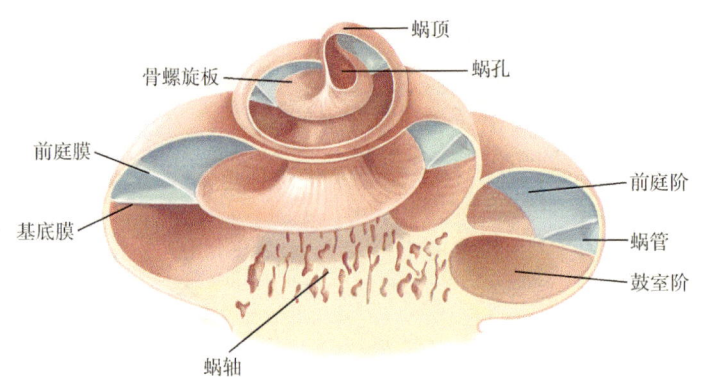

图 16-16 耳蜗模式图

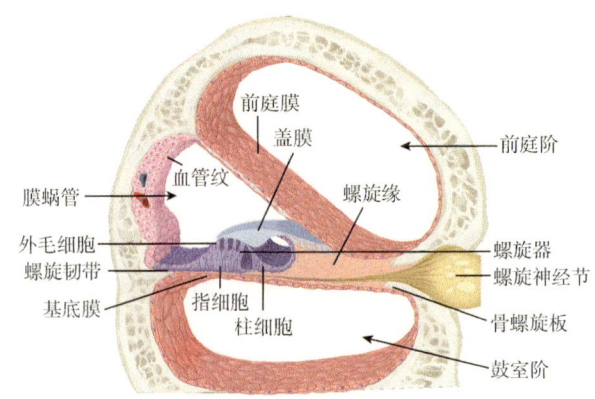

图 16-17 膜蜗管与螺旋器模式图

螺旋器位于膜蜗管基底膜上，由支持细胞和毛细胞组成（图16-18）。支持细胞主要有柱细胞和指细胞。柱细胞排列为内、外两行，分别称内柱细胞和外柱细胞。内柱细胞、外柱细胞在基底部和顶部彼此连接，细胞中部分离，围成一条三角形的内隧道。柱细胞中部细长，基部较宽，位于基底膜上，胞质富含张力丝。指细胞呈长柱状，基部也位于基底膜上，顶部凹陷内托着一个毛细胞。指细胞有支托毛细胞的作用。毛细胞也分为内毛细胞和外毛细胞。毛细胞是感觉性的上皮细胞，内毛细胞呈烧瓶形，外毛细胞呈高柱状。分别坐落在内、外指细胞顶部。毛细胞底部与来自耳蜗神经节细胞的树突末端形成突触。

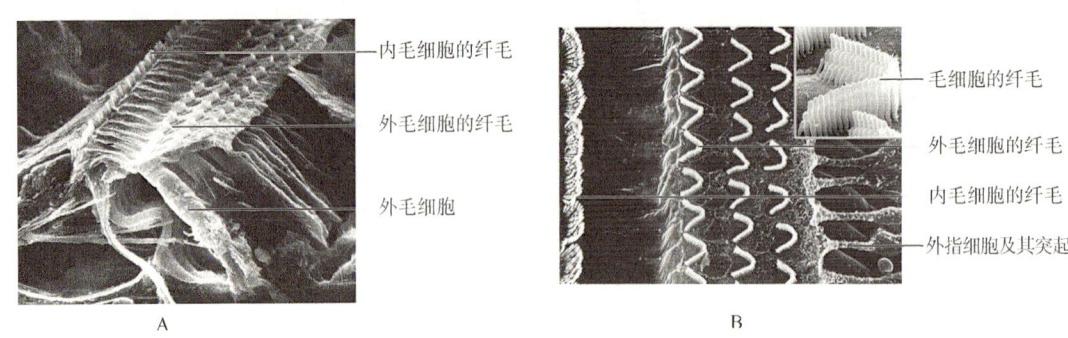

图 16-18 螺旋器侧面（A）和顶部（B）扫描电镜图

螺旋器基底膜中含有大量的胶原样细丝，称听弦。基底膜从蜗底向蜗顶逐渐变宽，所以蜗底的听弦较短，蜗顶的听弦较长而且较细。因此蜗底基底膜的共振频率高，蜗顶的共振频率低。蜗底受损可导致高音感觉障碍，蜗顶受损可导致低音感觉障碍。

（刘正华）

第17章 人体胚胎学

学习目标

掌握：受精的时间、部位、条件和重要性；上胚层与下胚层的形成；脊索和中胚层的发生；外胚层的主要衍化物；体节的形成；间介中胚层与侧中胚层的分化；中胚层的主要衍化物；绒毛膜的发生和组成；羊膜的发生、扩大及脐带的形成；丛密绒毛膜与子宫底蜕膜的关系；胎盘的结构和功能。

熟悉：神经管和原始消化管的形成；胎盘绒毛膜、绒毛干和绒毛的结构、功能和异常；羊水的产生、含量及其对胎儿发育的影响；胎盘膜或胎盘屏障的组成；胎盘的血液循环。

了解：生殖细胞减数分裂与意义；精子获能和卵子的成熟；影响受精的因素；卵裂的过程；桑葚胚与胚泡的形成；内细胞群、滋养层与胚泡腔；胚泡植入的过程和条件；正常和异常植入部位；细胞滋养层与合体滋养层的形成；蜕膜与胚胎的关系；胚泡细胞群的演变；原条的出现及其意义；口咽膜与泄殖腔膜的形成；三胚层的初步分化；扁平胚盘形成圆柱胚体的过程；胚内体腔的形成和分化；原始消化管起止和分化；胎膜的组成；卵黄囊和尿囊的发生、退化及作用；子宫蜕膜的结构和分部；蜕膜细胞的结构特点和功能；胚胎各期外形特征与胚胎龄推算；胚胎各周的主要变化特点；双胎、多胎和联胎的形成。

人体胚胎学（human embryology）是研究个体发生、发育及其机制的科学，其研究范围主要涉及生殖细胞的形成、受精、胚胎发育、胚胎与母体的关系和先天性畸形等。人体胚胎在母体子宫内的发育、生长过程需经历38周（约266天），可将此过程分为三个时期：①从受精到第2周末二胚层胚盘出现为胚前期；②第3周至第8周末为胚期，此期末，胚（embryo）的各器官、系统与外形发育都初具雏形；③从第9周至出生为胎期，此期内的胎儿（fetus）逐渐长大，各器官、系统继续发育成形，多数器官出现一定的功能活动。本章仅叙述前8周的胚胎发育和胚胎与母体的关系，以及先天性畸形。

人体早期发育是指从受精卵至第8周末的发育时期，即胚前期和胚期，其研究内容包括生殖细胞和受精、卵裂和胚泡形成、植入和胚层形成、胚体形成和胚层分化、胎膜和胎盘。

一、生殖细胞和受精

（一）生殖细胞

精子和卵子均为单倍体细胞，仅有23条染色体，其中一条是性染色体（图17-1）。

1. 精子的获能 精子在生精小管内大量生成，由初级精母细胞经过成熟分裂后形成精子。射出的精子虽然能运动，但尚无受精能力，这是因为精子头的外表面有一层能阻止顶体酶释放的糖蛋白，因而精子不能穿过卵子周围的放射冠和透明带。但当精子进入女性生殖管道后，这种糖蛋白能被女性生殖管道分泌物中的酶降解，从而获得受精能力，此现象称获能（capacitation）。

2. 卵子的成熟 卵子在发生过程中，需要经过排卵及受精才会达到成熟状态。自青春期开始，在脑垂体周期性分泌的促性腺激素的调控下，卵泡开始生长发育，初级卵母细胞在排卵前完成第一次减数分裂，产生一个次级卵母细胞和第一极体，次级卵母细胞很快进行第二次减数分裂，并停滞在第二次减数分裂中期。排卵后，卵子进入输卵管，在精子进入卵子后才完成第二次成熟分裂。若不受精，卵子不能成熟，于排卵后12～24小时退化。

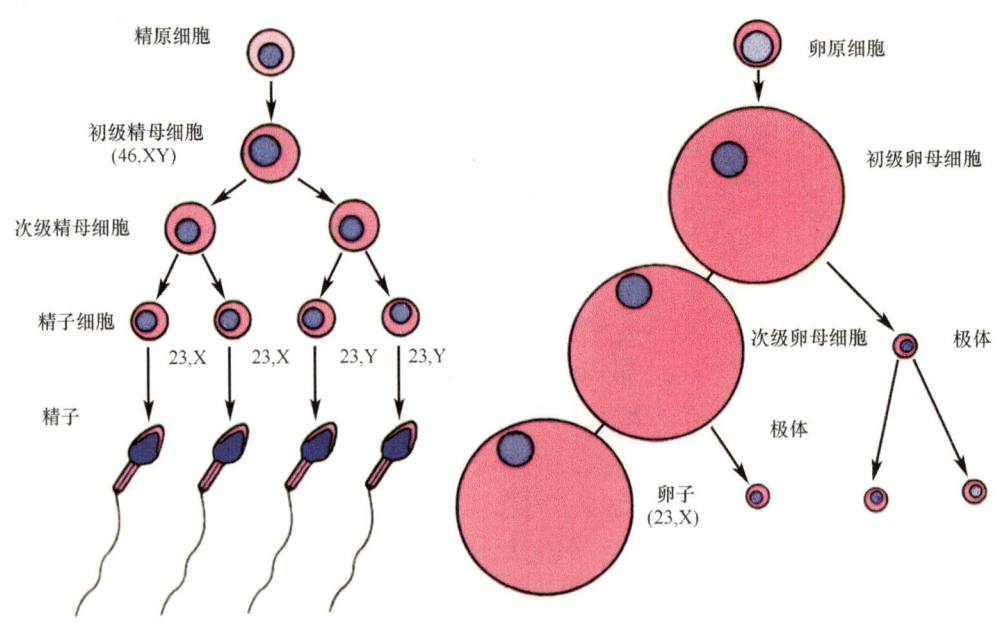

图17-1　精子和卵子发生示意图

（二）受精

受精（fertilization）是获能后的精子与卵子相互融合成一个受精卵的过程。发育正常并已获能的精子与发育正常的卵子需在一定的时间内相遇（一般是排卵后的24小时内和精子进入女性生殖管道的20小时内），这是受精的前提条件。正常成年男性一次射出精液量为2～6ml，内含精子4000万至2亿个。受精多发生在输卵管壶腹部。可以通过人为干预受精条件，阻止精子与卵子相遇，从而达到避孕的目的。

获能后的精子与卵子相遇时，首先是接触卵子的放射冠。此时精子头部的表面细胞膜与顶体膜融合，融合处破裂形成许多小孔。顶体通过小孔逐渐释放出顶体酶，溶蚀解离放射冠，使精子能直接与透明带接触。在顶体酶的持续作用下，透明带内形成一条孔道，精子头部借助此通道与卵子接触。精子释放顶体酶，并溶解放射冠及透明带的过程称为顶体反应。精子头部的细胞膜与卵子细胞膜相遇后发生融合，随后精子的细胞核和细胞质进入卵子内，精子与卵子的细胞膜融合为一体（图17-2）。

当一个精子进入卵子后，该卵子浅层胞质内的皮质颗粒立即释放水解酶，使透明带的结构发生变化，不让其他的精子穿越透明带进入该卵子内，避免多精子受精。这一过程称为透明带反应。当精子进入卵子后，卵子迅速完成第二次成熟分裂，排出一个第二极体。此时，卵子的细胞核称为雌原核。精子的细胞核迅速膨大形成雄原核，形态与雌原核相似。两个原核逐渐在细胞中部靠拢，核膜消失，染色体混合，形成二倍体的受精卵（图17-3）。

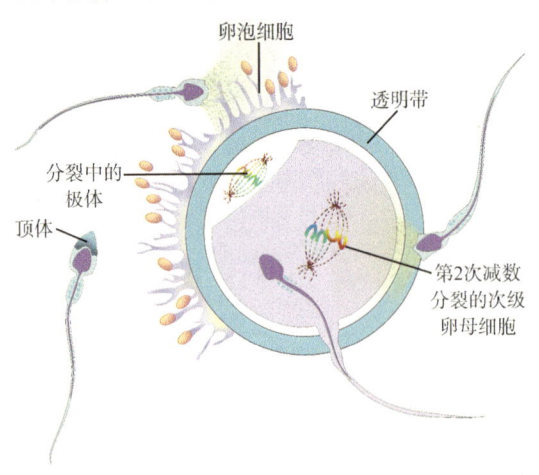

图17-2　精子穿入卵细胞的过程示意图

受精的意义：①受精可使卵子的新陈代谢过程由缓慢变旺盛，并启动细胞不断地分裂；②受精卵的染色体数目恢复成23对（二倍体），维持了物种的稳定性；③受精卵的染色体有23条来自父方，有23条来自母方，加上生殖细胞在成熟分裂时曾发生染色体联会与片段交换，使遗传物质重新组合，因此新个体具有不同于亲代的特征；④受精决定新个体的性别，带有Y染色体的精子和卵子结合时，受精卵发育为男性；带有X染色体的精子与卵子结合时，受精卵发育为女性。

人工授精与试管婴儿：人工授精是指用人工方法使精子与卵子结合，可分为体内和体外两种。①体内人工授精是将精液注入处于排卵期的女性生殖管道内，让精子与卵子自然结合形成受精卵，使其在子宫内发育成胎儿。②体外人工授精是用人工方法取出卵子放入试管内，同时加入获能的精子，使卵子受精形成受精卵。受精卵在试管内不断分裂增殖形成胚泡（约需1周），再将胚泡送入处于分泌期的子宫内发育成胎儿，由母体娩出。以这种方式形成和出生的婴儿一般称为试管婴儿。

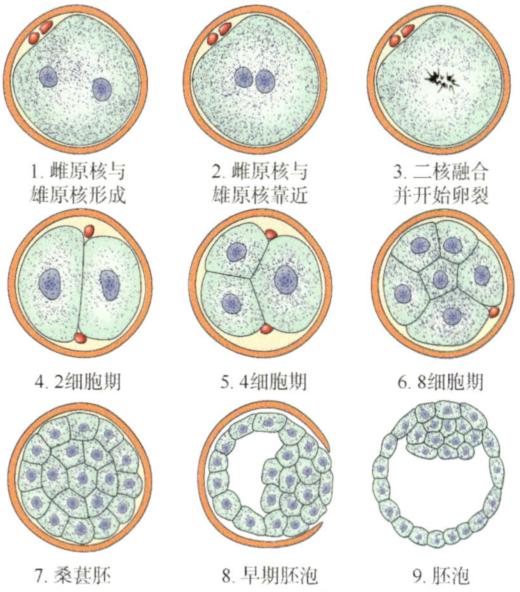

二、卵裂和胚泡形成

（一）卵裂

受精卵不断进行细胞分裂，此过程称为卵裂，卵裂产生的子细胞称卵裂球。卵裂的速度快，卵裂球数目增加，但细胞体积变得越来越小，这是由于子细胞被透明带包裹的缘故。到第3天时形成一个12～16个卵裂球组成的实心胚，外观如桑葚，故称桑葚胚（morula）（图17-3），并逐渐向子宫方向运行。

图17-3 卵裂和胚泡形成示意图

（二）胚泡形成

桑葚胚的细胞继续分裂，当卵裂球达到约100个时，细胞间逐渐出现一些小腔隙，它们最后汇合成一个大腔，此时桑葚胚变成中空的胚泡（blastocyst）。此时的透明带逐渐变薄，最后消失。胚泡于受精后第4天到达子宫腔。胚泡中心的腔称为胚泡腔。胚泡腔壁的细胞排列成单层，称滋养层。在滋养层的一侧有一团细胞紧贴于其内面，称内细胞群。胚泡逐渐长大，早期包围在其表面的透明带已溶解消失，胚泡直接与子宫内膜接触，并开始植入（图17-3）。

三、植入和胚层形成

（一）植入

胚泡逐渐埋入子宫内膜的过程称植入或着床。植入开始于受精后的第5～6天，第11～12天完成。植入时，内细胞群侧的滋养层先与子宫内膜接触，并分泌蛋白水解酶，溶解与其接触的子宫内膜组织。胚泡则沿着被溶解组织的缺口，逐渐埋入子宫内膜的功能层。在植入过程中，滋养层细胞迅速增殖，并分化为内、外两层。内层为细胞滋养层，由单层立方细胞组成，这些细胞通过分裂增加细胞数目，并补充外层细胞。外层为合体滋养层，由一厚层无细胞界线的细胞组成。胚泡全部植入子宫内膜后，子宫内膜的缺口由其附近的上皮细胞增殖修复，植入完成。这时合体滋养层内出现一些腔隙，其内含有母体血液（图17-4）。在植入过程中，胚胎借滋养层吸收被破坏的内膜基质、子宫腺分泌物及腔隙内的血液来获取营养。

植入时的子宫内膜处于分泌期，植入后血液供应更丰富，腺体分泌更旺盛，基质细胞变肥大，富含糖原和脂滴，内膜进一步增厚。子宫内膜的这些变化称蜕膜反应，此时的子宫内膜称蜕膜。根据蜕膜与胚胎的位置关系，将其分为三部分：①底蜕膜，是胚泡植入处的深部蜕膜；②包蜕膜，是覆盖在胚胎子宫腔面的蜕膜；③壁蜕膜，是与胚胎没有直接接触的其余部分蜕膜（图17-5）。

胚泡的植入是在母体神经内分泌调节下完成的，如需要在雌激素与孕激素的协同调节作用下进行，使子宫内膜保持在分泌期；胚泡应适时进入子宫腔；透明带须及时消失等，这些都是植入的条件。若母体内分泌功能失调，或受到药物干扰，或胚泡未能准时到达子宫腔，或子宫腔内存在异物干扰，均可能阻碍胚泡的正常植入。

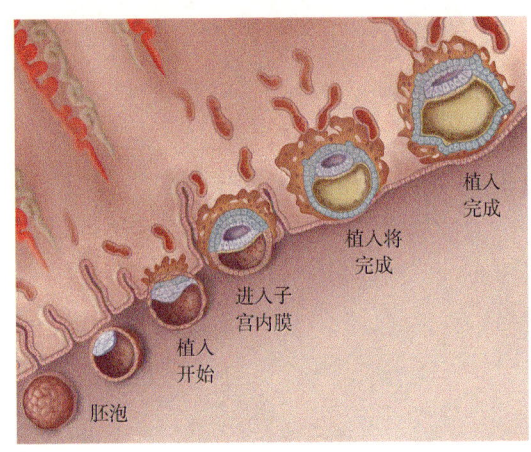

图 17-4　胚泡植入过程示意图

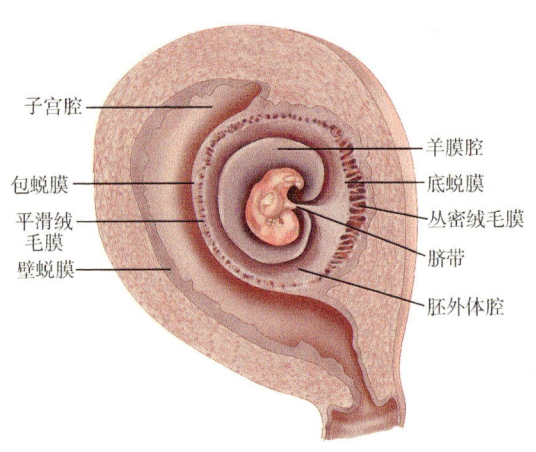

图 17-5　胚胎与子宫蜕膜的关系

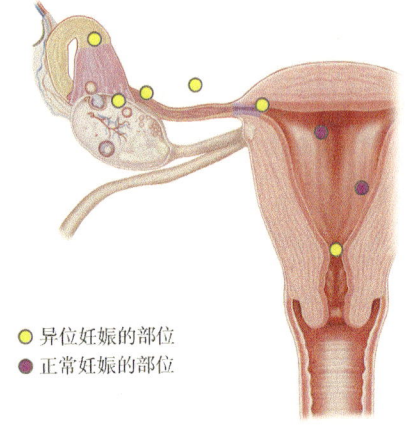

图 17-6　胚泡异常植入示意图

胚泡的植入部位通常在子宫体部或子宫底部，最多见于后壁。若植入部位靠近子宫颈管内口处，所形成的胎盘称前置胎盘，分娩时可出现胎盘早期剥离，引起大出血或难产。若植入在子宫以外部位，称异位妊娠（宫外孕），其中以输卵管妊娠最为常见，偶见于子宫阔韧带、肠系膜，甚至卵巢表面等处（图 17-6）。异位妊娠胚胎多在早期死亡。

（二）胚层形成

1. 二胚层胚盘的形成　在第 2 周胚泡植入时，内细胞群朝向胚泡腔一侧的细胞增殖分化，逐渐形成一层低立方形细胞，称为下胚层。与此同时，在下胚层背侧，其余的内细胞群细胞分化成一层高柱状细胞，形成上胚层。上、下两个胚层贴在一起，形似圆盘状，故称为胚盘（embryonic disc）（图 17-7）。稍后，在上胚层靠近滋养层一侧出现一个腔，称为羊膜腔，其顶部的腔壁是一层扁平的羊膜细胞，这些羊膜细胞由上胚层细胞增殖分化而来，共同构成羊膜。羊膜边缘与胚盘的上胚层相连，故上胚层成为羊膜腔的底。下胚层的边缘细胞向腹侧生长延伸，围成一个由单层扁平状细胞构成的囊腔，即卵黄囊，故下胚层成为卵黄囊的顶。胚盘是人体的原基，此时它由两个胚层构成。滋养层、羊膜腔和卵黄囊则是为胚胎提供营养和保护等作用的附属结构。

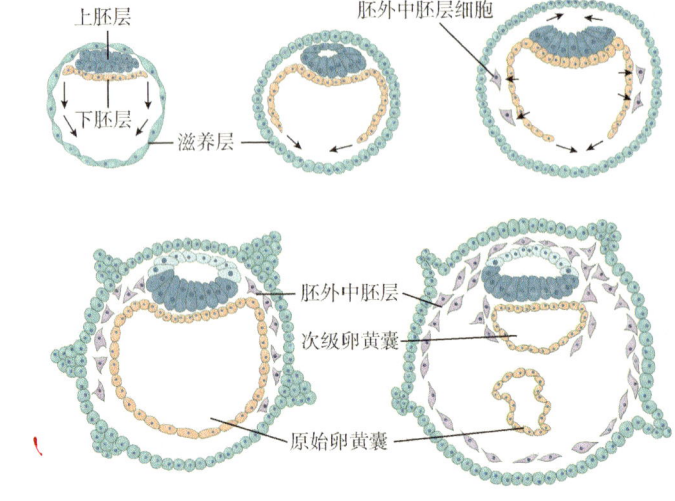

图 17-7　二胚层胚盘形成示意图

此时胚泡腔内出现一些星形多突的细胞，称胚外中胚层。该细胞逐渐充填整个胚泡腔，继而细胞之间出现一些小腔隙，随后小腔隙逐渐合成一个大腔，称胚外体腔（图17-5）。结果胚外中胚层分别附着于卵黄囊外表面、羊膜腔外表面及滋养层内表面。当胚外体腔扩大时，在羊膜腔顶壁尾侧与滋养层之间有索状胚外中胚层将两者连接起来，此处胚外中胚层称为体蒂（图17-7）。

2. 三胚层时期　至第3周初，胚盘上胚层细胞迅速增殖，并向胚盘尾端中线迁移形成一条增厚区，称原条。它的出现决定了胚盘的头、尾端和胚体的中轴。此时的胚盘头端大，尾端小，形似梨形。原条前端的细胞增殖快，形成结节状隆起，称为原结（图17-8）。继而原结的中心出现浅凹，称为原凹。原条的细胞继续增殖，并迁移到上、下胚层之间，并向左右两侧及头侧扩展，形成胚内中胚层，它在胚盘边缘与胚外中胚层相连。这时的中胚层有一部分细胞进入下胚层，并逐渐将下胚层的细胞全部置换，形成一层新细胞，称内胚层。在内胚层和中胚层出现后，原上胚层改称为外胚层。至第3周末，形成内、中、外三个胚层的胚盘，它们将分别分化形成人体的各种组织和器官。这三个胚层都来自上胚层。

原结或原凹细胞增殖迁移，并在内、外胚层之间向头侧生长，最后形成一条细胞索，称脊索。脊索和原条构成胚盘的中轴（图17-8，图17-9）。在脊索的头侧和原条的尾侧，各有一个无中胚层的圆形小区，这两处的内、外胚层直接相贴呈薄膜状，分别称口咽膜和泄殖腔膜。脊索向头侧生长，原条则相对缩短，最终消失。如果原条细胞没有消失，则可在人体骶尾部分化形成畸胎瘤。脊索是人体脊柱的原基，成人脊柱椎间盘中央的髓核是脊索的遗迹。

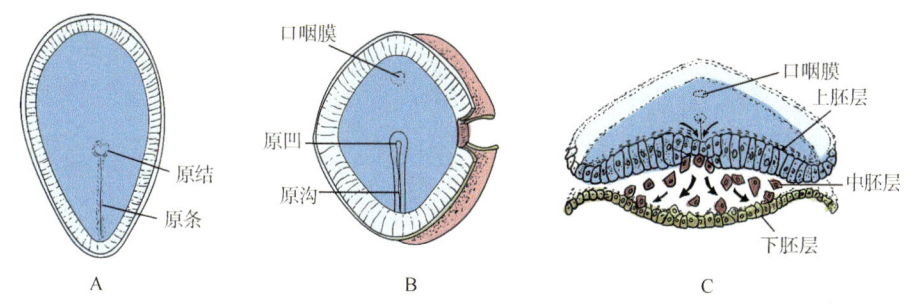

图17-8　三胚层胚盘的形成
A. 14天；B. 16天；C. 14天胚盘横断面

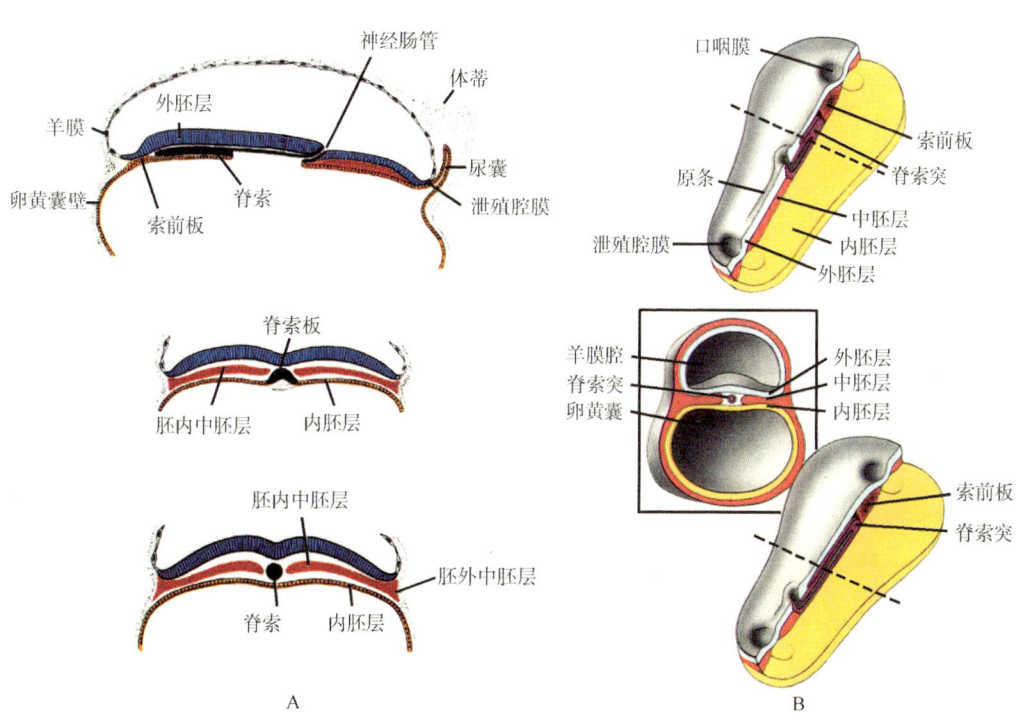

图17-9　脊索的形成

四、胚体形成和胚层分化

在第4周初，各器官原基开始形成，发育至第8周末，胚胎不仅初具人形，而且建成各器官系统的雏形。此时期的胚胎发育对环境因素的作用十分敏感，某些有害因素（病毒、药物等）容易通过母体影响胚胎发育，导致某些严重的先天性畸形。

（一）胚体形成

在第4周时，随着胚层的发育分化，胚盘各部分生长速度并不一致，原本圆盘形状的胚盘逐渐转变为圆柱形的胚体。胚盘中部的生长速度快于边缘部，导致胚盘向背侧隆起，并发生头褶、尾褶和左右侧褶。外胚层的生长速度快于内胚层，致使外胚层包裹于胚体外表面，而内胚层则卷入胚体内，结果使胚体凸到羊膜腔内。胚盘在头尾侧方向的生长速度快于左右方向，且头侧的生长速度又快于尾侧，因而胚盘卷折成头大尾小的圆柱形胚体。随着胚体的进一步发育，已卷褶到腹侧的原胚盘边缘逐渐缩小，最终体蒂也移到腹侧，因此在胚体腹侧形成圆索状原始脐带的根部。通过上述变化，人胚由圆盘状已变为圆柱形。到第8周，胚体外表已出现眼、耳和鼻的原基及发育中的四肢，初具人形（图17-10）。

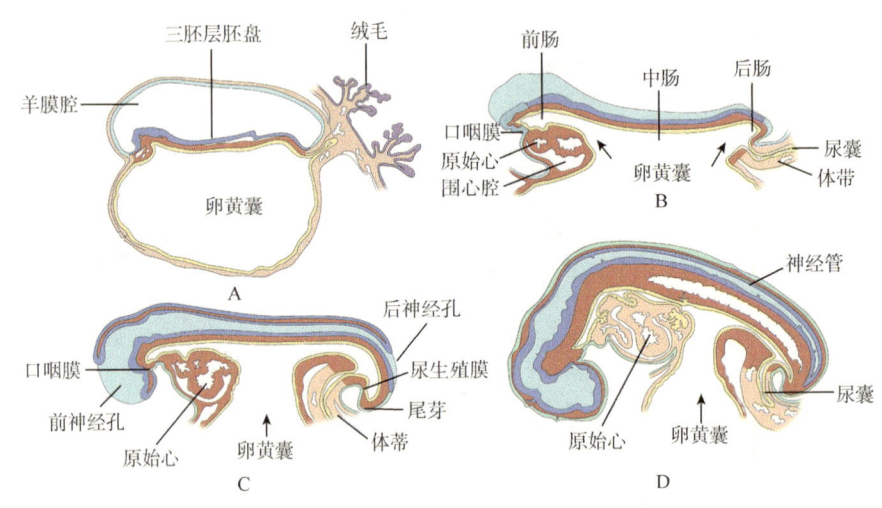

图17-10 胚体的形成
A. 约20天；B. 约23天；C. 约26天；D. 约28天

（二）胚层分化

胚体形成的同时，三个胚层也在分化，并形成各种器官的原基。

1. 外胚层的分化 脊索形成后，会诱导其背侧中线的外胚层增厚并呈板状，形成神经系统的原基，称为神经板。稍后，神经板沿长轴凹陷形成神经沟，沟的两侧边缘隆起，称神经褶。两侧神经褶在神经沟中段开始相互愈合成神经管，并向头尾两端延伸。初时，神经管的头端和尾端各有一孔，分别称为前神经孔和后神经孔。第4周末，前、后神经孔相继闭合。若前神经孔未闭合，则形成无脑畸形。若后神经孔未闭合，则形成脊髓脊柱裂。

神经管将分化为中枢神经系统（脑和脊髓），以及松果体、神经垂体和视网膜等结构。在神经管愈合过程中，背外侧的部分细胞迁移至神经管外，形成左右各一条纵行细胞索，称神经嵴。神经嵴将分化为周围神经系统（脑神经节、脊神经节、自主神经节和周围神经）及肾上腺髓质等结构。位于体表的外胚层，将分化为皮肤的表皮及其附属器，以及牙釉质、角膜上皮、晶状体、内耳膜迷路、腺垂体、口腔和鼻腔与肛门的上皮等。

2. 内胚层的分化 随着圆柱形胚体的形成，内胚层被卷入胚体内部形成原始消化管。原始消化管将分化为消化管、消化腺、呼吸道和肺的上皮组织，以及中耳、甲状腺、甲状旁腺、胸腺和膀胱等的上皮组织。

3. 中胚层的分化 中胚层在脊索两旁从内侧向外侧依次分化为轴旁中胚层、间介中胚层和侧中胚层（图17-10）。散在分布的中胚层细胞，称间充质（mesenchyme），将分化为结缔组织及血管、肌组织等。

（1）轴旁中胚层 紧邻脊索两侧的中胚层细胞迅速增殖，形成一对纵行的细胞索，它随后分节成块状，称体节。体节左右成对，依次由颈部向尾侧发生，到第5周时，体节全部形成，共42～44对。从胚胎外表即能分辨体节，故它是推算早期胚龄的重要标志之一。体节将分化为皮肤的真皮、大部分中轴骨骼（如脊柱、肋骨）及骨骼肌。

（2）间介中胚层 位于轴旁中胚层与侧中胚层之间，为一细窄的细胞索，是发生泌尿生殖系统主要器官的部位。

（3）侧中胚层 是中胚层最外侧的部分，两侧的侧中胚层在口咽膜的头侧汇合为生心区。侧中胚层很快分成背腹两层，两层之间为胚内体腔，是形成心包腔、胸膜腔和腹膜腔的基础。侧中胚层与外胚层相贴的一层，称体壁中胚层，将形成胸腹部和四肢的皮肤真皮、血管、骨骼和骨骼肌等。与内胚层相贴的一层，称脏壁中胚层，覆盖于原始消化管外面，将形成消化、呼吸系统的平滑肌、血管、结缔组织和间皮等。

五、胎膜和胎盘

在胚胎发生发育过程中形成了许多结构，但有些并不是胚体本身的结构，而只是一些对胚体起到保护、营养、呼吸和排泄等作用的结构，胎儿娩出后即被丢弃，这些结构称为胎儿的附属结构，包括胎膜和胎盘。

（一）胎膜

绒毛膜、羊膜、卵黄囊、尿囊和脐带统称为胎膜（fetal membrane）（图17-11）。

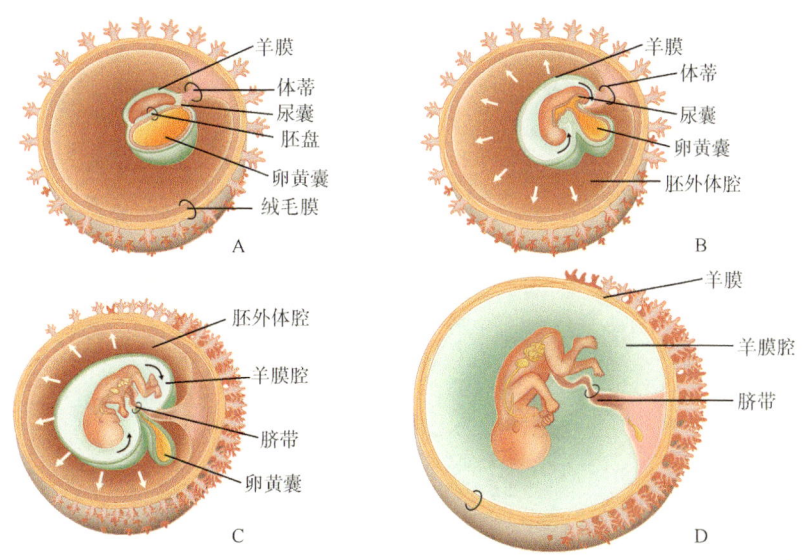

图17-11 胎膜和胚胎
A. 3周；B. 4周；C. 10周；D. 20周

1. 绒毛膜（chorion） 来源于滋养层和胚外中胚层。植入完成后，胚泡的滋养层及其衬于其内面的胚外中胚层向外增生形成许多的指状突起，即绒毛。这时表面有许多绒毛的滋养层和衬于其内面的胚外中胚层合称为绒毛膜。第2周末的绒毛仅由外表的合体滋养层和深面的细胞滋养层构成，称为初级绒毛干。第3周时，胚外中胚层长入初级绒毛干内后，初级绒毛干便转变为次级绒毛干。稍后，当次级绒毛干中轴的间充质细胞分化出血管后，次级绒毛干则转变为三级绒毛干。此时，绒毛干末端的细胞滋养层细胞增殖，穿出合体滋养层，直抵子宫蜕膜组织，在蜕膜组织表面形成一层完整的细胞滋养层壳。它使绒毛与子宫蜕膜牢固连接（图17-12）。绒毛干之间的间隙，称为绒毛间隙。绒毛干形成许多细小的绒毛分支，伸入绒毛间隙，称为游离绒毛。绒毛间隙内充满从子宫螺旋动脉来的母体血液，胚胎借浸浴在母体血液中的绒毛吸取营养物质和排出其代谢产物。

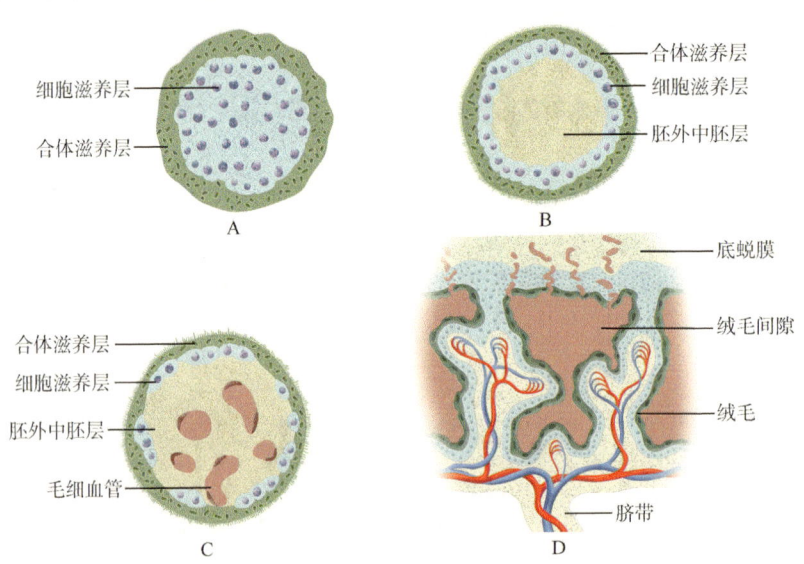

图17-12　绒毛与绒毛间隙
A. 初级绒毛干；B. 次级绒毛干；C. 三级绒毛干；D. 绒毛和绒毛间隙

早期绒毛膜的绒毛分布均匀，之后随着发育，位于底蜕膜侧的绒毛因血供充足而发育良好，形成丛密绒毛膜。包蜕膜侧的绒毛则因血供匮乏而逐渐退化、消失，形成表面无绒毛的平滑绒毛膜（图17-13）。

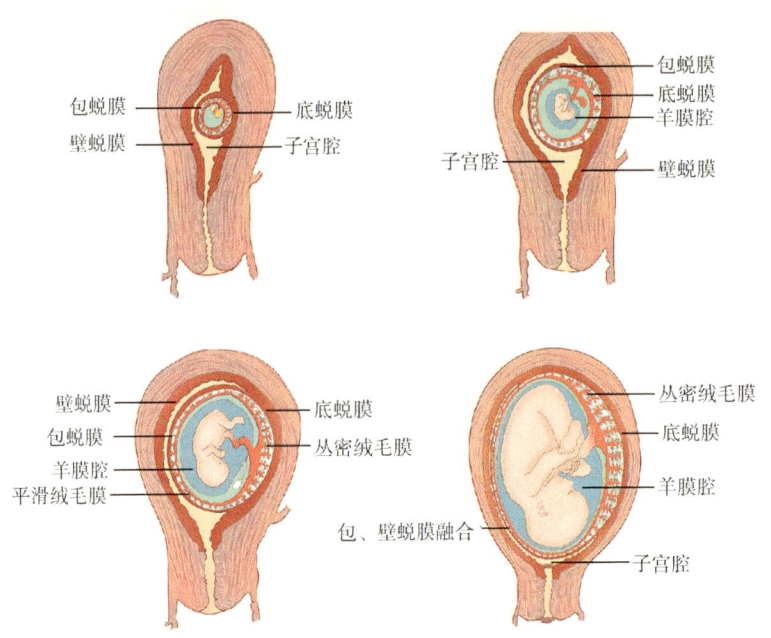

图17-13　胎膜、蜕膜和胎盘

在绒毛膜的发育过程中，若血管未连通，胚胎可因缺乏营养而发育迟缓或死亡。如果绒毛膜表面的滋养层细胞增殖过度，绒毛内结缔组织变性水肿，绒毛则呈现大小不等的葡萄状水泡样结构，这时称为葡萄胎或水泡状胎块。若滋养层细胞恶性变，则形成绒毛膜癌。

2. 羊膜（amnion） 为一层半透明的薄膜，早期附着于胚盘的边缘。随着胚体形成、羊膜腔扩大和胚体凸入羊膜腔内，羊膜的附着点逐渐转至胚体的腹侧，最后附着于脐带的基部。羊膜腔充满羊水（amniotic fluid），羊水主要由羊膜细胞不断分泌产生，胚胎在羊水中生长发育（图17-11，图17-13）。羊水有保护作用，能够使胎儿免受压迫和振荡，在分娩时还有扩张子宫颈与冲洗产道的作用。羊水呈弱碱性，含有少量脱落的上皮细胞和一些胎儿的排泄物。羊水能不断地被更新，因为胎儿能吞咽羊水，同时羊膜细胞也能吸收羊水。足月时，羊水量通常为1000～1500ml。若少于500ml，称为羊水过少，通常是由于胎儿肾发育不全或尿道闭锁等导致，羊水过少易导致羊膜与胎儿发生粘连，影响胎儿的正常发育。若多于2000ml，称为羊水过多，通常是由于胎儿消化道闭锁或神经管封闭不全导致。穿刺抽取羊水进行细胞染色体检查或测定羊水中某些物质的含量，可以判断胎儿性别，以及协助诊断某些遗传性疾病。

3. 卵黄囊（yolk sac） 随着胚盘向腹侧包卷，卵黄囊顶部的内胚层卷入胚体之内，构成原始消化管，卵黄囊本身则留在胚体之外（图17-10，图17-11）。人胚胎的卵黄囊小，内无卵黄。当人胚胎的卵黄囊被包入脐带后，与原始消化管相连的部分逐渐变细，形成卵黄蒂，并于第6周闭锁，随后卵黄囊也逐渐退化。卵黄囊壁的胚外中胚层形成血岛，是最早形成造血干细胞和血管的部位。卵黄囊尾侧壁则是形成原始生殖细胞的部位。

4. 尿囊（allantois） 是卵黄囊的尾侧壁向体蒂内长出的一个盲囊（图17-10，图17-11）。随着胚盘的包卷，尿囊被卷入脐带，其根部参与了膀胱的形成。尿囊闭锁后形成膀胱至脐的脐正中韧带。尿囊在哺乳类是一个遗迹性器官，但其壁上的胚外中胚层会形成脐血管。

5. 脐带（umbilical cord） 是胚胎脐部与胎盘之间相连接的一条索状结构（图17-14）。脐带外包以羊膜，内含体蒂分化的黏液性结缔组织、闭锁的卵黄蒂和尿囊、两条脐动脉和一条脐静脉。出生时，脐带长40～60cm，粗1.5～2.0cm。若脐带过短，可影响胎儿娩出或引起分娩时胎盘过早剥离，造成出血过多；若脐带过长，则可能缠绕胎儿颈部或缠绕打结，严重时可导致胎儿死亡。

（二）胎盘

1. 胎盘的结构 胎盘（placenta）是由胎儿的丛密绒毛膜和母体的底蜕膜共同发育形成的圆盘状结构（图17-14）。足月胎儿的胎盘重约500g，直径15～20cm，平均厚度为2.5cm。胎盘的胎儿面光滑，表面覆有羊膜，中央或近中央处附着脐带，可见脐血管经脐带分布于绒毛膜上。胎盘的母体面粗糙，由不规则的浅沟将其分隔为15～30个微凸的胎盘小叶。丛密绒毛膜上有40～60根绒毛干，在胎盘垂直切面，绒毛干的末端以细胞滋养层壳固定于底蜕膜上。脐血管的分支沿绒毛干进入绒毛内，形成毛细血管。绒毛表面的合体滋养层溶解底蜕膜组织，使绒毛周围形成绒毛间隙。底蜕膜中的螺旋动脉也因之破裂，母体血液流入绒毛间隙。残留的底蜕膜构成的短隔伸入绒毛间隙内，称胎盘隔。胎盘隔将绒毛间隙及其中的绒毛干分隔为胎盘小叶，每个小叶内含1～4根绒毛干。每根绒毛干都发出许多大小不等的绒毛，浸泡在绒毛间隙的母体血液内，在此处与母体血液进行物质交换（图17-14）。

2. 胎盘的血液循环和胎盘屏障 胎盘内有母体和胎儿两套血液循环。母体动脉血由底蜕膜的子宫螺旋动脉喷入绒毛间隙，经物质交换后，由底蜕膜的子宫静脉回流入母体。胎儿血经脐动脉及其分支流入绒毛中轴的毛细血管网内，与绒毛间隙内的母体血进行物质交换后，再汇入脐静脉返回胎儿体内（图17-14）。胎儿血与母体血在胎盘内不相混合，两者被胎盘屏障或胎盘膜分隔。早期胎盘膜由合体滋养层、细胞滋养层和基膜、薄层绒毛结缔组织及毛细血管内皮和基膜组成。发育后期，由于细胞滋养层在许多部位消失，以及合体滋养层在一些部位仅为一薄层胞质，故胎盘膜变薄。胎儿血与母体血之间仅隔以绒毛毛细血管内皮、薄层合体滋养层及两者的基膜，这更利于胎血与母血间的物质交换。

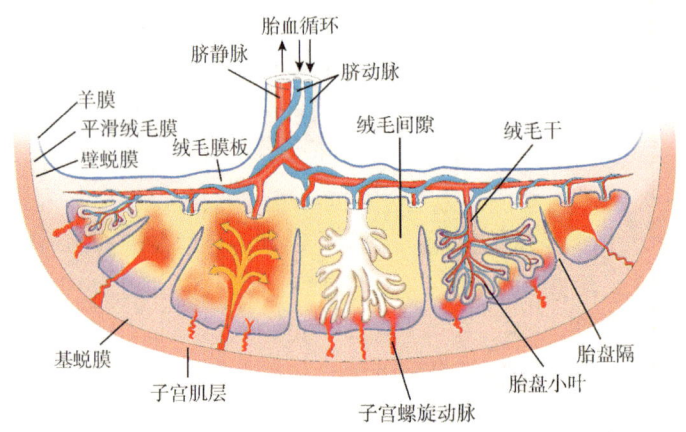

图 17-14　胎盘的结构和血循环模式图

3. 胎盘的功能

（1）物质交换　胎儿通过胎盘从母体血液中获得 O_2 和营养物质，同时排出 CO_2 和代谢产物，因此胎盘起到相当于出生后小肠、肺和肾的作用。物质通过胎盘膜的机制较复杂，有些问题至今仍不清楚。一般认为，气体和小分子物质是通过简单扩散和易化扩散的方式转运。大分子物质如蛋白质、脂类、抗体等可能是通过主动转运、入胞作用和出胞作用等方式转运。由于某些药物、病毒和激素可以透过胎盘膜影响胎儿的生长发育，因此孕妇用药需慎重，并注意预防某些病毒的感染。

（2）内分泌功能　胎盘的合体滋养层能分泌数种激素，主要有：①人绒毛膜促性腺激素（human chorionic gonadotropin，HCG），能促进母体卵巢黄体的生长发育，以维持妊娠。HCG 在妊娠第 2 周开始分泌，第 8 周达高峰，以后逐渐下降。临床上可采用生物学或免疫学方法检测孕妇血和尿中 HCG 水平，作为诊断早期妊娠的依据。②人绒毛膜生长激素（human chorionic somatomammotropin，HCS），具有促进母体乳腺生长发育的作用，HCS 于妊娠第 2 个月开始分泌，第 8 个月达高峰，直至分娩。③孕激素和雌激素，于第 4 个月开始分泌，此时母体黄体已逐渐退化，胎盘产生的这两种激素继续起着维持妊娠的作用。

六、胚胎龄的推算和胚胎各期外形特征

临床医生常以月经龄推算胚胎龄，通常是从孕妇末次月经的第 1 天算起，至胎儿分娩为止，共约 40 周（280 天）。胚胎学者则用受精龄来推算胚胎龄，排卵受精一般发生在末次月经第 1 天之后的 2 周左右，故从受精到胎儿分娩约经 38 周（266 天）。由于妇女的月经周期常受环境变化的影响，故胚胎龄的推算难免存在误差。此外，有胚胎学者根据大量胚胎标本的观察研究，总结归纳出各期胚胎外形特征和长度，以作为推算胚胎龄的依据，如 1～3 周，主要根据胚的发育状况和胚盘的结构。第 4～5 周，常利用体节数及鳃弓与眼耳鼻等始基的出现情况。第 6～8 周，则依据四肢与颜面的发育特征（表 17-1）。胎龄的推算主要根据颜面、皮肤、毛发、四肢和外生殖器等的发育状况，并参照身长、足长和体重等（表 17-2）。

胚胎长度的测量标准有三种：①最长值（greatest length，GL），多用于测量第 1～3 周的胚。②顶臀长（crown-rump length，CRL），又称坐高，用于测量第 4 周以后的胚胎和胎儿。③顶跟长（crown-heal length，CHL），又称立高，常用于测量胎儿（图 17-15）。

表 17-1　胚的外形特征与长度

胚龄（周）	外形特征	长度（mm）
1	受精、卵裂、胚泡形成，开始植入	—
2	圆形二胚层胚盘，植入完成，绒毛膜形成	0.1～0.4（GL）

续表

胚龄（周）	外形特征	长度（mm）
3	梨形三胚层胚盘，神经板和神经褶出现，体节初现	0.5~1.5（GL）
4	胚体逐渐形成，神经管形成，体节3~29对，鳃弓1~2对，眼鼻耳始基初现，脐带与胎盘形成	1.5~5.0（CRL）
5	胚体屈向腹侧，鳃弓5对，肢芽出现，手板明显，体节30~40对	4.0~8.0（CRL）
6	肢芽分为两节，足板明显，视网膜出现色素，耳郭突出现	7.0~12（CRL）
7	手板、足板相继出现手指和足趾锥形，体节不见，颜面形成，乳腺嵴出现	10~21（CRL）
8	手指、足趾明显，手指、足趾出现分节，眼睑开放，尿生殖膜和肛膜先后破裂，外阴可见，性别不分，脐疝明显	19~35（CRL）

注：此表主要参照Jirasek（1983）

表17-2 胎儿外形主要特征及身长与体重

胚龄（周）	外形特征	身长（CRL, mm）	体重（g）
9	眼睑闭合，外阴性别不可辨	50	8
10	肠袢退回腹腔，指甲开始发生	61	14
12	外阴可辨性别，颈明显	87	45
14	头竖直，下肢发育好，趾甲开始发生	120	110
16	耳竖起	140	200
18	胎脂出现	160	320
20	头与躯干出现胎毛	190	460
22	皮肤红、皱	210	630
24	指甲全出现，胎体瘦	230	820
26	眼睑部分打开，睫毛出现	250	1000
28	眼重新打开，头发出现，皮肤略皱	270	1300
30	趾甲全出现，胎体平滑，睾丸开始下降	280	1700
32	指甲平齐指尖，皮肤浅红光滑	300	2100
36	胎体丰满，胎毛基本消失，趾甲平齐趾尖，肢体弯曲	340	2900
38	胸部发育好，乳腺略隆起，睾丸位于阴囊或腹股沟管，指甲超过指尖	360	3400

注：此表数据均参照Moore（1988）直接测量胎儿的结果

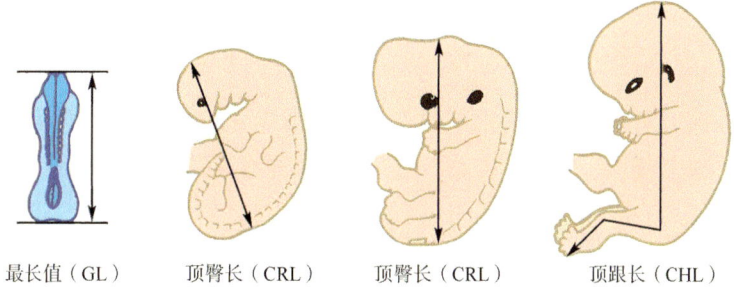

最长值（GL）　　顶臀长（CRL）　　顶臀长（CRL）　　顶跟长（CHL）

图17-15　胚胎长度测量法示意图（高洪泉图）

七、双胎、多胎和连体双胎

（一）双胎

双胎（twins）又称孪生，发生率约1%。双胎有两种。

1. 双卵双胎 一次排出两个卵子，分别受精后发育而成。双胎儿有各自的胎膜与胎盘，性别可相同或不同，相貌及生理特性的差异如同一般兄弟姐妹。

2. 单卵双胎 由一个受精卵发育而来，故此种双胎儿的遗传基因是完全相同的。它们的性别相同，相貌和生理特征相似，血型和组织相容性抗原也相同，其组织或器官可相互移植而不引起免疫排斥反应。单卵双胎约占双胎总数的1/4。单卵双胎发生于以下情况：①卵裂球分离为两团，各自发育为一个完整的个体。②胚泡出现两个内细胞群，每个形成一个胚盘，各发育为一个完整的个体。它们有各自的羊膜，但共有一个绒毛膜与胎盘。③胚盘上形成两个原条，每一个原条各自诱导周围组织发育成一个完整的个体。这样形成的两个胎儿同位于一个羊膜腔内，也共用一个绒毛膜与胎盘（图17-16）。

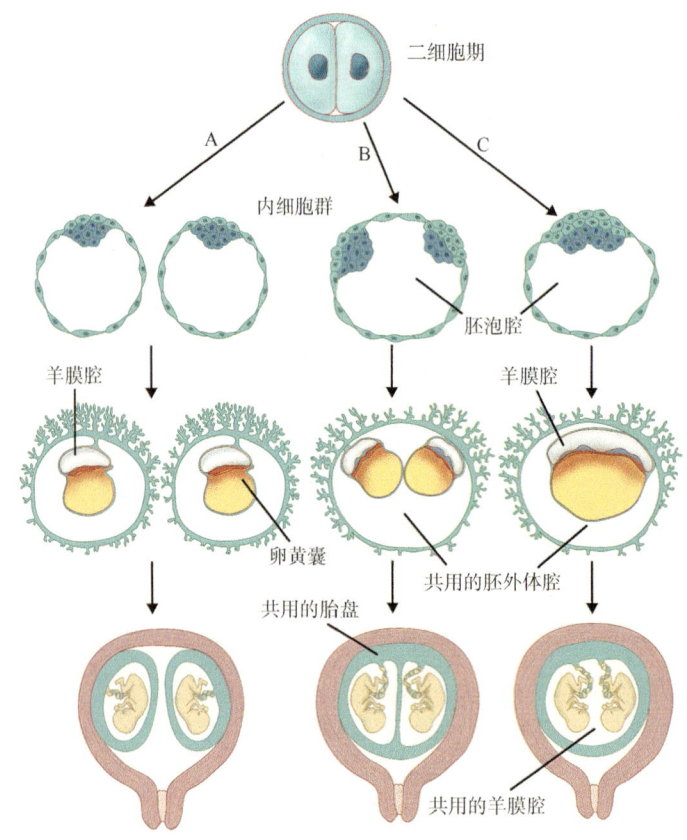

图17-16 双胎的形成类型及其与胎膜、胎盘的关系示意图

（二）多胎

多胎（multiple birth）是指一次分娩生下两个以上的新生儿。多胎发生的原因可以是单卵性、多卵性或混合性。三胎的发生率为万分之一，四胎的发生率则更低。四胎以上更为罕见，多不易存活。

（三）连体双胎

当一个胚盘上形成两个原条时，常因发育成的两个胚胎分离不完全而形成连体双胎（conjoined twins）。常见的连体双胎有胸腹连胎、臀连胎和头连胎等。若连体双胎中明显一大一小，则小的称为寄生胎或胎内胎（图17-17）。

八、胚胎发育的一些机制

人体胚胎自受精卵开始历经复杂的演变过程，形成长约50cm、重约3000g的胎儿，这些过程包括了细胞增殖、分化、迁移运动、退化凋亡、聚集重组，以及各种组织和器官的形成等。这些变化均遵循严格的发育规律，表现出精细的时间顺序和空间的相互协调关系。来自同一受精卵的细胞，它们的

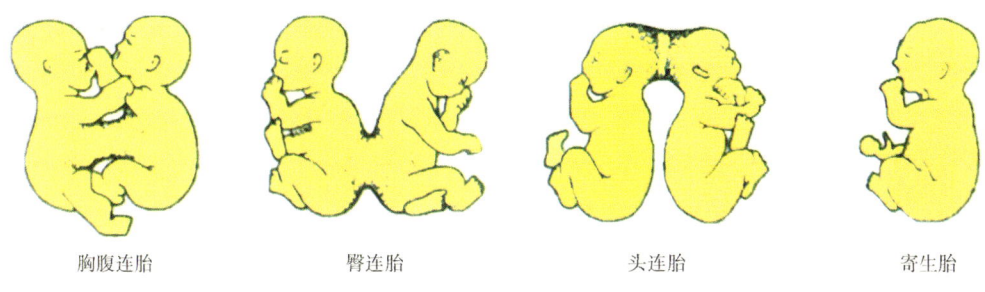

|胸腹连胎|臀连胎|头连胎|寄生胎|

图17-17 连体双胎

基因结构是相同的，但在胚胎发育过程中，有些基因的表达被启动，而另一些基因的表达被关闭，因此构成了特定的基因表达调控机制。

（一）细胞分化

细胞分化（cell differentiation）是指胚胎细胞或幼稚细胞发育为具有某些特殊形态结构和功能的专一化细胞过程。例如，胚盘外胚层发育形成神经管，此时的细胞体积增大，长出突起，逐渐形成神经细胞或神经胶质细胞。一般认为，在分化过程中生物化学分化或分子水平分化先于形态分化，而形态分化又先于功能分化。例如，从原始的细胞分化为成熟的骨骼肌细胞的过程中，首先在原始的骨骼肌细胞内出现肌动蛋白和肌球蛋白，稍后其形态由不规则星状细胞演变成梭形的成肌细胞，再分化为管状的肌管，最终形成具有收缩功能的骨骼肌细胞。

（二）形态发生

形态发生是指胚胎在各个水平上的结构和形态逐步形成的发育过程，这主要依靠细胞的形态变化和运动、细胞的识别和黏着、细胞增殖和凋亡等来完成。

1. 细胞的形态变化和运动　细胞运动是胚胎细胞的一个重要的细胞行为。有些细胞是单个运动，有些细胞则是群体运动，结果使得细胞层出现铺展、卷折、陷入和隆起等胚胎的形态变化。这对三胚层的形成和各器官原基的发生等形态变化过程起重要作用。

细胞运动主要是依靠细胞形态的改变来实现的，这与细胞内微丝和微管的分布有密切关系。例如，外胚层在形成神经板、神经沟和神经管的过程中，在外胚层细胞尚未变长时，细胞内微丝和微管呈不规则排列。细胞内微管先沿其两极平行纵向排列，细胞则沿纵轴伸长形成神经板，继而微丝平行排列于细胞顶端，细胞该端变窄，神经板逐渐下陷形成神经沟和神经管（图17-18）。

2. 细胞识别和黏着　是指同类或相关细胞之间彼此识别并按一定的模式黏聚在一起的过程。如果没有正常的细胞识别和黏着，胚胎细胞的分化和诱导、细胞的运动和增殖等都不能正常进行。一般认为，细胞识别和黏着过程是通过细胞表面分子的相互作用来实现的。

3. 细胞增殖和凋亡　胚胎时期的细胞增殖现象十分普遍，这与多种刺激细胞增殖的化学因子有关，如生长激素、性激素、神经生长因子、表皮生长因子、血管生长因子、成纤维细胞生长因子、血细胞发生的多种集落刺激因子等。同时，许多组织的细胞也可产生抑素，通过这种方式抑制自身的无限增殖，达到适度的生长。形态发生除与细胞增殖有关外，也与细胞的定时死亡有关。这种细胞死亡称为程序性细胞死亡或凋亡。例如，人胚的尾芽和鳃的定期消失；早期手足形似桨板，在预定指或趾之间的细胞凋亡后，才形

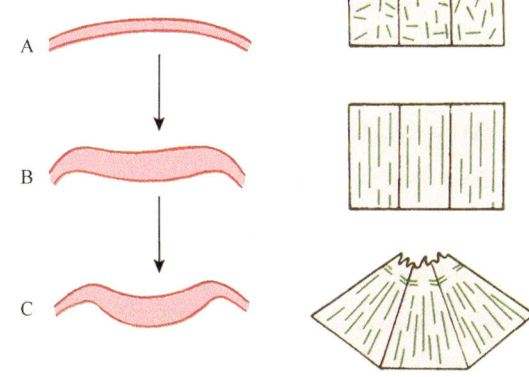

图17-18　上皮下陷时细胞形态变化与微丝、微管的关系示意图（高洪泉图）

A. 微丝和微管分布不规则；B. 微管沿细胞长轴排列；C. 细胞游离端缩窄，微丝和表面平行分布

成正常的指或趾。又例如，血液循环系统发生过程中某段动脉或静脉的定时退化、女性中肾管的定期退化、男性中肾旁管的定期消失等都属于此例。

（三）胚胎组织的相互影响

在胚胎发育过程中，各种细胞、组织和器官的分化及其形态发生是相互协调的，相互作用的一方导致另一方的发育产生变化的现象，称为诱导。例如，脊索诱导其背侧的外胚层形成神经管；视泡诱导表面的外胚层产生晶状体，后者再诱导表面的外胚层和邻近的间充质分化为角膜。相互诱导作用的现象也出现在肾的发生过程中，输尿管芽诱导生后肾组织形成肾小管，生后肾组织又诱导输尿管芽分支形成集合小管系。诱导作用具有严格的组织特异性和发育时期的限制性。若该过程受到干扰，改变原有的时空关系，就有可能发生先天性畸形。

九、先天性畸形

先天性畸形是一类由胚胎发育异常引起的、以形态结构异常为主要特征的先天性疾病，其外形的异常在出生时即可见到。先天性疾病是指胚胎发育紊乱而引起的结构、功能、代谢、精神、行为和遗传等方面的异常，一般称为出生缺陷，其某些内部结构异常（包括代谢疾病）要在出生后逐渐显现。先天性畸形与出生缺陷这两个概念是不等同的，明确之间的差别，对这些疾病的防治、研究、咨询和医学统计等都是必要的。

（一）先天性畸形发生概况

先天性畸形的发生率一般在1%～2%，常以消化系统、皮肤及四肢的先天性畸形多见。在死亡的新生儿中，先天性畸形所占的比例很大，可达20%～30%。畸形的发生与父母年龄有关。研究表明，母亲年龄大于35岁，父亲年龄大于40岁，生育畸形儿的概率为正常生育年龄组的3～4倍。

（二）常见先天性畸形简介

1. 唇裂　发生于上唇，是由于上颌突末与同侧内侧鼻突愈合不良所致。多见于上唇人中一侧唇裂，也有两侧唇裂。

2. 腭裂　发生在腭的矢状裂缝，因左、右外侧腭突愈合不良所致，可有多种类型，且常与唇裂并存。

3. 脐粪瘘　发生在脐部，是由于卵黄蒂未退化，以致在肠与脐之间残存一瘘管。当腹压增高时，粪便可通过瘘管从脐部溢出。

4. 房间隔缺损　发生在心脏房间隔上，为最常见的先天性心脏病之一。因房间隔卵圆孔未闭，致使出生后左心房血液部分流入右心房。

5. 法洛四联症　发生在心脏，它包括室间隔缺损、肺动脉狭窄、主动脉跨位和右心室肥大，是儿童一种常见的先天性心脏病。

6. 动脉导管未闭　多见于女性，为男性的2～3倍。发生原因可能是出生后的动脉导管壁肌组织不能收缩，致使主动脉与肺动脉之间的通道未闭合。

（三）先天性畸形的发生原因

产生先天性畸形的因素主要有两种。

1. 遗传因素　引起的先天性畸形主要包括染色体畸变和基因突变。①染色体畸变，包括染色体数目异常和染色体结构异常。例如，在生殖细胞的成熟分裂过程中，某一对染色体未能正常分离，导致子细胞中染色体数目增多或减少一条。唐氏综合征是多了一条常染色体，而先天性卵巢发育不全是少了一条性染色体。②基因突变是染色体上基因发生突变而引起的疾病，如睾丸女性化综合征。

2. 环境因素　能引起先天性畸形的环境因素统称为致畸因子，主要有五类。①生物性致畸因子，如风疹病毒等可使胚胎发生动脉导管未闭、房间隔缺损、室间隔缺损、先天性耳聋、白内障和小眼等畸形。②物理性致畸因子，如大剂量的射线照射，可引起胎儿小头、智力低下、骨发育不全和甲状腺发育不全等畸形。③致畸性药物，如沙利度胺（又名反应停）可使胎儿出现无肢或短肢等畸形。④化学性致畸因子。⑤其他。

（四）胚胎致畸敏感期

处于不同发育阶段的胚胎对致畸因子的敏感程度不同，受致畸因子作用后胚胎最容易发生畸形的发育阶段称为致畸敏感期。在胚前期受致畸因子作用后，胚体一般很少出现畸形。胚期的胚体由于细胞增殖分化活跃而容易受致畸因子的影响发生畸形，故胚期是最容易发生畸形的致畸敏感期（图17-19）。胎儿期属于对致畸因素敏感度较低时期。

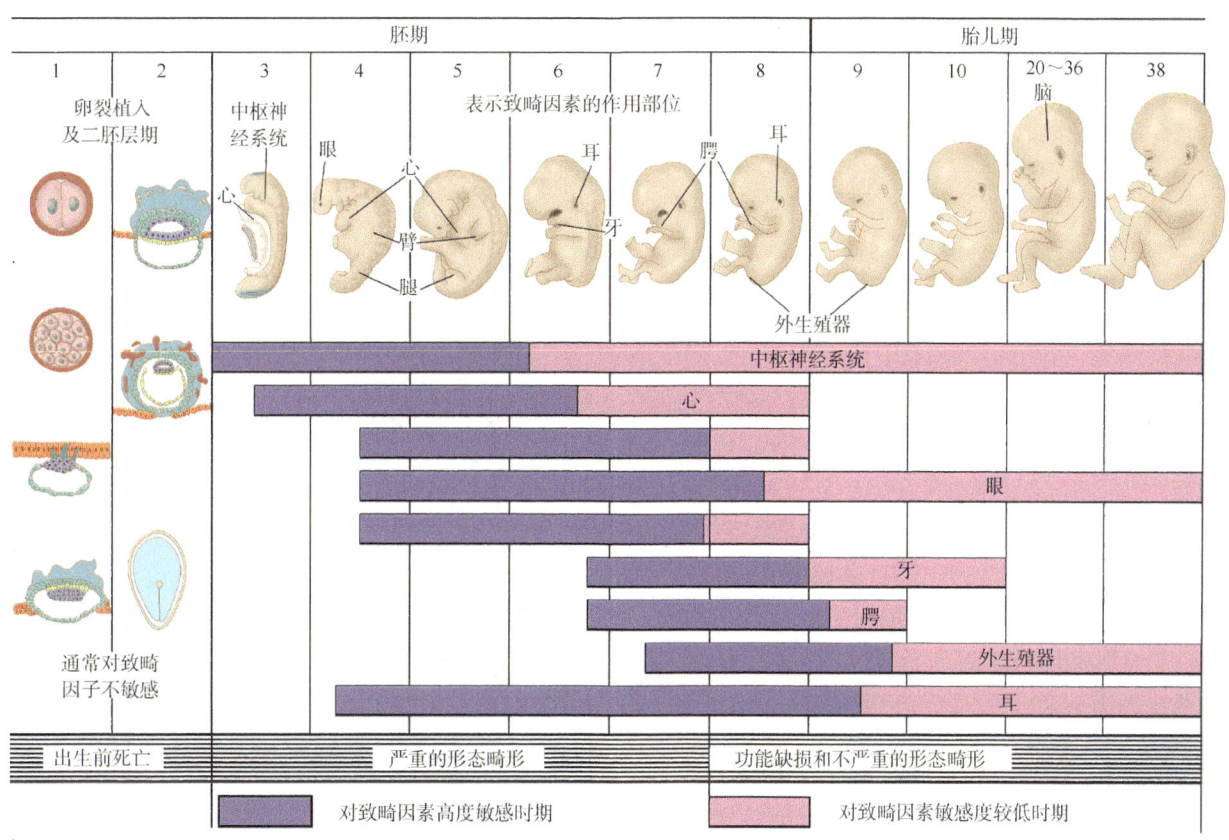

图17-19　人胚胎主要器官的致畸敏感期

> **链接**
>
> ### 试 管 婴 儿
>
> 所谓"试管婴儿"，是指用人工方法分别将卵子与精子取出体外，置于培养皿内让卵子受精，待受精卵发育到桑葚胚或早期胚泡阶段后，再将其移植回母体子宫内，任其继续生长发育至分娩。这种受孕方式也称为"体外受精-胚胎移植"（in vitro fertilization-embryo transfer，IVF-ET）。由于受精卵及其后续的发育是在玻璃器皿内完成的，如同在试管内做实验一样，所以把上述方式诞生的婴儿形象地称为"试管婴儿（test tube baby）"。
>
> 世界上第1个试管婴儿路易丝·布朗于1978年7月25日在英国顺利降生。她的诞生引起了世界科学界的轰动，甚至被誉为人类生殖技术的一大创举，此后该项研究得到迅速开展。我国首例试管婴儿于1988年3月10日在北京出生。目前，体外受精-胚胎移植技术已经为临床治疗不孕不育症开辟了新的途径。

（秦丽娜）

参考文献

陈地龙，胡小和，2016. 人体解剖与组织胚胎学. 北京：人民卫生出版社.
傅文学，桂勤，胡小和，2013. 人体解剖与组织胚胎学. 北京：科学出版社.
李和，2015. 组织学与胚胎学. 北京：人民卫生出版社.
秦丽娜，郭家松，2018. 组织学与胚胎学. 3版. 北京：科学出版社.
曾园山，常青，2010. 组织学与胚胎学. 2版. 北京：科学出版社.
张琳，汪琳，2023. 组织学与胚胎学. 3版. 北京：科学出版社.
周德山，张雷，张宏权，2023. 组织学与胚胎学. 5版. 北京：北京大学医学出版社.